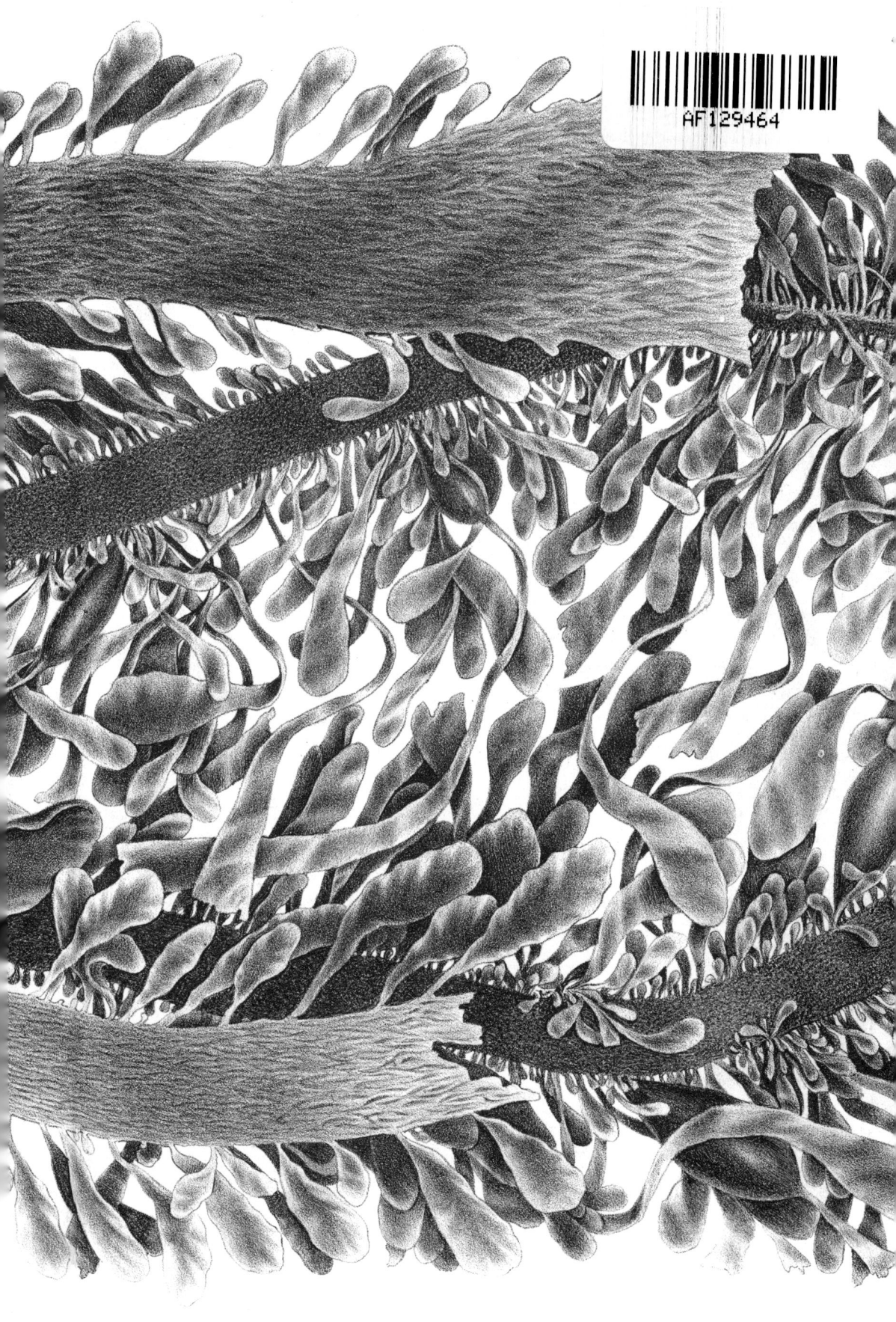

SV

Oswald Egger

Entweder ich habe die Fahrt am Mississippi nur geträumt, oder ich träume jetzt

Suhrkamp

Vorsatz und Altarfalz: Franz J. Ruprecht, Neue oder unvollständig
bekannte Pflanzen aus dem nördlichen Theile des stillen Oceans,
St. Petersburg: 1852;
Salvatore Trinchese, Aeolididae e famiglie affini del porto
di Genova, Genova: 1877;
Joshua Alder und Albany, Hankock: Monograph of the British
Nudibranchiate Mollusca, London, 1845-55.

Aquarelle: Oswald Egger, VG Bild-Kunst
Quellkopf der Novella, Tagliamento, Mississippi
(nach Harold Fisk: The Alluvial Valley of the Mississippi River)

Umschlag: »Bergerit«, Netzjaspis (Heliotrop) / Val di Non,
Foto: Oswald Egger, VG Bild-Kunst

Das Buch ist im Wegzusammenhang mit folgenden
Institutionen entstanden:
Literaturfonds e.V., Centro Tedesco di Studi Veneziani,
Kunststiftung NRW, MKW NRW, BM für Kunst, Wien.

1. Auflage 2021
© Suhrkamp Verlag Berlin 2021
Alle Rechte vorbehalten, insbesondere das der Übersetzung,
des öffentlichen Vortrags sowie der Übertragung durch
Rundfunk und Fernsehen, auch einzelner Teile.
Kein Teil des Werkes darf in irgendeiner Form
(durch Fotografie, Mikrofilm oder andere Verfahren)
ohne schriftliche Genehmigung des Verlages reproduziert
oder unter Verwendung elektronischer Systeme verarbeitet,
vervielfältigt oder verbreitet werden.
Satz und Illustrationen: Oswald Egger
Lektorat: Doris Plöschberger
Einbandgestaltung: Oswald Egger, Nina Knapitsch
unter Verwendung eines Fotos von Oswald Egger
Druck: Memminger MedienCentrum AG
Bindung: Spinner GmbH, Ottersweier
Printed in Germany
ISBN 978-3-518-42977-8

**Entweder ich habe
die Fahrt am Mississippi
nur geträumt, oder
ich träume jetzt**

Als Kind habe ich entdeckt, wie ich die Welt von A bis Z nehmen, teilen, weiden könne: mit einer Schuhschachtel. Setzte ich ihr den Deckel drauf, war das ganze Um und Auf in zwei Teile geteilt: in den, der in der Schachtel drin war, und in den, der außerhalb hervortrat. Ahnungen und Annahmen gingen wechselständig ineinander über: Der in der Schachtel eingeschlossene Teil der Welt, und der weitere, davon ausgesparte, blieben im Grunde eins und gingen ineinander über, teils als Version, teils als Inversion der jeweils anderen; als unverbundene, verbindliche Welt in der Welt, gleich und gleich geschachtelt, in jeder Hinsicht entsprechend: Ich schuf das Innen, dachte ich, indem ich es abgrenze, und dadurch werde ›ein Schuh draus‹, oder ich überging das Außen, ganz aufs ›Innernde‹ bezogen, d. h. ich tue den Schuh. Indem und während ich Schuh und Schachtel nicht betrachte, ziehe ich zusehends in Betracht, was nicht gesagt ist: Es ist eines, die Schuhe voneinander zu ununterscheiden, und dem Unterschied der Schuhe zu entgehen, etwas Verschiedenes davon: Weil ich von allen Dingen, aus denen die Welt lückenlos besteht, pausenlos aussagen würde, dass sie eins sind? Nein. Ich denke nicht, woran erkenne ich das Zeichen des Einen an den Dingen. Ich meine, woran erkenne ich das Eine an den Dingen, die keines sind?

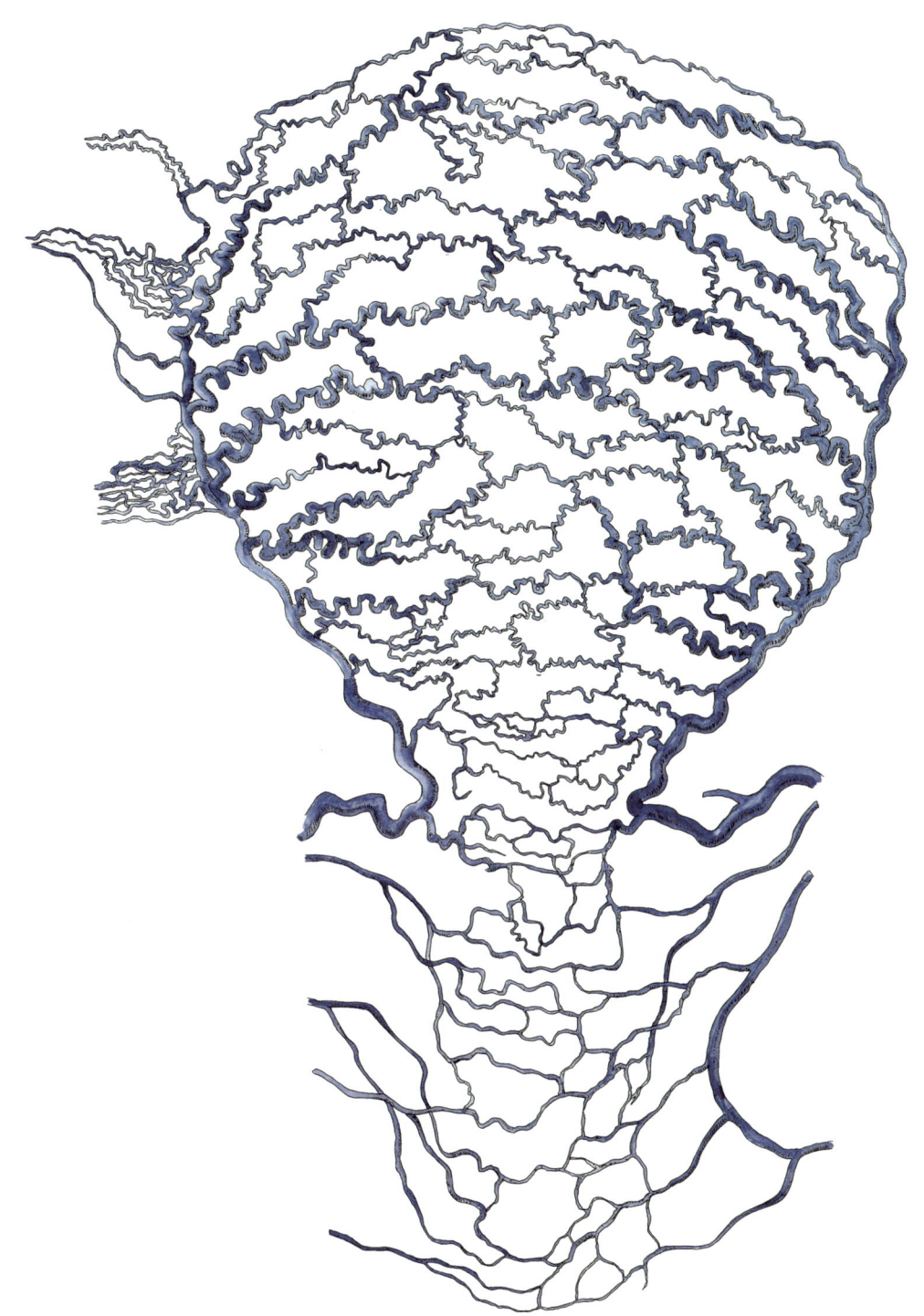

1 Das Buch vom Mississippi beginnt in meinem Zimmer. Häutige, verwischte Schatten, das zerwölkte Fließen der Pinsel und Strichelchen im aquatilen Takt, dass die geschwungenen Linien umeinanderschlingen, wie auf-, wie zukupfernde Wolken, und Tupfer, die verschlaufen: Diesig hat sich die Linie aufgetunkt, vom Horizont gemohrt, mit wässrigen Konturen unzusammen schwankend: Seit Jahren fahre ich so zur See. Ich beginne am Quellkopf der Novella, die aus dem Moiré der Erinnerungen fliesst: Ein fortschreitend oskulierendes Wogengewölle zwischen Grund und Ungrund, Strudelungen, Zerstreuungen und Häufungen selbstüberwälzter Vorwärtswellen, die vor dem ruhenden Auge vorüberziehen, die ganze Zeit; Beziehungslinien, die einander berühren und liieren, sich schneiden, teilen, überlagern und verlieren – wie die Linien einer Hand. Kiesel pitscheln über den Tagliamento; wie Farbmurmeln schwimmende Inseln treiben hier geschnitzte Rindeschiffchen im Fließgefüge, buchstäblich: Beim Lesen fließt mir von links blaue Tinte über das Papier, die Worte treiben nach oben, wie Blumen windbewegte Windrädchen: immerzu kritzeln neue herauf, strotzende verzopfte, die, sooft ich sie angeschwommen habe, zusehends verschwimmen und in Wirbelfäden und Stromlinien verwinden. → 3

2 Knochig, und zittrig pfaucht und steigt aus dem Geröllbett heißer, flimmernder Gneismassen Luft auf durch die Miragen und Flumen: Der Schutt hat sich sondiert, in feinerdige und steinige Bestandteile; die Blätter welken sich tot und verdorrten, sie knoten und verwinden und krümmen sich vor Dürre. Schuttzungen über einem Schotterbett aus eckigen Gesteinsbrocken. Die lockere und trockene Anhäufung, die Packungen der Knotten und Blöcke dagegen drehten das oft zähe Netz: Verhäufte Erde, Mulden und rundgeschliffene Granitbröckel von Faust- bis Kopfgröße liegen fest und dicht gepackt aufeinander. Ich blicke schon auf den Mississippi, dessen Rieselfläche plötzlich, kabbelig und seich, in Unruhe gerät; ich drehe mich um, sehe Fäden (etwas Ähnliches), die sich aber vor den Augen zusammenballten und als zittrige Kontur umfüllten. Inmitten Rippeln und durch die äußeren durchsichtigen Wasserlamellen durch sehe ich die zu Unmulden eingetieften *cumuli* ganz aufgehellter Lichtflecken. Ein Wegnetzwerk von Runsen- und Uferkämmen umschließt sie mit ovalblasigen Kratern: Ringnischen-Kringel, von Moosknotenpolstern gebildete, flinserdig apere Krateröfen und Feldern: zu Grus zerfallen und nur an den Berührstellen zu gegenpolporigen Schäumringen zusammengewachsenen Löchern. → 15

3 Der Übergang vom Strömen zum Schießen vollzieht sich in der Senkung der der Stromrinne, in einer im längsstetigen, vorschwellenden Kurve, welche in demjenigen Rinnenquerschnitt unter die Grenzgefälle hinunterneigt, worin die Änderung im Bett gegengefällig strömt: Und rundgeformte, voneinander isoliert aufplatzende Kalkfelsenschwämme überdeckten die Hochebene zu Schwärmen, als ein riesiger Karfiol. Und ob die Erdschären aus Kreidestein Dünen sind: fließen sie inselig in Sickerröge ein: Vom Fluss ab führt der Weg über einen niederen Sattel, auf dem gelb und weiß gefärbter, mittelkörniger, lockerer Sandstein ansteht; er unterteuft die Kalkhangkegel aus Asche skelettiert: Ich durchwühle die Asche mit der Hakenangel Stück für Stück: Eine grubige, sehr steile Felsrippe, dürrer Grasbewuchs, von rußfuszligen Flechten überkrustet; riesige Spongien oder verschüttete Kalkkorallenstöcke: Die Bachschlinge mit schluffig-tonigem Prallhang (als stromabwärts abgerutschter, tobeliger Schotter, der die Flutrinne verlegt), Äste und Totholz quer zur Selbstverlagerung, zur Geschiebe-Nut des Stromstrichs, mit niedergebrochenen, von Wurzelwerk verstockten Schwebungen. Ich spießte Stützpflöcke zwischen die Rippen gelitzt ins Stützkissen. → 14

4 Wie klein geschlagenes Gestein besprengte das Gelände. In lauter kleine Rauten war der Boden nach dem Regen aufgesprungen. Wie eine unter der Grasnarbe befindliche Blase atmet: Blasen, alles, Walzen-bildend, sich-um-sich: und bei paffendem Erkalten und pfropfendem Erhärten der Exkrete des Massivs, die zu Trümmern wulsten und verschmolzenen, üppig't verpappten Lippen, das Aufpaffen von Dämpfen durchs Geröll, wie im Lösermagen Gase; aber ich zerstiebe diese schlämmenden Gemenge und verbrenne, wie Sumpfgras dampft, elastisch t'zischelnd, zu Lauge, auch Tripelriss-Klüfte empor pfauchend, durch die noch so wimmeligen, schlacksen und fumarolen Wälzmassen; erdsaure Scherben; wie viele kleine Stachelsamen und Warzen im Gratkarst quillen, und um diese Kuben umtubender Gumpen herum stückt sich der zerdehnte Mergel seine Rinden. Schroffe, in Sprüngen erfolgendere Trichter-Risse, und Buckelpunkte wurzeln, auslaufend und mit Absenkern keimender Triebe knotig aufeinander: ein um sich wickelnder Riss gabelte sich aber, verzweigt davon, zum spröderen Rispen-Ball, so dass die Schale wabenartig geschuppt einer überfliesten Zellblase ähnelte als Ballon, über und über Knoten- und Plafondformen Ton in Ton über den Böden. → 94

5   Die Kuppen der Felsbuckel sind durch Regenwasser in Zuckerstöcke aufgelöst: Tiefe, gerade verlaufende Fließrinnen ziehen sich von der Spitze an den Sturzwänden herunter; oben endete der Fels in klingenhaft schartigen Kanten und Zinken, von welchen oft die Rinnen ihre Mündung finden. Sind dann noch die Wände von Höhlen vielschrötig durchbrochene, zerlöcherte Berge, wirken so an diesen Karstgebilden die höckerigen Wulstsockel und Knollen ferner, der Stiel pilzförmiger Steine mit Speckkant-eckig verglättetem Blähbruch, dumpf. Auf blühenden Spindeln steckte die Blättrerung wie ein Hut von Pilzen zerkeult, oder als ein strotzender Obelisk geformter Knaufkopf nadelig darüber. Oft kacheln sich die Kanten straff gezurrt auf nach außen, dass sich die Umseite ihrer Rissschicht zu nur einem Bruchteil umstufte; Haarbrüche, Röhrchen und rissige Wegnetz-Terrassen scheren sich. Um und auf stückigem Geröll fallen vor allem die Wandfacetten und Waben rautig aus, die in blinderen Punkten fünf und fünf Ecken und Enden zählen und befühlen: vorwiegende, zahnkantige Zackenrissriffe und die Spitzblockklüfte fassen einander auf und – zerfaserten. Dann, Fitzchen, lanzettenförmig zugespitzt, ziehen sich von Spitze zu Spitze abwärts riffelig ausgesickerte Gerinne. → 89

6   Aber die zerklüftet rostigen Ufer mit ihren speckbraun glänzenden Felsen haben nichtsdestotrotz etwas Totes. Die Wände bilden eng und regelmäßig aneinander starrgedrängte, axtstiftige Gruppen und Drusen basaltartiger Bänder, fast Wirbelsäulchen, Strömungsrippel: Riffel strudeln auf den Untergrund hintereinander wandernde, schuppenwellig angeordnete, niedrige Geschiebebänke mit Schorf- und Kopfkanten, die in kleinen Rucken stromab wannenartig verkrauten als Zahnkamm: mit am Fuß der Bänkchen von Zopfwalzen und Wanderwellen gelenzten Sichelchen und Sandern. Uferparallele Längsgebilde (Münder aus Feingeröll verschiedener Korngrößen, ausgespült) mit im Fließwasser, auf Geschiebebänken eingeregelten Ästen: Wie aus den Schnäbeln einer Kanne dünne lange Fäden quellen. Höckerige, ins Tropfstein-artig Traubige überlaufende, rieselige Triebsel hingen aus zahllos langen knorpeligen Hornbosteln ins sinkende Felsbassin, mit schartrandig gerieffeltem Wirbelsprung, gelappte Blendformen, die schlotterförmig in den Kolkhof flottierend sprossten; Waffelfelszellen, stets wieder die erhitzten Zischtuscheln, schnobernd aus den Wocken, Schottern und Tobeln, in die geritzte Zinken mit vagen, mit welken Fädselchen heruntertriefend hingen. → 40

7 Der Hauptstromstrich ist (ein Stillwasserbecken mit muddiger Schlammbank) aufgrund von Turbulenzen und Wirbelbildungen wenig geradlinig; vorbestimmt in Form des Rinnentrogs, und zwar als Verstrudelung der Stromwälzfäden vom Fließgebiet der Bachsohle zum Ufer, Flach- und Gleit- und Prallhanggelände. Wie vom Innenriff geschälte Sedimentbehälter nach unten, selbst die Uferkante der Flutwanne, zig viele Priele, Brühl-Einschnitte, Tal-Auen, ein verböschtes Schaff: Wie aus Hügeln Geschiebeschutt und Schotterterrassen häufige Gehälde im Taltrog kalben, an die sich diese griesquirl kieselige Sandanlagerung aufschließt, und zwar als Flinsbank, die eine mit absinkendem Sand angefüllte Rinnkanne überwandete, im Abstand von steinigen Kiesglucksern geschaltete Fälle und Feldfluten in Querfeldlinien gerinnend hintereinander: Wie ein Zischlaut das Knistern des Kammes im Webrahmen nachahmt: Eine Anzahl flacher, in kurzen Abständen schuppenartig hintereinander angeordneter Geschiebebuhnen, deren Stirnkanten talstufig abwärts rücken (der Kopfwirbel reicht bis auf den Grund der Schwebungen davon): Strömungsrippel, die im Überschlag als ein Schwappelpeter auf das Sediment gefurchter Kammscharen klatscht: Ich werde wie ein auf andere Bäume fallender Baum aufgeschaukelt.

8 Die Uferwand ist steil, unterwaschen, und hoch; gebändert mit gröberem Geröll, radial als aufgeschwämmte Kogel: Magere, auch Kieselsplitt'ser und Verrostungen, ziemlich in der Mitte der Geschiebe, sind im Untal unten, darüber staubt rotliegender, grobkörniger Sand, versetzt mit nichts anderem; und die Ebene – verhöckert. Wie Mergelstellen in der Erde unter recht starker Strömung. Mit Blätterundurchgängen (etwas ausgefressen) oder von Höhlungen knapp und spärlich durchlöchert, fast tropfgelb förmlich überzogen emailliert, perforiert. Auf dem Rumpf einer Kröte sitzt ohne Hals ein sprocker Habicht oder Sperber, als straffe sich sein Nacken ungefiedert vor dem grobkörnigen Frost versprengter Körper. Wie muschelige Tritt-Abschellerungen vielzersingend springen, verästigen und Ganglinien zueinander spal'ten, dann verworfen: die Kopfsäulen lösen sich, in biesterblättrig zerstörender Erosion, allmählich zu Unkugelungen auf: in Tromben und Felsnestern zerspeltertе, aus rundum gebückten, schaligen Hüllen mit porös eingebissnem Kern. Über Kopf und über Kolk hat sich eine Kruppe umlippig aufgeschlitzt, mit eckzähnig verspeckten Wänden, eingetalt als Klamm, die tief ungefurcht über Wind und Verwitterung erfüllte Zuschlucht. → 209

9 Überstaute Ufersäume, flächenhafte Zerrieselung von treibendem Gut, von Überflutungen verfrachtete, aufschwimmende Bastgirlanden, untotes Triftholz, das im Fließgeschiebe abbaut, umgelagert durch Verwühlungen der Quirlimpulse umschwemmt, innerhalb der Flutrinne schnellend, verschleift freischwimmend, bis alles in der Rinne, vom Schwall der Geschiebe eingeschlossen, zur Unruhe kommt. Hindernisse, mit sich geführte, inschüssige Kännelungen, undurcheinander gezopfte: Strömungen binnen der Spülbahn: Sohlwellen greifen mit fingerigem Gerinne Rutschwälzschwellen an, nicht mehr als Glänzfläche, sondern fließend: das strömende Wasser unterspült in Rinnenlinien die Ufer: engere, quer zur Rinnenachse verkerbte Fließwalzen, die sich sohlenlos fortschleppen. Da noch Geschiebe zurieselt, ebnet sich die Sohle oben, die Wellung hört auf: Ein nach unten gegenströmiges Grundeln, und ein oben ebenso gegenströmiges nach hinten: dicht über dem Wälzspiegel keimt eine schaufelförmige, eingezackte Abbruchschlaufe: mit rundum und außenhin gedrehten Bögen; spitze, zu Rinnstriemen zeigendere Ufervorsprünge. In sich verrollt, zurückgekrochen, wuchert der nach außen abgesperrte Boden. Wie über Spiegelwellen wirken die Schüttgüter aufgewirbelt und in Unvertiefungen und Gumpen umerzeugt. →50

10 Die Strömung befördert das Geschiebe den Windhang hinauf und reichern sich etwas an. Kiesel, die verpitschelten, ganz überwiegend, bis die Schwere der Vorwirbelungen wirtelständig einsinkt in die windstille Schwebe selber, jetzt selbst herunterfällt, von dort, zerschüttet mit abgeschwemmtem Flins. Ich springe wie ein Gespinst zwischen Bucht und Ufer, und ich vernähe sie. Faulschlammschwämme grub ich mit der Pfote aus dem Lehm und klopfte sie zu zweien, beide Böden: Wie ein Schwingsieb pendelte der Rieselsand Bahnen. Und solche Auskolkungen vertiefen sich: Sie greifen immer weiter unter das Geröllstück, die abkippende Verwitterung: Das Abplatzen der Schalen und Valven, bis das knotige Buckelfeld endlos nur auf feinschrötigem Kleingeröll liege und das lose Geschiebe dazwischen herausgespült – tunnelte, so dass Stromfäden wie durch Siebe unter dem Gebröckel untertunkt tun und, überspült davon, verstengelten. Entweder sackt die Sohle ruckartig tiefer, oder kann sich im Verkanten der Geschiebespäne abbändern, unentwegt: Mit nicht abgerundeten, flachkantigen Gesteinsplitt'sern – der ganze Block soll aus der Lagerung herausgehoben und über die Schleppwucht des Wassers flach in die Sohlenbank gleitend geschoben worden sein, bis er sich erneut davon festsetzt.

11 Wie aufgerissene, nach obenhin genadelte Kluft-Täler überspitzt sind alle Übergänge Gebröckel, die raumen Strudel ganz rautig und drahtig. Muddige, wollkrustige Erdefeldkügelchen, der ganze Hügel voll, über Dünen und Sandwellen gewanderte Schwankungen. Ich ging, und glitt, und fiel – kopfüber. Binnen, in den Kaminchen hüpfen springende Pünktchen herab aus glasmassig fallenden Kieseln. Verspante Gabelungen, und Schluchtgehänge, eingetiefte, rinnselige Gratkragen und Kar, in die sie eingenischt schwoien. Schlamm fließt unter und zwischen den Steinklippen verkümmerten Rinden, teils glatt, teils unzerrissen rauh, angewittert, und zwischen der Schuttklammrinne und der Speckwand ragen sperrige Äste ins Bassin. Wie ein Geschiebeblock im Tal, mächtig, bei Niedrigwasser aus dem Polder ragt. Ein Hügelrücken, der zwischen den Mooren wie die Zehen einer Krähe verzweigt ist. Am unteren, stromabgelegenen Pol sperrt eben eine Wuhne, die infolge abgesunkener Wasserspiegelungen, durch Sickerbeckenerosion rotierend, abschellert. Wie zwei Stromwalzen quere, zur Strom-Sogrichtung gestellten, inschüssig geriffelte Achsen; und beim Absturz löst sich die Strömung vom Untergrund ab, und sprudelnde, so mit Luft untermischte Wirbelungen. → 70

12 Sooft ich ein vielknotiges Stromfadenbündel sah, graben zwei und zwei Seen zusammen, und der Wegschnee verschwindet. Sträubend wie die Federn einer Krähe ist mein Rock, ein aufgetragen und nicht eben sitzender Spindelfels, hier und da in schleisige Knicke eingeknüllt, verbauscht, dann wieder sich zu Tuchfalten sackend, flabben vielleicht, und keine ganzkantige Maserung davon. Wo eine Flühe-Wand durch Klüfte und Spalten arg zertalt ist, kann, obschon einzelne Trümmer fest eingezackt kalben, doch eine Schliffverschiebung der Scherben ununterbrechend fliesen: herausgepresst oder, in Runsen umbettet, etwas seitlich. Es werden pure Muren-Bewegungen zwischen den Verschiebe-Stürzen stattgefunden haben, fast hakenartige Ausschellerungen rund um die Kachelterrassen, ein Aufreißen und Zerplatzen der wirrsten Frühschwindrisse: Rutsch-Bruchflächen, Klüfte falzen und klieben, frisch oder wenig angewittert, verfärbt von den Abschabseln muschelschelliger Zerbreschdellen. Wie Kieselsteinchen c'lunc'ten, um die Tiefe blühender Unbrunnen zu ergründen: das Draperie-Relief, und quer zum Licht gerippptere Barrieren: ich kroch durch den Wasserspiegel hinunter, und es dumperte, und die Himmlitzen verwühlten in fliesendem Quirl. Das Gegenteil hätte ich erwartet. → 356

13 Allenthalben sind diese Risse zu finden; insichdichte, oft gedrängt verzeichnete Schraffuren, die von einer Spalte oder Kluft ausgingen, lösen sich, wie Blitze, in kehrbesenförmige Bündelungen auf: Zuckig, eckig, wie gezackt flackrige Kugelblitze und, zu Fuszeln ineinander entgegen kommende, häufig um eine Schlitzlinie gehechelte, längere Schlingen mit verknäulten Enden nähern sich gegenseitig an, ohne ineinander überzugehen: mit Durchbrüchen von Kluft zu Kluft, springenderen von Spalte zu Spalte. Die mittigen Knicke erreichen nicht die Lücke; sie liegen im Fugenkeil verbunden, eingefangen, kalben voneinander, nur netzrissige zerlegen die Felsen in schlitzsplittrig eckerige Fetzen und Kerne: als sei die Brekzie geschrumpft und das Volumen verringert um die Sprünge, als undunkles Gefühl: Feinsieb-sandiges Geschiebe, das gebankt ist, eingefaltet, und stückweise kommt ihre schräg zur Faltung selbstverlaufende Schieferung auf; Sandfelder keimen im trockenen Schotterbett zu buntem Gips, der jeden Schiefer aufträgt und Schritt-leicht von Böen davongewindet wirbelt; und Pocken, Blattern, Quaste umberten die Tropffarbe. Inzwischen böscht sich der übersteilte Oberrand der Blaike losgelöst durch kleine Hangverschneidungen stets gröber und klobiger, die eine höckerige Oberfläche hält. → 124

14 Schaum hat sich gesammelt um die Schwemmsaat am Wasser. Das Ockergelb der Blätterungen, Laubschlingen-undurchdringliche Schimmer: Herbstblätter legen und wenden ihre Stengel quer zur Stromrinne, stellen ihre Oberflächen lotrecht zum Gerinne, so dass die Blattaderfläche, gegen die Strömung gerichtet, Blatt an Blatt undurchlässige Packungen verpappte, die rasch Tauchtiefe und Stauwirkungen haben. Aber die Gehänge, von Runsen undurchfurcht, vom Eintalen der Wulste, Hohlkrusten und Verbänderungen zig-rissig inkrustiert, verwitterten am stromauf zur Scheitelhöhe bogenlos aufsteigende, kopfkantige Kogel von erstarrter Höhe. Oberhalb des Spülsaums: Kolk-Gewölle; Geschiebe wie aus Stuck und Schiefer befüllen den Lehm. Das grauverwitterte, baumarm öde Hügelland dehnt sich aus ins Sehfeld: zwischen auspolierten Wogen, tief verwühlt als lichtgebrochene Passage überbauscht, dass dort, wo Flugsand-Buhnen verhüllten die Flinsdüne, das Unterblockschutt-Gerinnsel glatt untersiebt. In scharfgratig ansteigenden Diagonalen führt ein kantiges Plateau herauf, das tafelförmig, von gleicher Dicke, keilförmig, nach einer Seite zugeschärft, zur anderen verdickt, eckigkörnig, oder plattkörnig eingekegelt zu Sockeln, Felsen, der sich auftürmt jetzt im festgequaderten Massiv. → 159

15 Ich schnitt Hölzer zu für die Fäden zum Befestigen. Hat sich nur erst einmal irgendwie ein Ast verfangen oder verankert, verlegt oder versperrt er teils kehrende Krümmungen, Engen und Wenden der Stromrinne (mit Durchlässen und Wasserfällen, die insichdicht vernestelten zu Dämmen). Eine schwimmende Rinde (mit angebrachtem Mast, oder vom Rinnenboden her durch in die Strombahn ragende Aststöcke) hält mein Schiffchen nicht immer fest. Es kann, so festgesetzt, segeln, um den Berührungspunkt schwenken und sich erneut in die Strombahn polen, dabei sogar wieder flott werden: es flottierte oder schwoit. Wie an einem überderb geschnitzten Feixkopf allein die bloße Draperie befestigter fäll'zelt, in deren gewirrtem Falten-Geknitter kaum lebendiger die Made einer Raupe mottet: fahrige, geschraubte und zappelnde Bewegung, die verkrampft fesräkelt. So entsteht Sandhaut, um Flutmarken gelegt, Rippeln: aber im Innern scharenweise spitz zulaufende Strahlen aus silbernen; paarweise gebogene, aus Felgen geflochtene, achatartige Radformen verursachten wohl auch das unzellige Knetgerüst des Lehms, der sich, halb tonig, halb am Wulst zur Zuschlucht kugelte: Als vertrübter Irrwisch, der zwischen beiden zweier Talseiten flattert, wieder wie ein Buch, das sich aufschlug. → 155

16 Wie ein Rücken, der sich aus der Talbucht erheben will, die aufgebau'schten Knotten über untertauchtem Bruch sinterten (man sieht überall die helleren Wände der sandigen), aber es ist kein Schaukeln, sondern ein Strudeln und Waten: Von hier aus erheben sich Kalkwände, in deren Mitte sich der Tafelberg strotzt, trocken, rauh, tot: Doch die vielen Nebel sind davorgezogen nacheinander, engere oder Trennbänder, vielstufigere Frane, selbst die verböschten, schroffen Gefügeformen, die gleichkaratartigen Karren unzusammen: Von welcher Form, in Strudeln drin wohnend, sollte ich denn sein? Im Sandstein, seinem Gumpen, sind zahllos mohnkorngroße Körner eingesprenkelt, und eingebohrt (das Plateau der Haut): durch und durch in Unkanten und wabennetzartige Ösen ungeformt, worin Licht in jede Richtung strömt: lange, ruszelige Kernschatten warfen die Farne auf das Moos. Der Basalt wirkt feucht, glatt, schlüpfrig: Mit kleinen Blöcken und Spitzen, die in noppligen Scharen mit den Böschungen verschorfen, alle kegelartig (in der Mitte dicker), bis die Ebene zu Bergen werde, verringert sich etwas regellos und öffnet sich nach und nahe dem Boden. Einige Felsen hängen nur beträchtlich über, und viele der schlankeren, verschneidtelten Pfeiler kommen, auf Spitz gesetzt, zu Stand. → 318

17 In Stillwasserbecken (Plodern) kann sich sogar eine überstellige Gegenströmung in Gestalt langsamer, den Raum ganz ausfüllender Stromwalzen samt Sohlennischen mit breiter Spornsohle bilden, auf der oft Erdfeuer pfauchten – in das Ungebirge graue, fast ganz gewächslos überschwemmte Kalksteilhänge, deren Esse gut zu Glut ist: Doch selbst diese Zerklüftung kann nicht ohne stukke Biegsamkeit, ohne Gesims-innere Verspänung und Umbindungen bedrohlich vor sich gehen. Dass eine Spalte oder Kluft, wie von einem Axthieb gespalten, klafft? Die Talung legt sich um die Strahlen der Nabenarme wie der Radrand um die Speichen seines Rades, bewegt und zwängt diese unter wellenförmiger Streuung Runsen dadurch parallel in ihre Rutschungen. Ich habe eine Wollflocke im Distelgestrüpp gefunden!, die bunten Fäden der Verbänderung sind rundum aus dem Risszeug gerupft – zu inschüssigem Werg gewirrt. Zwischen den Spitz- und Scheitel-strahligen Schärlinien zeigen sich verschattete Bäche, deren Arme, die unzusammenfließend diese sternstrahligen verbinden: vermengt aus rot-gelb-weiß-geflecktem Lehm, der stark zerklüftet und löcherig hohl tönt. Wie ein Baum, bei dessen Fällen die Axt Funken lässt. Mit gedrängten, mit ausgezackten Fleckchen, die über Hang und Giebel triefen. → 32

18 Nirgendwo sonst sah ich solche roten, blutenden Wunden der Abrissnischen und umgebrochenen Talstreifen: Wie Mehlspelzer prall sind die Knauf-Perlen Körner auf Ähren, und der hier eingetieften Sohle lagern sich in Rinnen hinabwachsende Geschiebebänke ein: In jeder Biegung staut sich das Wasser auf und uferte nach außen. Die Stromfäden verschlingen im Prallhangschutt und bilden, auseinandergezurrt, schraubenförmig torquierte Spierel. Ob Zweige auseinander treiben, zwerchs zur Fließrichtung niedergebrochene, oft nachgerutschte, stromabwärts gewälzte Schwebwurzeln? Knollige, von der gebogenen Flins- und Rinnenwand erteilte, hintereinander aufgetauschte Quirlbassins, die von der Strömung selber eingeregelt sind: Keine Ruderstange reicht hinunter auf den Boden vom Boot. Und das vielriemige Gerinne der Krawlspiralen allein schon, die tunkende Verlagerung des Stromstrichs: die Uferränder bleiben steilwandig, stracks, abgeglitten, von Röhrchen und Druckflecken undurchsetzt, an Luftwurzeln und anderen Sprossen verpelzt. Und wie Schwimmblasen treidelten die Wälzwellen nahe beieinander liegender Spülwuhnen; Siele, die sich durch seitliche Rutschungen verbreitern, blattrippenartig verzweigen und durch prielkantig niedrige Rippen voneinander getrennt ränderten. → 77

19   Die Stämme werden von den Wirbeln getrieben, in die Tiefe gezogen der Trift, zu schwoienden Tromben stets nach unten, worr'blig, und von rinnenden, geströhnten Fließzöpfen erfasst, zerfasert – aufschluckend, verschwindend. Die schwimmenden Inseln, häufig aufgeschichtet, stauen sich zu kleinen Stapeln, getürmt an den Schlamm-Sandbänken der Länd, die sinkenden Flächen sind mit Schwemmspongien bedeckt: Woraus weiße, tote Stämme ihre Äste nach oben strecken und verstreben: Ganze Inseln von Wasserlinsen und breitblättrigen Pflanzen wiegen sich in Strömung. Andere Bäume, vom Polster erstickt, troffen blasig ins traubige Totholz. Andere liegen zusammengebrochen da, kauernde Laubbuckel, Blätterwände und auskeimendere Schoten davon, und unter Wuchskissen aus Nesselmoos verschwand der abgetötete Stamm ganz: Die Schösslinge und Knospen vertrockneten zu Holz, Buschknollen und verkrallten Hohlkugelpostern. Die stracksen Sprossen der Holme, kopflig verdickte Hocker und Narben, sind so aufgeborsten ausgekeimt, verschweift, gebuchtet, Drüsen, die zurücksickerten, und Astnester aus Pusteln und Rispen. Die stängelnde Bastgestalt aus Zungen und Knoten, die kreidigen Agaven sind auch Dolche: schlimm gezackt, mit windverbrämten Rändern damasziert. → 36

20   Das Wasser sinkt, die Inselberge winden aus, das Gestein platzt ab in Schalen, darunter ganze Reihen breiter nasser Streifen auf einer klitschigen, stark ausgelöffelten Felswand; die eingestauten Falten und gelappten Schuppen der Bruch- und Strudellöcherfläche mit nur wenigen Tränken: wie abgesteppte Rücken und Platen aus der Flut. Viele kleine Priele und Äderchen, die Bänke untertunken, Bäche sind auf ihr seichtes Bett zurückgedrängt, verästelt in Tümpel und Bayous. Weiher und Moore zuvor überschlämmter Waldungen bilden siepende Siele und Wiesen, dürre Schwämme und Gewölle, klexig durchsetzte Flechten und Moosbänder sitzen eingetrocknet oben im Totholz. Die Speisung der Bassins erfolgt durch rostiges Wasser, viele nasse Streifen, seitlich durch die bültigen, im Schmelz fließenden Wiesen, über denen der Wald brennt, schwimmende Inseln mit aperem Boden über dem Bayou, und Lianen und Loden zotteln herab, undurchsetzt von heistrigen Gestrüppwipfeln, die vom morastig vermohrten Gebiet aus eindringenden Adern und Gefäßen. Das Wasser fließt hier wie Säbel über die Spitze des Schnabels aus einer Kanne: Die Wasserlanke, schilftümpelig, füllt sich auf undunklem Spiegel, aufgerauft vom raumen Wind, liegen jetzt nassglänzendere Pfützen-Schlickflächen auf. → 36

21 Viele, dicht nebeneinanderliegende Landungsplätze beider Flussufer zwingen die Schiffe, anstatt stracks den Strom hinabzutuckern, wie Schnürbänder von Stiefeln eine Schlaufenlinie zu vollziehen. Ein forttaumelndes Torkeln, Drehen und Bewenden, Innehalten, Vorschnellen: Im Zickzack den Mississippi hinab, mitten durch das Treibholz und im Schilf: Schiffe, die scheiterten, den Strom zertreidelten, und triebseln: In den Bug-Einbuchtungen am Ufer versammelte, ganze Berge von Treibholz, durchs faule Wasser, und von der Trift eigenlos davon, umgeformt: Zedernwurzeln, ganz porös, versinterten im Flins zu Anlande- und Ankerplätzen für maltschiges, lettiges Neuland. Kleinere und winzige Holzstücke werden, ebenso wie Flusskiesel bültig, abgerundet, wie schwammige Kugeln, die sich bröckelig zu Teig klieben und zerdrückt verbröselten, häutiger als Schwämme. Schluckkolosse – bei solchen Wendungen und Krümmungen des Schlundes befinden sich die Verwirbelungen hinter den Bassins und Einbuchtungen mit stillem, um sich selbst kraulendem Wasser: ganze Felder von den Ufern rissen sie und verquellen an anderer Stelle: So losgestreckte Schleppklöße von Tonpfannen kratern aus dem Sand, an einer Stelle auch Murmeln und ruszeliger Grus in bis kohlgroß zelligen Knollen. → 105

22 Je steiler der Hang, desto tiefer dringen die Einrutschungen ins wässrig starre Sediment der Hohlformen vor und rutschen und fallen dann in den eingeflachten Schacht; stauen sich vor einem Meer winzigkleiner Wülste und Falten. Jetzt sinken die Hügel durch die Windstille des Himmel nach hinten, und zwar: Unter Frost, der tief den Boden unterdrungen hat, wölbten sich Alleen von Kegeln auf, mit einer vielflacharigen Felderteilung durch Risse, Spalten, Dellen und zottige Zelt-Ovale: das häufige Gewimmel ist ineinander oft verschieblich, und mit Köpfen zipfelig umstanden. Abschellernder Kalk, aus Knick- und Kupferschiefern, grauen bis rötelligen, erdigen, buttrig zerblasenen Geweben, mehr oder weniger von Sand, Schotter oder Knochen festdurchsetzten, speckigen Wänden, mit welken Flechten und rundum unregelmäßig gewundenen, Reliefvertiefungen, Kriechspurstrukturen, Schlickrippeln; aber auch Stinkkalk-Klexe und Regenwurmröhren mit Poren bis auf Kopfgröße, solche Spröden! Gewölle und Vogelkot-Knötchen, der Quellkopf für den Wälzschlamm sind die sparrig ausgebreiteten Verebnungen unter dem Matsch, der kollerte, pampig, heruntergeschwemmt, und dichtverzweigt gestieltere Wurzelungen, ein flächenlos Schlick abtragendes Fließen noch tiefer, dann narbt ab und sackt alles. → 256

23 Ich erinnere mich: Dieses Kippspiel mugeliger Landschaftsformen, bizarre Karrenkaskaden, der lockere Felsenozean zusammenverbackter Knottenfelder, zum verschieferten Steingeschlinge abgerottetes Geröll, Quarzschnüre, samt durchgreifender Vergrünung, Moosschlieren und Flechtenverhang, die Sperrsicht verschleiert, hinuntergezwängt durch blankgehobelt kantiges Gestein, dornige Schmelzstrünke überspringend; und aufstauchend bahnt sich der ausgebrochene Weg, windrissig überborsten, wie hingeschüttet im Bergsturz eingeknittert, geschottert. Toteislöcher mit Feilanbrüchen, in keilstückig grusige Scherhalden aufgehöhlt, die splittrigen Verwitterungsgeschiebe mürber, leicht zerbröckelnder Kiesel: verflachende, dickbankige Felsschuttflächen, wie nasse Streifen schmal-lang aufgetrockneter Schlammbänder. In diesem Nu bin ich herausgelöst aus den uferlosen, freien Wogen und behielt den Moment im Sinn, auch: Das vereinzelt aufzüngelnde Fasergras wird struppig't dichter Wasen, alle Zerfaserung durch radiale Spalten eingedichtet und konturenhaft umpresst. Die rings zu Kammbildern kalbenden Formen streichen sich aus schichtartigen Sattelschnitten unrunder Sporne: Büschel, ausgewölbt, netzflächig ausgespannt in Tale versprosst. → 253

24 Das regenblaue Laub bündelt sich, blitzend wie Klingen, zäh zusammen, klebt und verdumpft davon. Ton in Ton würden sich schroffe, in Sprüngen funkelnde Bänder erfolgende Trichter-Risse ausbilden, deren Buckelpunkte wellig zuerst, jetzt knotig lotrecht aufeinander wurzeln: ein glühender Riss frisst und gabelt sich, unentwegt, zum spröderen Rispenball, spreißelrissig auseinander, so dass die Schale wabenartig einer umfliesten Zellblase ähnelte als Ballon, Knoten- und Plafondformen über kriechenden Böden, gedrungene Klumpen. Die zersträubten Gräser auf dem Boden untersinken im Gewimmel emporstarrender Strähnen im Flaum des Reliefs, stachelten. Hirsekörnern gleichen diese Stumpen und Blätter, auf einer Kammscheibe ausgerollt, verwalzt. Selbst zu traubenhaften Bündeln gesammelt, ohne Buschigkeit, da keine Überschneidung, keine Schattensprengel das vorhanghaft hereingehängte Laub davon verzitterten: Die Nestfächer und Verblätterungen schneiden Umrisse davon wie mit der genauen Willkür einer Schere. Sondern wie mit einem stumpfen Griffel hat sich Licht auf die bültige Wiese aus dem Schmelz gepolkt, wie mit einem wenig spitzen Stift wirken die Grasholme büschelig herausgezogen, durchsetzt mit Felsenbirnen. Sie könnten den Flachhang hinunter abgeglitten sein. → 90

25 Es stehen ein paar Bäume schief am Fluss, zerschnürt wie Flachswocken, triefend und zerklebt, als tropfe Morast schwer und langwierig ab von den Ästen. Die Oberseite des Laubs sieht lackiert aus, seine Unterseiten wie rostbraunes Leder. Aus untief seichtem Wasser ragen ein paar Felsen, wie Steine auf Eisspiegel hingerollt. Zwischen Zerrüttungs- und Quetschstreifen, im zerhackten splittrigen Haldenschutt sind ein paar Hügel aufgehäuft, die in Geröllarmen sich abwärts schoben, bis sie im mürben Wegkot steckenblieben. Alle Gesteine – lose Stücke und anstehende Felsen – sind von dunklen Rinden und Wasserrillen überzogen: Aus jeder Schlucht quillt ein flacher Schuttfächer heraus. Oberflächlich dringt Sand vor und steigt in die höckrig gerundeten Rumpfflächen fließwülstig talein flankend empor. Wo ich auch hinschaue, das Glätten und Zerfließen zu grauen Flächen wird von Solifluktionsloben überrungen wulstförmiger Zungen. Oft stürzt ein gewaltiger Wasserkeil zwischen die Kieselklippen hinein, verschwindet bruchlos in einem unbemerkten Schlund, dreht sich in zerzausten Wirbeln gewaltige Mahlwassermassen aus einem trichter-eiförmigen, durch riesige Blöcke gebildeten Linienkessel und Inselfelsen: Talungen; und tiefhin ohne Grund schlängelt sich der Fluss. → 72

26 Überblauer Himmel mit schweren Nebelballen, darunter das Knottentor in violettem Grau, halb hell, halb in trübem Karmin aufblühend, ins augengrün Dunkle, Modrige unvertieft. Ein kantiger Felsklotz, umberbraun grau, aber siedend schwarz über moosrotem Hügel mit Gebüsch, das Laubholz ist in krapprotgelben Kringeln eingeritzt, dort verliert sich, in hügelige Ferne, vor welcher eine lockerweiße Wolke dampft, der Blick: Steine und rogle Erdschollen, von tropfendem harzgeringeltem Gras umwuchert, der Moosrasen ist mit Hirsegrasrispen verbüschelt: Beeren, so bohnengroß, an krummen, ockerfalben Bäumen mit sandig silbernen Laubstachelchen besetzt; Mandeln in länglichen, Opuntien in oblongen Hülsen wie aus feinem augenblaugrünem Filz davon; birnunförmigere Feigen, blattgrün, bald pflaumenblau. Von süßen Kastanien, von Aprikosen und Pfirsichen komme ich erst zu reden oder den violetten Mirabellen, unter blutrotem Laub verborgen. Ein Wiesensüdrand, der sich zu einer Wind-Hügelkuppe buckelt, während die Wolken oft in wulstigen Polstern, verbauscht als schnittige Schiffe im Farbenschmelz flottieren (und zinkweiß hingehuscht verstrotzt tun: zum dürren Graupelblau des Himmels), sein Innres ist erfüllt davon: teegelbes Licht. → 53

27 Jemand wie ich schaut in diesem Land umher: Schnee von Echsen und Federn, Harsch von Fröschen, nasser Hagel auf angefrorenem Raufrost. Die Gräser waren Schmielen und Eisen; Zinkblüten blumen dort, dem Rand seidengrauer Meeraugen zu: da schwimmen verdorrte Tote statt Störe, erfrorene statt Hechten, Schwebfliegen stieben statt dünnen Fischchen, ein Schauer verbrodelte vor Augen. Dort aber schwärzen sich die schwarzen Steinberge wie dunkle Wolken. Wie der Schatten einer mageren Hyäne tollt ein zotteliger Hund heraus; er bellt wie eine Schelle, wackelt mit dem Kopf, steckt seine Schnauze vor: Nichts (eine Sonne, Sterne, eine Hütte, sie brennt, oben schaut ein Bauchgesicht heraus, ein Feuerregen, hinter den Bergen im Rücken schrie ein Geist nach Kuckucksart; ein Tuchflecken voll Blut. Ich träume davon, dies wirklich gesehen zu haben, jemand hat es mir vielleicht ins Auge gelegt, Aug um Auge – und was sehe ich? Kopf, Barteln, Sterne, Spinnen mit zig Faseln, Unfiguren, Figuren aus Ringen, zinnober, kobalt, zink und, gelb in der Mitte, einen Stern, der mir unzählige elektrische Entladungen vortäuscht. Frosch und Vögel mit schönem Gefieder, wie ein Pfau, eine Blautaubentapete, Blitzringe um einen Baum. Ich malte Delphine in die Wälder, und in die Fluten den Eber und Eselinnen. → 176

28 Ich brauche die Augen nicht mehr zu öffnen, um eine Wolke zu finden: ihre mangelnde Hinsicht fehlt mir, und dieser Hintergrund verhüllt, tiefwirbelnd, aber fortgesetzt: Nichts lärmte, nichts prallte auf, nichts rollte oder zitterte. Ob eine Fliege ins Klebnetz geriet?, sirrt ihre Qual angstangelnd, wie als einschnalzender Donner. Danach ist die Atemluft von Horizont zu Horizont still, geschluckt; und ich sah jeweilig gleichmäßig unterhellte Flächen. Sooft Gegenstände sichtbar sind, tritten andere vor, und die einigen zurück: ich möchte durch manches Mal nachgerückte Durchsichten jetzt hellerleuchteter Gegenden in verängstigten Entfernungen. Ich sah Menschen und Früchte auf einem Markt drunter und drüber, da sie zahllos sind, unverengt undurcheinander drängen, Gewimmel überallhin zerfasernd. Und an baumfreien Angern sehe ich mich vorbeiwandern, in elf, zwölf Exemplaren selbstverschiedener Menschenalter, mit den abgestreiften Kleiderhüllen aus zig Zeiträumen, wie vergangenere Bewandtnisse, die gleichgültig ineinander herumtrudelten auf bültig erloschenen Wiesen, sich anverwandelten, vermohrt: Ich in meiner Person soll starr wie ihre Figurine sein: Ungegenstände änderten die Lage kaum, sie bewegten sich weniger gegen- als voneinander. → 235

29 Indessen wurden die Verwandlungen unnatürlich. Dass das Zimmer, welches ich um mich wusste, geräumiger bleibte und in dieser Hinsicht sogar enger, veränderte nichts als darum Wände, und Nichtrichtungen, die Unorientierung. So erblickte ich brillante Eismeere voll schmal strotzender, armhoher Eiszapfen, die zahloszweigig ineinander auftürmten, polaroide Dornpyramiden, aber die Spitzen aller dieser Eiszacken verwandelten sich gleichzeitig doch in eine Firnmoräne holder Köpfe (als fast gipshelle Halde aus Engeln und Kindern) und dann weiter in eine Schar ebenso trollatischer wie graziler und glazialer Fratzen; und der Farbton des Eises dabei verschlierte nicht. An einer Kalkschlucht mit gurgelndem Wasser sah ich vom Abgrund mehrere hintereinanderstehende Vorsprünge; das Profil eines jeden verwandelte sich in das Profil tierischer Kolosse. So sah ich oft einen Eselskopf von engelhaft gewaltiger Gestalt, der allein aus meinem Antlitz hervorquoll. Nach und nach verlängerte sich der Kopf und bog sich ein, der Schädel schält sich voneinander, indem und während er zwei noch neue Ohren bekam. Jetzt wüchsen die Ohren alle zu lose fast wallenden Federn aus, und der gebückte Kopf wird körperlos dröge: eine mit erhoben verschnabeltem Relief vorschwebende Hornkanne. → 362

30 Das atmende Plappern der Blätter einer Pappel ununterbricht glutstummelig die zerschrundene Rinde, kabbelig wie Haut. Ich knete längliche Lehmröllchen, walge und teige sie zu Figurinen und lege sie in tiefere Teller übereinander auf, ich presse sie mit bloßen Händen flach, bis an der Knolle eine Fläche glatt einmulde, und verschmiere die Risse und Fugen mit einem hölzernem Spatel, bis ich wisse, wie man sie misst und begrenzt. Jetzt aber, Stein auf Stein, erlebe ich allein die ungewahre Stille: wie Lagen von Knollenmergeln, Knollenkalk und klüftigem Kalkschiefer eingeschaltet und die Gliederfigurinen zig-rissig sind, isterten, zerbröckeln und unvermengt oft zersplitterten zu eckigen Krümeln, ganz kieselhäutig siech, in schartkarrige, klingförmige Stücke: ob sich mir Faden und Fabeln zögen in die Öse, durch und durch? Und zwar wälzten Ruszeln sich, schieferglimmergrau ineinsgeschwemmte, von schrägen Regen undurchtränkte, karstig-durstige Hügel auf: Granitblöcke wie Wolkensack-Knollen, splittrigplatte Specksteinpflasterpfade, kropflig versinterte Tropftiere: herangerollte, trächtig von ins Gesteinsinnere forthallenden Lautlosigkeiten; und ein Erdwall aus Ovalblöcken erhob sich nun im halligen Hochmoor bültig, einer sprungbereiten Riesenkröte gleich. → 203

31   Kaum hätte ich es gesagt, vor mich hin gesprochen, erschick ich selber. Ich schnitt stumm und lautlos Gras für die vielen Stiere im Stall. Ich blickte kaum auf und der Horizont verkümmerte die Stengel zu Heu, und die Stumpen verdunkelten im Augrund der Rinden des Himmels, Aug um Auge. Dann teilte sich jedes Antlitz in zwei übereins stehendere von halber Höhe, später in noch mehrere, zuletzt in viele kleine; so dass nun jeder Felsenvorsprung von oben bis unten eine Menge kleiner menschlicher Gesichter zeigt: Der Himmel erblindet, wo die Sonne aufgehen will, von einer seltsam rötlichen Wolke beschlossen, die wie Rauch, glimmende Asche oder stiebender Blütenstaub aussah, und sich auch aufkommend dort über den Horizont ausbreitete. Rotgrau und meliert verziert; mit Glimmlinien hingen Sprühbüschel wie aus Stroh und welken Trockenblättern, Hornborsteln, glühenden Siebenschläferschädeln, Brutzögger-Gerippe, die verbrennen, lodernde Bast-Kalebassen, von mächtigen Fassgaden eingebeizt, erhitzt: Über mir ist ein aus fiebrigem Lehm reliefartig geschnitzter Tuffkopf in Schlackefarben angebracht. Zwischen Kiesel und Quecken erfasse ich fast den ganzen Umkreis, gerade so, als ob einer wie ich das Haupt durch die Decke hindurchsteckt. → 38

32   In diesem steinernen Meer, in dem es fast keine Büsche gibt, glühen diese wie Disteln auf. Kleine, lodernde Bilder, welche zu zweien, auch gedritt auf dem dumperen Sehfeld erschienen, zumeist in Ruhe. Doch zeigten sich einzelne Partien im Sehfeld paariger, kaum erleuchtet, sie aperten zuweilen und erschienen aufgehellt als graue, wolkenformartige Flecken, fast unzusammenhängend isoliert. Eine blinde Geometrie hat die aufrechten, zerschmetterten Blöcke am Hang entlanggestreut: Und als die Wolke über mich hinwegfliegt, mit stiebenden Unterflügeln einer aufgelagerten Überschiebung, zu eingeklemmten Schubfetzen zermuldet, mit zipfelförmig ausgezogenen Ecken beinahe gefelderter Quadratmaschen, sooft fielen Schmetterlinge auf die Wälder, in Milchtonkrüge und auf meine Schultern. Kleine, goldrote, lila gefleckte Insekten, die in jagenden Schwärmen irgendwohin erschreckt aufgestiegen sind, ein grausiges Ereignis ohne Zeugen: Reihen von rechteckig flächigen Steinnetzen und erquertesten Felsen-Fliesswegen; zerbröckelte Spalierberge, ummantelt am Saum dünnschichtig wechselnder Spalträume von massiv zerstückten Kammerungen, ein oft verzweigtes Liniengeflecht aus erratisch gestreckten und gelappten Gestalten. → 16

33 Ich bin ein von zig Alleen durchsetzter Wald; solange ich mich in solchen Alleen verwanderte, weiss ich, dass ich in dieser oder jener Empfindung zugange bin. Verjage ich diese Idee, die Allee, ob in heller Schar oder später, nachts, dann betritt ich eine zweite, weitere Allee, eine dritte, so, wie diese ebenbildlich angelegt sind und das Waldwegnetz, so regellos es infolge erscheinen mag, wirkt unumgänglich mitbestimmt durch den Ort, von dem ich und die anderen ausgegangen sein werden, in allen Lageanalogien, im Wald ineinandergeschalteter Intervalle. Das heisst, ich weiss eine ganze Zeit nichts, nicht, ob dieser Raum ein Raum war oder mehrere, und wie häufig, wie verhäuft davon Vorstellungsbilder aus einer verspielteren Zeit ohne Zeit verschmolzen: und ob Nachbilder, noch unvergangene und ungegenwärtige Abschellerungen davon vorschwebten als schwärmendes Etwas, das sie pointilliert dividierten: Mit einem anderen Ich und Waldgangspunkt, mit anderen Schneisen werden jeder Weg, ihr Wegzusammenhang, die Homologien des Traums endlos verschiedene zu sein wissen. Die Gedächtnislücken fülle ich fabulierend aus, und glaube – beim Schwimmen im Mississippi meines Zimmers – unzuweilen da und dort »zu sein«. → 42

34 Ich durchstreife Landschaften, die ich vielleicht in Afrika suchen könnte. Ein Tafelgebirge, die ungeheuren Inselberge, blendend geschliffen, gleißend heiß mit grauviolen Runsen in sonst nur rotorangen Blockfarben, herbstzeitlose Reflexe einer mir ganz unsichtbaren Sonne. Manchmal sind die Koniferen mit zuweilen seifenartigen Krusten bedeckt. Der Boden: Fels, ganz feinsandiger. Tagelang bis zur Erschöpfung eile ich durch gewundenere Täler (was nicht sein kann). Die ganze Zeit war diese Gegend dauerhaft, auch lücklos beleuchtet, woher? Der Himmel quoll unablässig weiß, aufglänzend, unfern. Ganz Ohr bin ich durch anhaltendes Summen in achtsam hohen Tonlagen. Dem Lärm folgend zwänge ich mich in eine spuckdunkle Erdspalte, deren Wände aufzufühlen dämmern, kostbar, glitzrig nach unsicherem Licht. Krawlend verschwimme ich mich vorwärts doch. Endlich wird der Gang allmählich: breiter, heller, blendwändig. Das Summen schwoll an und füllte den Stollen: ein riesig kegeliger Raum aus »innen« Stein, eigenlos leuchtend. Boden und Wände rund, im Zentrum strotzt ein schöner und zugleich schrecklichster hochstämmiger Zunderbaum. Dies alles sehe ich und sehe ich nicht. Ich bin … es nimmt mich auf wie einen Toten. Schwer zu sagen. → 82

35 Halbaufgerichtet im Bett stieß ich einen unartikulierten Angstruf aus. Wie Zungenbeine sich paaren und erzeugen unklar schauerlich die Ungeburt der Windbraut mit, die viel- und überflügelig zu wimmern anhob. Die Tür meines Zimmers öffnete sich lautlos und durch den Spalt sieht ein grünschnitzig blausiges Gesicht herein. Dann zieht etwas mich wütend auf und ab und dreht mich wie zum Kreisel, bis ich nur noch ein vollständig verrenkter Kugelklumpen bin. Zwei wulstige geschwollene Augen sind mir aus der Fratze geschnitten. Wie ein Tiergesicht und wie ein schnauzig ausgehöhltes Wühlgefüge, das Ähnlichkeit mit Larven, mit wulstfaltigen Polstern hat. Der fast trollatische Kluftkopf war etwas schrecklich Unbekanntes und schilt mich in der schalen, mauligen Behausung, die feiste Ausgeburt einer Amphibie. Da verwandelt sich die Tür plötzlich in ein Tier, das aufkauende Maul packt mich mit faulgraupeligen Zähnen am Genick. Die Ungestalten stieben auseinander, wie fleischig und in strauchige Zweige gekeilte, kreuzblättrige Kräuselgewächse, sogar meine tranartigen Ideen davon; üppige, entsetzliche Organismen, bestialische, feixende Bauchgesichter mit nur blutsinnigen Unterarten, und sie ätzen allein und fast vom Teufel selbst angespien zu sein. → 261

36 Waren die Wellen kräftig genug, kommt es zu einer völligen Umdrehung der Wirbeltierleichen und Holzreste in den Verlauf des Ufersaums. Der Fischkopf und die Querenden der Hölzer bauen eine Front auf, die ihrerseits als Ufer dient, so dass sich andere Muster von Holzresten und Fischleichen fast im Lot dazu aufschließen. Dann folgen Holzreste wieder in der ersten Richtung, und so fort, aber auch auseinanderkalbendere Säume und Girlanden sind dergestalt zusammengefügt, Spülsaum staut sich auf, die Interferenz aus zig Richtungen der Wellen spielt sich wieder in den vielfach wassererfüllten Randwannen der Säume aufschäumender Räume. Wie auf einem Flügelschiff mit Kufen durch die Luft rudern will ich, und wie auf Sanduferflächen, die sich an bewegten Stellen panzern mit Geschiebe, möchte ich verschwimmen: Die Verwesung löst den Verband der Sehnen und Bänder und die Skelettelemente versickerten im Schwimmsand. Ganze Kolonien der kunteren Tiere zogen vorbei, Viehtriebe, Kentauren aus dem Triumph des Dunklen, Unbekannten. Ich bin wie teigiges Gewöll, eingeschlossen ins Wirbelgewürge kleinster Wirkungen. Ein drohlicher Kolkrabe schreitet vor und sieht mir, erwartungshungrig, ungeheuer zu. In dieser Lageverschiebung gelingt es mir nicht, aufwärtszuschweben. → 182

37 Während ich dies schreibe, habe es wieder geschneit, und dichter als neulich; Flocken, so als ob eine Schnur von Knoten regenschräger Fäden: irrwisch, und hurnigelnd zwischen den Fingern. Ich ließ das so Gesehene oft und gern verschwinden, Gegenstände, die ich nicht fassen kann, ich vermochte sie nicht einzurasten, und dann erlosch das Bild davon. Auf allen Vieren rutsch ich über die neuverschneiten Stämme; da ragen noch große Bänke, Platen und Sunde aus dem Wasser, halb Grus und halb Glimmer: Wie Immen, die im Schnee gluten und verschwimmen. Wind saugte das Laub auf, und das wispelige Knistern betäubt unablässig, wie Grünes fließt zwischen Rotem und Braunem, vielsprossig verstrebende Felgen und zerdrehte Räder. Aus der Ferne: Fichten, viele Feuer, als ob Hunderte Hände Harfen sind, ich werde von Schwindel erfasst, so etwas schwebt mir vor: Die Wurzeln der Mangroven wirken wie Verpfählungen; dünne Blattanbrüche, deren Markstrahlen vergleichsweise spärlich auf gedrungener Fläche über die Adern hinabsamen, verkapseln, ohne ihre Schoten Schof auf Schof zu schröten. Das letzte morsche Eis ist in schaumdurchsetzten Schollen gestrandet, ans Ufer gespült. Quetschzungen, deren Spitze diese Oberfläche, rau und lau auseinanderstrahlend, nicht erreicht. → 105

38 Ein weiterer Stubbenhorizont mit vielen langen senkrecht stehenden Stümpfen wurzelt über dem Liegenden. Hier ist der Fluss abgedämmt und bildet Kolke und Totwasser-Teiche. Aber nur an wenigen Stellen ist Wasser sichtbar. Ein Rollholzpanzer deckt die Oberflächen ab. Schlanke Stangen liegen eingekeilt zwischen entrindeten Stämmen knorriger Föhren und gelbgeschälten Kiefern auf übereinanderliegenden und durchgängigen, stubbenreichen Waldmoortorfen: Die flach verlassenen Altwasserschlingen konnten sogar trocken liegen und die aufrecht staksenden Baumstümpfe, hochmoderig zersetzt, mit Baumflechten überwachsen veraschen. Rinnt und floss aber ein neuer Waal mit seinem angespülten, totarmigen Flumen aus dem grobgeformten Ufer vom Ungelände, dann steigt die Flut rasch hoch, die rußigen Äste ragen aus dem Bruch der Auen, und in allen Lanken sind solche Stubbenhorizonte eingeschaltet. Das Holz hatte beim Anschlagen schon seine helle, fuchsige Färbung: die Stumpen richten sich strotzend aus der Schicht hüfthoch über dem Liegenden – in dünnschiefriger Knorpelkohle – und wurzeln dort: Bis die Axt sie fällt und die zerbeilten Kloben die Hänge hinunterrollten und -stürzten, und bis, kopfhoch aufspritzend, die Klamm übernimmt. → 65

39 Die gewaltigen Wirbeltieranreicherungen glaubte ich auf Massentod durch Triebsand zurückführen zu können: Unvorstellbar die Wucht und Kraft, mit der die Waldriesen fortgerissen und gestoßen werden von den holperigen Felsen! Die Tränke befand sich an einer kräftigen Wirbelstraße, deren Untergrund in der Dürre Schwimmsand bildete. Hier knickt mit hellem, hartem Krachen eine flammende Stange, dort splittert dumpf dröhnend ein lodernder Stamm der Länge nach auf! Und jetzt schoss ein fünf, sechs Meter langes Holz aus dem Wasser empor, wie atemholend, unter mir brodelt ein tosender Koch von Tobeln, Holz, Fließflins und Schlamm. Durch Andriften an den Strand geraten die Tierkadaver, mit zum Einsinken notwendigem Gewicht, sehr oft auf freigeformten Ufern, die über Flutungen zu drifttriffeligen Triebsandflächen werden. Das Wasser steigt quer. Reißt splitternd eine alte morsche Stieleiche mit fort, die an einem Steinzacken gehangen hat; jetzt ist sie, eingeknickt, schon im Sud der brodelnden Gischt verschwunden; und da schossen mit taubem Getöse die ersten Hölzer auf. Durch ihr kantiges Gewicht belasten sie den Sand beim Ebben und pressen ihn randständig heraus, windbewegtes Wasser formt den Boden um, raume Wassermassen wälzten die Ebene glatt. → 93

40 Blick auf die leere, kahle Takelage. Eine dünne Spiere und ein Spinngewebe von haarfeinen Tauen. Vor mir der Fluss, ruhig dahinfließend, nur an manchen, in der Sonne silbern strahlenden, in Wirklichkeit aber teergrauen Gneisblöcken ist der glatte Wasserspiegel kraus und wälzig, nicht schäumend. Als speckige, hellfleckig marmorierte Mauer erhob sich der Uferwald, dicht geschlossen das Spantenholz, dicht geschlossen die mittelhohen Kronen, mit lichtgrauen Stämmen. Wie eine Kuppel neigt sich die Waldwand zum Uferwasser herunter und tunkt kuppenartig lang- und rundgestreckte Gipfelformen, runzelige, kaum scharfe Grate und welligere, mit Agavengras überzogene, Stumpen mit Aplomb ins stille Wasser des Bayou. Und in der Tunke spiegelt sich das ganze, ölschwarz: heller Schluff und Glanz, gelbere Stämme von dichtgedrängten, schraubig gedrehten Blattzeilen der Schraubenpalmen mit ihren starren, dornig beranderten Lianenranken, auffällige auf der blitzig flimmernden Wasserfläche: alles ist naß. Über dem Löcherkalk liegen dicke Bänke an gelbzelligen Massen Konglomerat. Schlingpflanzenschleier drapieren die ästigen Ufer, die Gneisblöcke liegen regellos im Ton und haben Nuss-, Faust-, Kopf-, Mühlsteingröße, Plomben in Form eines Bumerangs. → 62

41   Deutlich hörte ich, wie die harten Schalen durch die Reibung des mächtigen Walkolosses gegen den Schotter des Bodens zertrümmert und abgerieben wurden, und sah dann bei dem sich Drehen und Wälzen des Alligatorwals zum Vorschein kommende Stellen der Haut, wovon ganze Kolonien von Mikroben groß abgeschabt waren: Der Wald ist hier fast ganz auf die Tal- und Stollenhänge beschränkt, die Steppe tritt bis dicht an den Uferhang heran. Am liebsten schwimmt der Wal hart am Ufer ganz langsam und lässt seine blutige Unterlippe, die sich hoch an die fleischigen Teile des Oberkiefers anschloss und somit die langen, von oben herabhängenden Barten bedeckt hält, schlaff herunterfallen. Nun strömt das mit Auftrieb wimmelige Wasser zwischen den Barten durch in die Mundöffnung, worin der lebendige Brei aus Beute von der fleischigen Zunge gegen die dick't von oben herablaschenden, lappig straffen, am hinteren Ende stets ganz zerfaserten Barten gerieben und dann verschluckt wird. Durch einige Beilhiebe habe ich eine Öffnung in die Mundhöhle gemacht, und ich will in die dunkle, sehr übel riechende Höhlung treten. Unter mir die weiche, große Zunge und über mir ein voll geschlossenes Gewölbe von beiderseits verlippten, triefenden Fischbeinfasern. → 97

42   Schwebende, leis gezogene Linien und Fransen, die wie faserdünner Zwirn im Licht der klaren Himmel schwirrl'ten, zerlosen so den Horizont, zu spinnfädig verästelten, fein gelitzten Strähnen: Meer und Himmel schwimmen ineinander: verflimmert in Gewittern. Wie der lockere Schorf durch Reibung der mächtigen Sandpanzer gegen den Kies des Bodens trümmert und abgerieben wird, höre ich! Und sehe beim sich Drehen und Verwälzen der Erde zum Vorschein kommende Torkel, Knochenhorizonte, strichartige Vertiefungen und viele, regelhaft versprühte, grübchenfeine Eindrücke an Stellen der Haut, wo ganze Wundgeschwader von Kadavern abgeschabt zerklebten, und, in Spitz-Strauben zerzaust, zum Zungen-Dreieck fasrig eingeschlungen, von rücksickernden Prielen schlammig eingefurcht, unverankert nachsinkten: Eckig bröckelten, aus Tuff und Schwamm getüpfelt, trockenere Brocken. Ein wimpern wimmelnder Tümpel quillt zwischen Mundwurzeln verschluckt eingeschrumpft hindurch: gesprenkelter Brei aus kleinen bunten Fliegen: Am liebsten schwimmt mein mürbes Schiff als Strichbild am Ufer, faul, wie zur Flaute eine fleischige Unterlippe sich an die Oberkiefer zahnt, als wäre das Antlitz den Felsen abgehäutet, zerflaumt und von klaffenden, tiefen Rissen undurchzogen. → 11

43 Ich befinde mich auf den Mounds bei St. Louis und von der Anhöhe lege ich aus und durchfliege die offene Ebene bis zur ersten Spitze der im toten Gebirge (das steinerne Meer). Im Fliegen mache ich aber Schwimmbewegungen, keine Flugbewegungen, und bin, in meinem Traum, ein guter Schwimmer. Doch tue ich, nach dem Element, worin ich mich tummle, wuchtende Flugschwingungen. Die Schiffsflottille, unten, in Strömungsrunsen verbankt, huscht in Geschwader auf und, windstill, verschlauft darin: Ganz luftige, zerblasene Spinnstriche zerrissen vor dem dunstig gepunzten Grund, so ausgeschrotet, das Gitterwerk der Takelage: Blickdicht flimmernde, glänzende Konturen, als ob tausende Tupfer zu tanzen wissen, wie diese schwebend krausen Wirbel gefleckter Federn: aufflaumen, kreiseln, und in räkelartigen Sprenkeln – sinken. Als ich das Laken umschlug, spüre ich Atem auf der Hand, lausch! unter Tuchend auf den schwachen, regellosen Atem. Das Haar, die Rotfalten des Lakens tun häutige, verwischte Schatten, wie das zerwölkte Fließen der Pinselstriche im Aquarell, worauf die geschwungenen Linien umeinanderschlingen, wie auf-, wie zukupfernde Wellen, die verschlaufen: Diesig haben sich die Linien aufgetunkt, vom Horizont gemohrt, mit irrwisch wässrigen Konturen. → 335

44 Nicht alles Wasser, welches durch das Gestein sickert, tropft in den Höhlenraum. Ein großer Teil davon fließt die Schachtwände herunter oder quillt selbst aus dem Felsen und stockt schon währenddessen. Ein Eisüberzug, der sich den gratigen Schroffen anpasst, übersintert die Wände, die Schuttrutschungen, und sie formt und imprägniert die Grotte splittrig mit unrunden Riefungen. Das Eis pickt zur Gänze fest in den hohlen Händen und Wänden, es schmilzt, so, als ob heute gefallener Schnee den Felsen bedeckte, Windfächer und Firnrisse, aus netzartigen Kristallrippen löchrig zusammengesetzt. Aus einem Gewirr glitzernder Prismen, das kleine Formen schwer erkennen ließe, wurzeln wie die Blätter eines halbgeöffneten Buches blinde Ungefieder hervor, aber nichtspitzige Kiele: aufgestaucht aus treppenförmig übereinander eingeschichteten, lauter haarrissig gegitterten Eisplättchen von netzbrüchiger Finesse, kaum schimmernde, aber regellos verkeilte, winzig glänzende Eisnäpfchen, Kuhlen und Mulden, erstreckt ins Innere verkitteter Gipsgebilde. Die Rippen und die Prismen und Rispen – ein bizarr gepufftes und verzipfeltes Kostüm, mit Wirbeln und Kaskaden: die tausend Augen einer Netzhaut sind mit beißendem Reif überzogen, der sich staubartig anfühlt, und augenlos aufschaut. → 62

45 Der gelippte, mündige Sund zum Delta ist mit seiner Wasserfläche und dem noch etwa ebenso umfassenden Gebiet aus Schwingwiesen und umgebendem Schilfgelände ein riesiger Anlandungssee. Dichtfilzige, weiße Spinnennester mit Eiern, die vor Katarakten überall an den Ästen der Bäume hängen, zerschlitzte Kokons, die so dort oszillieren. Stromgeister ließen sie zurück, wenn sie von Zeit zu Zeit den Fluss zur Tränke streifen, um sich in die Tröge der Lagune zu erbrechen. Weiter, hinein in ein endloses Schärengewirr, über kleinere Schnellen, die unangenehm schartig sind, durch und über Kanäle, enges Geröll und Felsen, die kaum mit Wasser bedeckt sind, werden Boote über die steile Überböschung geschleift. Vielblumige Blütenpolster ragen aus dem Wasser, ein Zitteraal mit Tatzen, zwei Köpfen, mit ungleichlappigen Schwanzflossen und bis zu acht Eutern, die flatterten und schlagen: wimmelige Würmer aus dem Fluss nur aufgetrieben in die Luft: Er fiel herab, klatschend auf Flysch und Wasser; er gebar ein grünes Ei, so groß als ein halbschaliger Heustadel. Dann zerplatzt das Ei in achtzig Stücke, die sich in lodernde verwandelten, schnobernde Fohlen, und so nach acht Windenden vielhimmelig auseinanderflogen, schau: Kein Sturm, keine Wolke, nichts. → 92

46 Das feine Gekritzel, ganz flüchtig, hat sich stückweise durch den Kopf gebohrt, und ich erschöpfte von solchem Klopfen, dem plötzlichen Gepolter, als ob große Massen zusammenstürzen, verbunden mit dem Schnalzen einer Zunge. Ich habe nur ein Mal die Wahrnehmung eines dreimaligen Klopfens außen an der Tür, und zwar tief unten an derselben. Ein kräftiges, einziges Scharren, ich erschrak darüber und wollte es als Missdeuten des Glucksens eines Kuckucks auffassen, der immer davonflog, wenn ich glaubte, ihn zu haben: Morgens hörte ich den Küfer vom Hof her in seiner Weise an Fässern klopfen; in der Nacht erwachte ich und hörte sofort: drei gewaltige ähnliche dumpfe Schläge, diesmal, der Lage des Kopfes entsprechend, nach links und vorn versetzt, tags zuvor ungehört von links hinten und unten. Einen im Ton eines andren gesprochenen Satz hatte ich selbst getan und artikuliert damit, was ich fühlte, wusste, und woran ich zauderte und lebhaft dachte, und der Ton dieser Stimme erschien mir fremdartiger, vielleicht, weil ich schlafbefangen bin, auch nicht deutlich artikuliert und allein deshalb auch die eigene Stimme nicht deutlich hatte, so dass ich trügerisch meine Stimme für eine fremde hielt. Dazu kommt Nebel, der die landeinwärts ausgehauenen Ödfelder, undurchdringlich, mit Fog überzog.

47 Ich habe Nerven, welche nie enden. Sie kehren, nach längerem oder kürzerem Verlauf, um und gelangen zu den Organen zurück, von welchen sie vorgesprosst sind. Ein gedrungener Stamm, Breite 1/3 der Höhe, herauswachsend aus einer dreifächerig gelegten Spirale, gebildet aus dem untenhin längs sich verjüngenden Teil des lebendigeren Stammes. Der krautige Teil versbornte, die geschmeidige Haut erschien unständig in welliger Bewegung, schön und gefährlich. Hier war das Auge, unfasslich schon der Oskulation. Sie bilden also Schlingen, deren beide Schenkel im Gehirn, Mark, Gekröse, oder in allen zugleich wurzeln, und deren bogenfaltig wulstiger Rand keine irgendwie geartete Verbindung mit Membranen durch Ösen eingeht. Sie gehören deshalb weder den fühlenden noch den selbsttätigen verflochtenen an: Nervenknoten ohne Ende: Gedanken, die mir durch den Kopf sporen, Einfälle, die sich in bunter Folge abschellern, in Kontakt-Konkatenationen einander schlingen und verpilzen, in abgerissenen Bruchstücken versprockt sich abjagen. Sie kommen geflogen wie Vögel, weiß nicht, woher, ich habe sie nie gerufen; sie trieben ihr Spiel mit mir mit, schaurig laute Frösche (tröten, knarren), Spuk-entrisch und gespenstisch, das Licht verstrickt und hüllte sich verhext zur Hinsicht. → 56

48 Es heißt, um die Inselinnen läuft ein falber Ring Schilf; falb als das Fell einer Löwin am Bauch; falb wie die Wüste, und zwar ein Kranz küstendürrstes Schilf: blank, feucht, maltschig. Dann ist das tiefere Wasser Tinte. Das blassfarbentintige Fließgefüge, schlierig, wie faul bespuckte, unzuverlässigere Nässe, blasig, klexig, unwiderständig glänzend, dabei trügend und ätzend; dem erzflüssigen Gluten der Untiefe dunkler Spiegel noch ähnlicher als gemohrte Seide, diese immer grünlichteren Kugeln in der Lauge über staubige Augen-Gobelins. Die Glut der Brandung hortete und dorrt, aufgeworfen aus steilkantig steinigen Ufern: Büschel wie grünrotgoldiger Seetang, auf in der Sonne dort und auf den blanken Felsen; die beißende Luft, von Stinkgeruch erfüllt. Tuff-, Flutwellen hüpfen, eine nach der andern, über die Landzunge, das krause Steigseil mit verspleißtem Eisen: Die so befestigte Harpune will sich wechselständig um und um die Ruderstange schlingen, und es zischt inzwischen, raumer Wind schwämmt auf, hüpfelig, schlüge und stieß, mit ringenden Fingerchen, ineinanderklammernde Hände und Füße auseinanderstiebend: jede der Verfärbungen des Wassers; ich dringe geschickt wie einfangs ein Aal zwischen den Schlüpfalgen Untiefen und der Riffe. → 233

49 Ich kauerte auf einem Berg aus Schlangen, umgeben von vollen Wolken und keinem Mond. Die Schlangen sind allein schon groß, farbig und gleißend, wochenlang verbrüten sie in dieser vorquellenden Weise, aber nichts tritt ein oder ereignet sich: Dunkelhäutig entstehen diese Efeubeeren, mit unreifem Lichtgrün oft, das beinahe weißelte. Die Beeren trauben sich dann auf den Stielen, wie zig Facetten in den Augen der Schnecken. Die kleineren Stängel mit den Beeren zeigen Dornen, wie Kerzen an Winzig-Leuchtern, vielarmiger Stichflammen. Im Efeu loderten sie milchig dicht, bald mehlweiß von weitem. Ich nimm die Schlange auf die Schulter und schlepp sie über jede Schlucht; dann sah ich die gewaltige, schwarzquallige Masse, durch die ich hindurchmuss: Noch bei dem Durchpassieren moussiert, verspürte ich die Wärme! So rot lieg ich auf dem Rücken, dass das Gerippe aufspringt, und, die Schlange frisst sich mein Herz, in die klafterlange Naht: Auch höre ich deutlich das Aufknacken der Rippen, ich helf mit dabei, oft, indem ich die Finger zwischen die Rippen bohre, selber, sie aufbrich, und allein das Auszuzeln des Herzens ist mir saugig-süß, wie Blut blutternd und pumpend, so diese Stunde die Nacht lang anhielt, in verschwundenen Sekunden, und ob. → 37

50 Die Umgebung ist verändert, oft grauenvoll, und ängstigend. Diese Sonne ging hinter Bäumen auf, und ihr Wald hatte sich überschattet. Alle Gegenstände schienen belebt: ein Mobiliar aus Gesichtern: Kanten, Leisten, Schlüssellöcher, Griffe, Schattierungen und Kritzer formierten sich Antlitzen, die einander anlächelten, oft aber bedrohlich anfeixten. Wo ich hinseh, starrte, lachte oder schnalzte ein Gesicht, auch beruhigend, und auch höhnisch. Die Hütte bricht durch Druck der innen heranwachsenden Agaven, die das Dachemporhoben, die Schindeln lockerten, und die Holzwände spalteten, auseinander. Die Fasern, die Pfähle und Blätter, die das Haus zusammenhielten, trockneten aus und verfaulten in quallenhafter Formlosigkeit: Vor mir liegt ein kleiner, mit Wollsäcken bedeckter Buckel mit Gestrüppschichten als Rest einer einst das Tal ausblühenden Wiese, die von der Erde bis zum Mond verdorrt ist, um sich ununterbrochen konturlos zu verlieren, noch quallenhaft diapahn, die Schlange, durchsichtige Tiere, die Froschfischkatze, zwei eineiige Tiger, die dem Ei-Bauch entsprangen, Füchse und Luchse; da ist jedes Ungetüm mit oft vorstrotzenden Fähigkeiten; und endlich auch die tierhaften Pflanzen, welche Rüssel haben, wachsen und wachsen. → 228

51 Die Wege woben sich um mich wie die Schnüre einer Reuse, als ein Flächennetz, das man über mich ausschaut. Aber aus dem Dickicht stülpt sich allein ein Kohle-Felsblock, der erhoben so eigenlos zerbrochen und aufgemustert war, als Klümpchen krüppelhaft ausgestopfter Balg, der in entgegengesetzter Richtung schwamm in seinem nassen Schatten, welcher sich schon viel länger über das Wasser streckte. Ich lief als Gefieder an die Wühlstromschnellen und legte mich auf die Steine, die das in Stufen, Strudeln und Gischt brodelnde Kiel erzittern ließen. Der Schaum schwoll an und ab, je nachdem die Strömung auf ihn drückte, verlor dennoch nie seinen Umriss, sein Volumen und seine Dauerhaftigkeit und verwässerte ständig in frische und lebendigere Gegenstände, die anschwollen und verloschen zwischen Lappen und Schnabel. Ein Hund bellt in den Wolkenausbildungen schrill und ungleichmäßig auf, und alle Hunde der Gegend fielen mit zerfletschten Lauten ein in den zarten, faserigen Gesang aus kehligem und heiserem Gebelf; ein Kopf, der gedrungen nach unten guckt, wie ein vornickender Kamelschädel, sich beugt und in die Schnöpsknoten schnobert der vorderen Haartiere, die dort trotten. Ich floss noch immer nach oben und nach unten aus; immer gleich lange dauernde Bell-Laute. → 328

52 Die Rauchbänder sind tiefblau, ins Grüne hinüberspielend, Vögel, die zum Teil wirkliche, abgebalgte Vögel sind, zum Teil greifenartige Verkörperungen und menschenähnliche Rümpfe und Köpfchen haben, sind braun und hellgrün angelegt; der Bildgrund ist kaum ausgespart, zwischen den Rauchbändern wirken rosa, blaue und lila Schatten eingefalzt, sie erhoben sich mit Bürzeln und Vorsprüngen im Sand. Der Steiß zerfällt in Teile, wie Schläuche auf Plateaus, unmittelbar unter dem Glassand befindet sich eine schmale Leiste Glanz aus Buckel-Silikaten, fußstummelig, mit abgesteppten Schneisen und Gneiskarrenmassen isoliert auch, krakeliert durch Erosion, in ein Geröll-Hügelland so aufgelöst davon. Ich befühle zwar die Fäden kurz, hielt sie auch für Sekunden zwischen den Fingern, nimm und suche den gedachten Faden weiter, den ich häufig auffinde, vielmehr aufwickelte, mich um nichts sonst kümmerte: kein Fitzchen undurchsichtig geworden, und zwar: Mir aus meinem Bauch springen zwei noch im Sprung anwachsende Tierlöwentiger, wie Raupenbändiger, die noch nicht fertig sind, und von falber, unvollendeter Farbe. Hätte der Nu nur Sekunden länger gedauert, so wären die zwei Nager ausgewachsen gewesen und sie hätten sich auf mich gerollt, gestürzt. → 7

53 Ich mache im Zimmer eine Art Gasse durch Beiseitestellen sperriger, störender Möbel und spann am Ende dieser Gasse ein geschnitten weißes Tuch aus, auf dem sich nun die Rauchbänder auswickelten. Zwischen solchen Locken aus Rauch und der nackten Blässe: Löcher, Augenhöhlen; ein Strohrumpf schwant mir, schwankt. Ich habe Nadel und Fäden in loderndem Zustand erlebt; und zwar versonnen durch das Zimmer, zusehends, sie spielten sich aber außerhalb der Haut ein und erschienen allein im spindeligen Zwirn des Halbschlafs; dort sackt und greift, tief in Falten schlagend, ein ausgeschlucktes Halsgefühl aus: Geekeltsein; dagegen bellt ein Kalb, das sich noch immer bei mir befand, Würgangst aus und drängt sich ängstlich an mich heran, die Glockenkuh. Zu mir selber hakte ein Werg Kraken, verkrallten im Gewöll davon, um im Nu zu springen; sowie ich aufkrawle, stochert zünslig alles ineinander: zig schwirr'l nesselndgelbe Falter umflattern mich, dass ich nur mit dem Drahtstock in die Haufen Laub zu schlagen brauche, um den Klumpen schwefelfarben hervor zu modern. Auf einmal fiel mir zu malen ein, und zwar vorwiegend Dinge, vor denen ich zurückwich: Ich zeichnete die mir schier angstmachenden Gegenstände tröstlich. → 5

54 Da der Fluss unlängst stark angeschwollen war, war der Boden versumpft. Es hatte zur Unzeit geregnet, die Gewässer waren nicht zurückgewichen, und am Ufer zeichnete sich ein Saumstreifen feuchter Erde ab; die zerklüfteten Grauwackendämme strotzten, in Klippen zu zerfallen; infolgedessen wirkt das Flussbett von Schottern erfüllt und in einzelne Kanäle mit Fällen und Schnellen aufgelöst, in denen Restwälle aufragen; Mulden und geschlossene Kessel, eingetrichtert, sind in den Fels eingesenkte, vom Hochwasser gefüllte Becken. Aus einem Krater lodern in zig Wellen sich überüberkreuzendere Erlzweige gleichmäßig auf. Die Äste sind von derselben ockergrauen Farbe wie ihre steinernen Schatten. Der blauere Grund, ein Pflaster aus Spiegeln, bildet zwar eine Ebene, bleibt aber regellos gestaltet mit Tillen und Gerippe-Drumlins, Schluffkesseln, Becken, *mounds*, sichelfelsigen Absplitterungen und Geschiebeschwellen: flach überkippte, häufig gekappte Sandlinsenfalten, aus feinem, aschgrauem Grus-Staub mit zersetzten Scherflächen-Überschiebungen, so Blockschutthaubenböden mit Rippen, Keilen, Kanten umgewandelter Gneisporösen, in höckerige Gipsknospen aufgelöst zerklüftet. Rückwärtserodierende Lotfurchen leisten solche Rückenwälle aus Flins Widerstand. → 9

55 Ich träumte, dass ich reise, stieg bei der Rückfahrt in den Karren und streckte mich in derselben ganz wie im Bett, träumend, die Decke um mich schlagend. Als ich hiermit fertig bin, will noch jemand zusteigen. Ich verweigere dies, und bei solchem Reden hörte ich in mir eine Stimme unvertraut reden, im selben Ton: »Dergestalt zusammengeballte Erdklumpen und Schuttkörper sind mit einem untätigen Schlot in kochender Verbindung und mit noch gröberer Schurfkraft begabt als die auf breiter Linie rogel über den Hang verteilten Erdmassen der Blattanbrüche.« Hell, hoch, leicht, dünn, nach allen Richtungen hin, sich aufbäumend zurück, und viele Nebenschluchten aufgeschlossen, so dass sie nicht als unverletzte Trasse steilkantig, sondern vielfach verwaschen und erniedrigt zu Getrümmer mir entgegentritt. Die Kruste schwimmt, auf einer Masse von flüssigem Löß längssaum erkaltend und noch knochig. Erfasst die Rutschung ganze Zahnungen am Hang, tun die Sturzbahnen vollständig betäubt, Geröll-obere Schichten sind streifenweise mitgehangen und so ein oft langer und breiter Streifen ins rissige Unland aufgewulstet; dieser Schlot verloderte Hohlformen, welche die Quetschzungen bogenförmig eingeritzt erzeugten. →96

56 Eishaue, Hamen, in der Tiefe vielrissig, wie zerklüftet, und die treibreisigen Ränder, die falzlosen Schlitten tun uneben und zackig, zum Teil dünn wie Papier: Verschlungenes Bandwerk und pastöse Blockanhäufungen werden auch häufiger, Schuttrundfelder treten zurück. Bei dieser kletternden Beleuchtung, in welcher mir das Sehfeld wie ein angebautes Land mit Zuwegen erschien, lagen unzerstreut pastöse, graustrichförmige Flecken vor, so, wie unter Taglicht kleinere Wolken Schatten werfen würden, dürr-rippige, aber: Wolken sind nicht da, und das Augfeld istert wie ausgekocht; es sind solche Polster-Flecken und sogar die kliebendere, unscheinbare Öffnung ausgefüllt mit einem rötlich gelben Schein, Hauttalg-Stuckatur, und in der Tiefe, im Relief, durchs Lumen davon eingeschlossen: zerreibliche Fieberdrüsen, in Rissen laubwerkrippig und gewölbeartig versiedelt. Das Eigenlicht der Netzhaut, Außendinge interieur zu überleuchten, während es in starke, lebhaft grelle Segelchen (die fliegen auf) versetzt erscheint. Sonnen und Monde sollen die Felder so beleuchten, dass Eckpfosten einen schräg gefalzten, scharf abhaftenden Schatten schnitterten, vielleicht auch unzufällige Verdunklungspfade genug beseelter Schatten: unruhig bewegtere, radialfaserige Nachbilder. →48

57 Ich hatte Spucke in den Atemwegen, und diese ertönte in elf verschiedenen Arien durch das stoßweise Entweichen der Luft, und ich hätte Verschiedenes aus ihnen erdenken und empfinden mögen, und zwar: Gegen meinen Willen zog es mich einsaugend vorwärts. Ich pfiff nicht, ich wisple nicht, dennoch musste ich den Vorgang als unvertieftes Schweben verknappen und nicht als ein bloßes Vorstellen des Nacheinanders Ton in Ton, und die Vorwände selbst musste ich als langsam vorüberziehende grauweiße Wolke aus abrutschenden Stoffen auffassen, fast erklimmen. Jetzt pflügen die auf- und angleitenden Massen der Ausrisse und Absitzungen keilanbruchähnlich aus; nur die äußere Form des Anbruches sackt löffelartig ein, dann schloss sich an den Ungrund und Tiefpunkt der Ausrissnische eine nach unten zu einschnürend und schmäler werdende Hornform an, seichte Schalen und Mulden, tiefer eingekuhlte Senk- und Keilblaiken (die Trichter stark eingenapfter Rüsselhälse), die die nachstürzenden Wasser der Muschelausrisse verwischten. Die so ungestielten Schlammklumpen liegen nun in einer Furche hangeinwärts eingebaucht oder münden in Wurzelgeäder aus; Gerölllagen, und kantig ungerundete Trümmer, anprallend walzt sich der Gischt dahin: verschluckt. → 18

58 Aber dieser Satz hatte hier gar keinen Sinn und bezog sich auf nichts, das ist: »Ist morgen auch ein Tag?« Früher einmal hatte ich eine Zukunft, aber jetzt schrumpft sie mehr und mehr zusammen. Die Vergangenheit ist so ruhmredig indiskret, so umsonst um und auf, und zwar: Ich fuhr durch den Ofen, ins Offenere, und die ganze Zeit ohne Zeit bewegte sich nicht. Oft ist der ganze Kopf im Innern überzogen davon, als läge eine fest anschließende Umhüllung darum, und diese Vorrichtung: Im Innern meines Schädels, der mir oft vorkommt wie eine schwimmende Inselin, worin Winde eingesperrt verbändigen. Winde, welche Öffnungen, die sie suchen, nie finden können, scheinen, so kommt es mir vor, als hölzerne Nägel angebracht zu sein, woran starke Schnüre geknüpft sind, und zwar kreuzweise, Seile, an denen allenthalb nach *Hü* und *Hott* unausgesetzt gezurrt und gerissen wird, und solche Nägel brennen, ihre Stelle verändernd, bald an den, bald an jenen Schädelteil versetzt, unter der Kopfhaut: sie sind tiefer, tief eingeskalpt und schlagen sich aus der Hinterstirn immerzu vor nach der Schläfe der Ohrknöchelchen. Ich glaubte, dass draußen nur Wasser sei, und der Mond sei in solchen Sümpfen ertrunken, ich, ein schmächtiger, von Verwandten unverfolgter Mann. → 223

59 Ich träumte von Schiffen, Kataloge davon, und hörte aus der Ferne Getöse von Menschenstimmen. Das waren zwar keine großartigen Beobachtungen, doch habe ich dabei das Umdeuten der Körpergeräusche, die Gehörsnachbilder, das Verändern und Anstauchen der Geräusche in Lärmzuständen, die Überreizungstäuschungen, und das Selbstartikulieren des Gehörten, und das freiere Entstehen der Gehörserregungen kennengelernt und auch das unbeachtetere Gedankenlautwerden, und die volksläufigen Auslegungen der von außerdem gehörten Geräusche. – Töne aus den Körperhöhlen sind aber oft so fein, dass ich sie selten nach und nach erkennen und empfinden kann, aber sie dennoch wahrnimm, suche, und sie dann missdeute: Im Sehfeld zeigten sich dunkle schwarze Massen, hie und da ein Lichtstreifen, oft eine träge schleichendere Masse von graulicher Farbe, verkohltes, falzloses Kiefernholz, und jedes nichtweiche Kissen verursacht ebenso Geräusch. Ich konne jedenfalls auch auf dem Strohkissen ein Sprechenhören vernehmen. Und bei einiger Übung und Erfahrung Ähnliches zur Außenwelt finden, wie ich auch durch das Drücken der Hand in das Knistern des Strohs allerhand Gedanken hineinlegen wollte, immerzu hineindrücken. Ich hatte helle Mühe, alle Verläufe festzustellen. → 40

60 Ich prüfte ein Strohkissen aus biegsamem Stroh (in Dicke und Länge eines Sofakissens) mit weicher dünner Umhüllung, um die entstehenden Hörgeräusche und ihre Folgerung zu notieren und zu erörtern: Es erwies sich als unbequem, wenn auch wohl oft nur spielerisch, aus den Reisern und Schmielen Genist zu flechten. Mich schläfert ja, auch auf Heusäcken – und Strohpolstern ohnedies – oder doch auf knisternden Kissen, nur ein, da ich davon träumte, während und indem ich mir ausmale, wie das sein wird: Ich drehte mich im Schlaf auf die linke Seite, hierbei spürte ich im linken Ohr ein gereiztes Summen; ich drückte das Ohr fest in das Kissen aus Watte und etwas Rosshaar, um wieder und wieder zu schlafen, und plötzlich vernehme ich ein deutliches Lautwerden von etwas, so deutlich, dass ichs zu verstehen meine, nicht alles, aber dass innenwendig mehrere Personen davon sich ununterredende streiten; ich hörte nur, dass es Wortgeräusche sind, ähnlich wie jemand Gedrucktes und Geschriebenes sieht, und kaum oder gar nicht lesen könne, aber dann dennoch abliest vom Blatt, indem er oder sie plappernd etwas ersinnt dabei und erdichtet. Ich begriff das Sprechenhörenkönnen und schnalzte: Mein Sprechenhören ist nur ein wortähnliches Geräusch. → 95

61 Ich spüre beim Hören der Stimmen ein Auf- und Abwärtsbewegen, nicht im Kehlkopf, aber weiter hinten, bis in den Nacken, wie wenn der Atem darauf falle, vorn auf den Zungenrand, wo ich bei den Stimmen etwas Zittern und Kühlung spüre. Bei offenem Mund sieht, wer sich seinen Gedanken überlässt, das leise Zucken unterhalb des Zahnkamms. Durch Ersinnen und Nachahmen konnte ich erforschen, wie ich es fertigbringe, Nichtwirkliches zu hören, zu erkennen, zu erspüren. Manchmal wisse ich nicht oder denke nicht daran, dass ich mein Gedachtes umsomehr artikuliert weiß, als ich es lebendiger denke. Ich brüte über etwas, das ich für Ideen hielt, und artikuliere diese irgendwie mit. Hockend im Winkel für eine lange Zeit verdenke ich solche Gedanken, die sich meistens in kurzen Sätzen oder in einzelnen Worten zusammenfassen ließen: Der Sitz der Stimme teilt Stirn und Scheitel, kliebt beide unzueinander: Nur Klingen, Unsummen, Schellen, und Glockenpendeln. Ich habe von jeher Angst bei starkem Wetterläuten gehabt. Beim Hören eines Schusses fühle ich sofort einen Schlag auf Kopf und Bolzenkorb mit Stechen und Poltern in der Brust. Ich höre Stimmen, ich höre Nur-Summen. Und in der Stube und bei anderen Leuten fing das Zuhören immer wieder an. → 4

62 Das Kissen knisterte ziemlich beim Eindrücken des Kopfes, anfangsprasselnd, klingend. Das helle Knistern wirkt sehr laut und erinnerte mich an Wörter mit I und E, und das dumpfere Knirschen erinnerte an die Wörter mit U; auch unterdessen ich vermochte kein einziges Wort daraus zu formen, und meine, es fehlte Mündigkeit dazu. Ich sah jedoch die Möglichkeit ein, hierbei ähnlich, wie bei allen andren Geräuschen, Umdeutungen zu tun und die Vorspiegelungen zu entsinnen davon, sowohl in der Stille der Nacht, als auch in ihren Einzellungen. Das helle Knistern war kaum laut und erinnerte an Wörter, die man nach dem Mitwissen ihrer Ähnlichkeit auffasst und nach und nach allenthalb ergänzt, vervollständigt. Selbstredend am Strohkissen finde ich es, deutlicher aber auf Rollkissen aus nur weichen Stoffen. Oft lebhafte, ausdrücklich: denkenswerte, auch nicht ausgedachte Wörter erörtere ich, kaum ihre Artikulation, ich kaue und kaue diese wieder, doch sie verlippten mit: Und keins, nur Malmlaute, verließ den Mundraum. Ich grüble lautwerdende Gedanken, Worte, die versproßten, deren Okulation und auch Absicht ich nie weiß, und deren Silben sich dabei so leibeigen eingekeimt zeigten, dass alles redlich mir entgegensinnt: Jeder wisse, was ich denke. → 64

63 Vereinzelt im dunklen Sehfeld zwischen den fruchtschwarzen Massen vierschrötiger Flächen sah ich: fiederspaltig eingeschnittene Blätter, woraus vereinzelt kleine Gefäßspitzen hervorecken: Die pilzblaue Farbe versticht die übertünchte, gedrängt überlappte, pastose Schichtmasse, und diese umfasst spitzenartig hervorstehendere, spärliche Gefäße: graue, also auch leicht mit feinen Verdunklungsstrichen durchsetzt, und sie bilden sich Figur und Farbe aus, wie die auf Weißflächen, Waschschüsseln etc., emaillierten Fliesen. Ich sah sie körperhaft in zig Dimensionen, und sie können auf das, was hinter ihnen liege, Schatten werfen: Ich suchte das Hören (keulenförmiges Anschwellen) aus den Wänden, das Versetzen in die strauchig verzweigten Wände nachzuahmen, zu vereigenartigen oder einzulösen und, immer mit geschlossenen Augen, in die Ferne aufzuschwellen. Und wenn ich fliege, wird die Bewegungsart keine der Vögel gewesen sein; und wenn sich die Angst verkörperte zum Alpdrücken, zum unverflochtenen Gefühl, dass ein Teufel Herz und Gekröse herausreiße oder ein flockiger Polyp daran nage, wie einer, der Äpfel und Birnen pflückt, ein feistknollig verquollener Klabauter auf der Leiter vielleicht, der wispelt dabei, so waren es doch hoffentlich nur Trugwahrnehmungen. → 338

64 Den Wasserglanz hatte ich in die Ferne versetzt und nach seiner Beschaffenheit als See aufgefasst: Ich hatte ihn nicht allein über das angewandte Sehfeld hinaus, sondern vielleicht immens weit fortgerückt, und am davon entferntesten breitete er sich mächtig aus infolge weitarmiger Ausblicke: Weiße Lichterscheinungen, die ich, in die Ferne zurückversetzt, als See anschaue, hätten auch feuriger sein können, Gluten, ganze Seen von Gesehenem. Stets ein und dasselbe Bild kommt wenigstens die ganze Zeit zum Vorschein, und das Spiel wiederholte sich noch unbesonnen oft, als Zwickmühle. Nichts als nicht, was sich gesehen habe, blieb oft auch etwas häufiger vor Augen. Mein latentes Interesse für das ungeheuer Unförmliche war aber betäubend. Das taube Grübeln dabei bewirkte, dass ich von Mal aufs Mal nichts ausrichte. Nichts, als nicht, was ich gesehen habe; ich verfalle darauf, über Gedachtes nicht nachzudenken, oder, denke nicht daran, was ich darüber, was ich davon denke, teile mir meiner mich selbst geminierten, endlos rückläufigen Reihe von gedachteren Ansichten, die einander verwichten und betrachten. D.h. ich wisse nicht, bei welchem Ich ich innehalten will, und im Nu, da ich bei mir selber uneins bin, ist es wieder nur ein um ein Ich von einem Ich: Zwei Facetten in der Vorwand der Zwickmühle verschmolzen so. → 70

65 Wie zu einem Klump zusammengefesselte Häute, auf die von rechts und links ungepackt drei Netze wie mit Fitzchen eindreschten: Das Bild des Sees besteht aus eigenlosem Hell und glänzendem Wasser, alles in Tageshelle, keine Spur von deren Schatten, und dann wieder dunkel. Ich erinnerte mich bloss noch an eine faustoffene, fast knäularige Lichtmasse, die ich als geschlossene zu sehen wusste; ich sah mich dunkel in einer Stube und ich blickte auf die Dielen: War auch dieser Tümpel aus irgendeiner Ursache mit wasserweiß hellem Glanz getüpfelt, – aber aus welcher? Mit dem schärfsten Sehen rückte jeder See mir immer näher, ich will hier verwittertem Totholz aufsitzen, welches zermorschte: lockere, aus warzigen Tropfkörnern zergruppte Wurzelkrusten, von Dunkelfäden undurchzogen, die den Klebfasern folgten. Aus den krustigen, brechend blauen und krautig vergelbenden Farben waren Bruchwälder und Unland entstanden: Ich kann auch aus farbfreien Schichten schwaches Himmelblau hinzusehen (das sich als regelloser Fleck beim Fokussieren des Sehfeldes ungelingend bildet; gleichsam will ich auch weitere Farben verbinden, so dass ein trüb umfärbter See entsteht: Jede große unruhige Wasserflache zeigt so zusehends wachsende Inseln, und diesseits und jenseits, getrennt davon: Sporen in Schlauchform.

66 Je mehr wir uns der Südspitze von Illinois näherten, desto weniger kümmerte ich mich um Sandbänke, Snags und Sawyers, und durchschnitt in strikter Richtung den Strom: Solche Holzinseln machen die Schifffahrt auf dem Mississippi sehr gefährlich, vor allem flussaufwärts: Vom Wasser weggerissene und in den Fluss gestürzte Bäume, die sich so in den Schlamm eingesenkt haben, dass von ihnen nichts sichtbar ist als ihr drohender, mit der Strömung staksig und faulend vorwärts geneigter Gipfel: Die gefährlichsten sind die knapp unter der Oberfläche des Wassers verstummelten; in die Anlandebank dicht gestelzte Stämme und zuweilen abgerissene Strünke von ein, zwei Meter Durchmesser, so dass ein schnell vorübertuckerndes Schiff, das heftig auf solche Widerstände stößt, zerschellen und untergehen wird. Um der Wucht der Strömung, die flussaufwärts gewaltig wird, auszuweichen, bin ich genötigt, mich so nahe als möglich am Ufer zu halten, doch hier sind auch die moderig vermorschten Snags am häufigsten, wie aufstochernde Gerippe. Die Holzinseln, so aus immensen, in ihrem Treiben eingehemmten Massen von Bäumen angesammelt, sind besonders den in der Flussmitte mit unfasslicher Schnelligkeit stromabwärts fahrenden Schiffen gefährlich. →59

67 Wie ein Wassersack im Strömungsschatten der Fischleiche schwimmt?, meine Füße stehen auf zwei nichtverjochten Booten; eins schwimmt gegen mich, treibt an mir vorbei, so dass ich allmählich in Bewegung komme und vorwärts nachziehe, wie durch Eisschollen mit Netzzeichnung, die durcheinander treiben. Bald kommt von links, bald von rechts ein Ruck, und dann schwimmt ein Stück wieder in anderer Richtung davon. Komme ich dem Boden mit den Augen näher, wird ein um ein Schleier dünner, ich sehe Ruszeln und Stäubchen darin schwimmen, daneben Wattebäuschchen oder Schleierchen, fingerringgroß, gegen den Strom. Beim näheren Zusehen zeigt es sich, dass die Stäubchen Punkte am Boden sind; die fliegenden Schleier aber, die hellen Scharen vor der Wand aus Nacht, anscheind große, birnförmige Schliffflächen am Boden. Der Dunst aber verdampft, je näher ich komme; ich sehe ihn am deutlichsten an hellen Stellen. Es liegt wieder Boden vor mir, auf ihm schaukelt das Netz wie der Schatten eines Hamens, der wie ein Leuchttisch schwimmt, dabei sind beide Lampen vollkommen ruhig und haben auch, wenn sie bewegt werden, keinen Einfluss auf das Schwanken der Zeichnung. So ein Kobolz, eingedellt, bestoßen, der in die Höhe »sprang« und zu splitt'serndem splitt'serndem Licht aufplatzt.

68 Dichter Rauch erstickt die Flammen, nicht aber den Brand; ich denke: Es ist die Vorhut der brennenden Sümpfe. Längssaum, in langer Linie frisst sich das Feuer weiter und schlägt seine Klauen in jeden Stamm, und jede Rinde platzt. Es tranchiert die Zweige und Wurzeln und reißt die jungen grünen Sprösslinge auf und lässt ein tot-graupeliges schwarzes Aschenfeld versengen, das die Totwasserarme fusshoch bedeckt: zur Nachtzeit bietet diese Szenerie einen höllischen Anblick. Teerote Horizonte ringen um sich, in Feuerschalen lodernder Flammen gehüllt, die in armlangen Zungen emporlecken und die Glutschwaden blutschwefelig ausleuchten, Rauch. Doch wir selbst sind auf dem flackernden Wasser in Sicherheit; und doch macht dieses brennende Unland einen entrischen Eindruck auf mich. Ich hole Schiff um Schiff ein, die gleichsam aufwärts fuhren, die wir, ohne die Fahrt zu beschleunigen, endlich hinter uns ließen. Oft zerspringt in solchen Unfällen, wenn zu viel geheizt ist, der Kessel: Ein solches »Steamboat« lag noch am Ufer, mit seinen zersprungenen Röhren, den umgestürzten Kesseln, zersplitterten Balken, und seinen in viele Hundert Stücke luftauf springenden, von siedenden Wassern verbrühten, zerschlagenem Rumpf, und von einem Snag durchbohrt. → 35

69 Die ungeheuren Bäume, die auf dem Mississipi treiben, sind aber unzählbar. Selbst die Dampferfahrt auf dem offenen Fließgebiet mit den so häufig genannten schwimmenden Inseln: denn die Triftmengen Holz, die jährlich aus den Wäldern herabkommen, versperren mitunter den ganzen Strom; die geschwemmten Baumstämme liegen mehrfach übereinander, die Baumkronen sind ineinander verflochten, licht und ausgedürrt, und auf den mit Erde und Laub überdeckten Flächen entsteht stets ein neues üppiges Gestrüpp. Zahlloszweigige Seen, Lagunen, Sümpfe und Gräben von C- und S-artiger Gestalt, liegen unweit vom Strom entfernt und zeigen durch ihre Gestalt sowohl wie durch die von Nord nach Süd laufenden, stromparallelen Reihen, in denen sie liegen: Schlamm fließt im Ganzen, verhält sich selbst in zähen Massen wie eine Flüssigkeit, im Einzelnen aber bricht er, und selbst Moder von der Konsistenz wie Schaum wird durch die Bewegung eigenlos in Stücke zerlegt, in dicht aneinanderliegende Streifen, und deren stark lichtglänzende Radien füllen Zwischenräume aus: hufeisenartige Krümmungen, die oft tief sind. Einige Kämpe schieben sich, immer weniger krumm, und immer kürzer, ins Talnetz zwischen diese – mit Flimmergras verdrängenden Malven. → 123

70 Gesteinsschlicker – stets ockrige Schotter: nicht ein wie mit Eis bespuckter See, sondern als eine riesige gefrorene Schmutzlache. Die weglose Fläche ist an Stellen zerrußt, an andern dreckig gelb und hellgrau, undurchsichtig, trockenrissig, wie gefrorene Erde. Als hätte irgend jemand ein großes schlaffes Netz über eine Pfütze gelegt, das hügelige Land liegt seit Wochen unter der weißen, blendenden, fest aufgefrorenen Schneedecke ausgebreitet: Die Gräben verschüttet, Abhänge geebnet, die Wälder nivelliert, verschneidelt, allenthalb Schneeschichten und – immer bleibt die Szenerie die gleiche – eisbekleidet: Wir sind auf einem Ozean von Schnee. Häufig bleiben wir auf der Fahrt in den flockenlos harschen Firnbergen fest stecken, und ich kann das Boot (gerippt wie mit Kielplanken ein Schlitten) erst nach vielstündiger Arbeit hindurchbekommen. Zudem blendet die Wintersonne tief und zwängt mich auf die immense Sehfelder umfassende Schneefläche, dass sie glitzert und selbst leuchtet und mir auf Zeit das Augenlicht raubt. Dann wieder durchfahre ich dichtstiebende, massige Schneewolken, die den Tag in Dämmerung verklären: Im Dumpern kommt der Mond, da ist die Decke schon gesprungen, die den Fluss bedeckt; kaffeegelbe Schmutzflächen wälzen sich verspiegelt vor und randständig auf. → 67

71 Endlich sehe ich den Fluss oberhalb der Brücke durch eine niedere, grobe Eismauer abgesperrt, die immer näher rückt. Dumpfes Gepolter, wie von Böllerschlägen herrührend, Getöse und Mörser in der beweglich donnernden Mousse. Dazu ein Krachen und Scharren, ein Auf- und Niedergehen und Wanken gewaltiger, klafterdicker Eisfelder, die sich wie Wackersteine aneinander reiben und aufeinander stauen und ununtertauchen, und sich zwischen den hohen steilen Ufern des Strandes gewaltig hindurchzwängen und pressen, wie Gekröse im Bauchgewühl. In St. Louis erreichen solche ungeheuren, losen, tanzenden Massen die Brücke und stauen sich an den mächtigen Steinpfeilern, und schieben sich übereinander und bahnen sich fließend und langsam den Weg durch die Bögen. Aber so wuchtig diese Eiskolosse auch erscheinen: um zu schaden, sie sind wohl zu alt; sie lagen seit Tagen im offenen, warmen Strom, das Wasser und Sonne haben sie mürb gemacht, auch rundaus maltschig, und an den rundspantigen Kanten und Planken der Dampfer zerbröckeln sie, zerfließen: Die vielen Wellen, ihr Spiel, belecken sie und tauchen sie unter und rollen mit auf die schroffen Uferfelsen: Wo Rogeis, die stummeren Blöcke zerschollen dumpf, darin schwindet. → 224

72 Auf den trägen Wassern des Mississippi schwimme ich nach dem sonnigeren Süden, Eisschollen und Baumstämme waren die einzigen Trabanten meiner Flussfahrt, bis jetzt. Der Wasserstand war dieses Mal, wie stets im Winter, sehr niedrig, und ich suchte die Ufer ab nach mir bekannteren Wassermarken: Baumstämmen, Hügeln, Krümmungen u.s.f., um richtigtiefes Fahrwasser zu finden. Es war Nacht, und die ganze Nacht hindurch begegnete ich auch nicht einem Dampfer, nicht einem Boot, und der lehmzähe Fluss erschien weglos und verlassen. Der halbe Mond schien gerade nur so viel Helligkeiten aufzustieben, um die ganze Flussszenerie in gespenstische Lichtschleier zu hüllen. Eine Unruhe kommt ins vorwälzende Fließen, unrunde Steine überragen das Geschiebe ab und zu, ich habe die Maschine eingestellt und das Schiff der Strömung überlassen: Das Wasser bricht sich, Strudel entstehen, aber auch dies genügte nicht. An Seilen wird ein Zuboot in den Fluss hinabgelassen, bemannt mit Lotsen, das der Wucht des Dampfers vorausfuhr, um mit dem Senkblei nach der Fahrrinne zu messen. Plötzlich hieß es *Mark Twain* (was übersetzt so viel heißt wie »zwei Faden«); jemand hat eine Untiefe gefunden, die sich quer und zwerchs über den ganzen Strom hinzog. → 106

73 Die ganze Prärie ist vereist gewesen. In den Senken zwischen den Hügeln bedecken Flechten den Boden. Und dass das weite Gebiet eisfrei geworden ist! Auf Hochflächen zerstreut liegen oft Hunderte von Blöcken in zig Gräten, Loben von Geröllen und Geschiebe, die, ausgestoßen und liegengeblieben, Zungen sind. Eng an den Boden gepresste Zwergmulden und Moostorfe sind auf den knottigen Buckelfelsen beim Sturm vollständig mit Meerwasser überspritzt; sie bedecken in der Nähe der Küste auf krautigen Mulden die Flachabhänge. Die vereist gewesene, karstige Höhenwüste, ihre Rundhöcker mit rostig spärlichen Flechten, seichten Feuchten und Senken, einwandigen Pfannen und Kanten der Tal- und Tafelgletscher, gratzackige Kappen. Kleine höckerige Hügel mit dazwischenliegenden kleinen Seen geben der Brühl ihre eigenlose Aussicht; von den Hügeln gesehen erinnert es an die bucklige Welt versteinerter Meere. Die Küste hat unter dem Nebel der untoten Schotter zu leiden: Alles Steile, Schroffe und Versprockte scheint verschwunden zu sein, und ich nimm nur weiche, wellenartige Umrisse und ungetüm abgerundete Steinformen wahr, die wie Inselinnen sich über die Ebene erhöhen, von Wasserläufen untief durchströmt, vom Schutthof ins Offene geschoben.

74 Inmitten Bergkulissen als gewichtslos wirkende Farbflächen, von Blankfels und helleren Halden umfasste Trichter im Kolk eines gluckernden Quellteichs, und dessen ruszelige Flut sott und kocht in Wallungen auf: Der Ausblick reicht weit über die tote Hügelwüste mit ihren wabenartigen Erosionsformen, den weitverzweigten Talungen und dem Gewirr von Kämmen, Zinnen und Pfeilern, vom kleinsten Regen riss bis zu den tiefen, engen, steilen Schlucht*calanchen*, die die Gehänge der Tonwände unterwaschen und immer neue Böschungsschraffen schaffen, die, zersprengt und in Hunderte von feinen Rissen und Sprüngen erodiert davon, wieder und wieder im Verschwinden sind: dickbankige Klebfelsflächen, nassere Streifen schmal-getrockneter Schlamm- und Tümpelbänder. Das dunkle Moosgrün der Waldung, als Schnürgürtel, der das Sehfeld jetzt durchquert hält oder bis zur Schwelle der bucklingen Welt in sich erstreckt: In rascher Rötelfolge wölbt sich in sich der Fließspiegel vor und auf, inschüssig rinnselig sich abflachend, umschalige Tauch- und Wellenkreiselchen treibend. Zwischen den Stengeln nistet die im Schuppenmuster angelegte Wellenband-Verpflanzlichung, wie eine Blüte mit zig spitzen blassen Blättern und einem schwelggelben Lack-Kreis in der zum Ende doppelt gelappten Mitte. →50

75 Ich laufe auf mein Spielfeld. An der Esche, an der ich das Fangspiel anfange, hasch ich nach Blättern; an der Lärche, an der ich das Tretspiel tue, suchte ich mit einem Fuß die Sprosse zu treffen; am Apfelbaum, an dem ich springspielen will, Springauf in der Aue, spring ich herum, umher; Hüpfspiele, auf einem Bein hüpfe ich Sprünge, hoppla, Bein um Bein, hopp und hopp. Wie Eisschalen schlugen die Schellen an den Schuhen aneinander und klirrten wie Knochen im Frost, so klingende Tropfeiszapfen; wie ein See schimmerte auf dem Rücken im Wiesenschmelz; die Schwalben flackern und verzottelten, die Schultern polstern und schlottern, Seidenquaste schlugen am Knie aneinander, die Atlasquasten verschlangen mir Arme; wie ein Tanzstier balzte ich die gewaltige Trommel mit ihren gelbschrillen Schellen; wie ein Blässhuhn gluckste der Schlägel quer über ihre Gefieder; Kuhglocken so groß und häutig wie Windschaufeln läuten auf: eine zu Schwarz-Tüll verhüllte Wolke: das Fell des rußigen Fohlens zerriss diese in Stücke. Und die Fetzen jagte sie wie rappige Hunde auseinander, und über die Ebene fegten Nebel und Strudel. Lehmberge zerbersten, Steinberge wanken; und es schneit – so hoch, dass der Schnee mir bis an den Hals meines Fohlens reicht, das den Kopf hochreißt. → 105

76 Der nahe Wald neigt sich mit den Wipfeln, in der Ferne rauschten dumpf die Blätter im Laub, es knisterte der dichtere Wald, es brechen dürre Äste – ritte ich so dahin? Und dreimal umschreitend diese eine Eiche im Hain? Erst auf dem Hof, offen, wo nirgends Schloßen Halt fänden, nirgendwo Reif sich klammern kann, auf diesem Hagel-glatten Hof kehrte ich die Hände auf den Rücken. Dann stemme ich dieselben händeringend in die Hüfte: Wer will mich zum Krüppel machen, niederwerfen, eine und einer mit Wimper und Rippen? Stürzt eine von oben – ich sag: Treibe ihn auf! Kommt einer von unten – und ich jage den ab! So rief ich und lockte die Rosse – wie zwitschernde Schneeammern hießen sie – und, wie ein Schneehuhn auf eine Birke fällt, so schwinge ich mich ohne Stegreif auf mein Ross, und ich trottete nach Osten. Hielte ich?, am Fuß einer Eiche, und stand am Fuß der Zypresse mit zig Ästen, unbeschirmt mit Schutz? Aufwachend höre ich schrecklich schönere Töne: Heulend von oben droht Sturm. Brüllend von hinten jagende Windseile fitzten die Luftkissen auf, schnalzende, bis die Wolke sott: streifenzerrissen hin zur Eiche, siepend. Über mir haben sich Wolken gehäuft, Stiele; und plötzlich zerbirst eine schwarze mit der Fulguration von Donnern. → 374

77 Ein kegelförmig sich zuspitzender, ganz freistehender Mantelberg mitten in der Ebene stand plötzlich vor mir da, so graugeschwärzt pelzig. Auf dessen Spitze taucht gestaucht der Docht einer Kerze auf, wie geschnitzt, zerflochten, graupelig brennend; am Gipfel finde ich Anzeichen einer blutenden Pupille – nein. Das Schlimmere daran ist nur, dass ich allein den Anfang und nicht das Ende in der Hand habe, denn bei der Schnelligkeit der Ideenfolge kommen sie auf ganz andere, Bahnen, als ich überhaupt will, und selten kann ich alles lenken und beabsichtigen, zumeist bin ich doch passiv dabei, wie buckelig verspottet, und vieles davon reizt und malträtiert mich, Dinge, die im Kreis festgestampft kippen und sinken. Ich wippe mit windschief hampelnd-eckigen Gelenken, verbrämte, blitzknittrig trollatische Bewegungen; ich saug ein Pfeifen in mich auf, und aus der Pupille quillt sich und quellt gelber Qualster, oberhalb und unterhalb zuvor entgegenfarbige Bögen, Linien hintereinander, darunter ein Gewölbe, hieraus eine Glasröhre, fließendes Licht. Wie eine Mirage taucht knorriges Astwerk mit verschränkenden Bromelien in den Giebel. Von den Mösern her flammten wie Kuhbrand dampfende, auflodernde Wolken, gelb wie Feuer, braun wie Ocker brennt in den Wetterglocken. → 80

78 Etwas krächzt wie ein Rabe, prall von Milch, wie das Euter der Kuh gießt sich die Wolke sizzelig auf mich. Länger als Streifen der Lichtungen im Wald bedeckte rußige Milch mit Kirn und Schlieren den Himmel. Aus den Füssen meines Körpers treten Füllen von Kamelen, nur ohne Fell. Im Sehfeld der Erde wälzte sich mein Pferd als Ei, im Heu, groß wie ein Wallach-halber Schober. Jetzt zerschellerte der Gaul zu zig Zungen, milzgrün, und in Lungen, eklig anzusehn, ganz blasig. Es kam mir weder vor, dass ich Dinge erfasste, Jammer-Wimmernde, noch dass ich diese wahrnimm, und zwar: Kentauren umringen mich im Zimmer, schlüpften in meinen Körper und saugten mit Saugfühlern meinen Mageninhalt aus: Eine Hand hat in mein Gehirn gegriffen und Nervenfasern auseinander gezogen, und fasste mir hinter die Herzklappen, rüsselig. Das Herz schlug als Buch auf, die Lettern verblätterten in Linien, die sich über mir zusammenzeichnen, spiegeln, sich aufschließen: Ein Arm wächst auseinander, die Verzweigung wird dünnhäutiger, winkelig, vergabelt: Allein die grausig versprossten Ahnungen, ich sei von Annahmen umringt, die fortwährend Vorgänge in meinem Inneren ergründen und – verdauen: Noch nach Wochen roch ich nach verbrannten Federn. → 67

79 Die erste Schwingwiese bildet sich in einer jetzt seichten Bodenvertiefung, emers, in einem Einbruch in der hellwandigen Lagune, maulwurfshügelartige Büschel von Seggen: Die Mulde vertiefte sich weiter, eine Lage Blatt-Wannen entstand, die auf zwei Seiten der Bresch-Tröge auskeilt. Darüber kommt es zur Tümpelbildung, oft (Schlenken und Flarken) einer zweiten, uhrglasförmigen, knochenführenden Moorschicht. Sie vertiefte sich und verbreitete die Plaggen aufs Doppelte, diese Senke war dann aufgefüllt, es kam zur Bildung mehrerer dunkler Fundbänke und zur Einschichtung zweier von nur einer undunklen Kaupenbank getrennten Grusschicht. Jetzt bricht die alte Mulde mit steil verböschten Plaggen erdfällig ab und ein, dabei wird offener Haspel staffelförmig gerafft. Ein Viertel der Erdfallfüllung sinkt dahin tiefer ein, über die stichig eingetiefte Rundungsstaffel entstehe brache Depression. Fließfalten verlagern in ihrem Bewuchs stark schwankende, helle wie dunkle Bültenschlammbänder, an der Flanke eines Dampfaufbruchs, sogar die Trichterrisse sind gewellt. Weiße Marmoreinlagerungen erleichtern die Nachzeichnung der Einwalzungen von Sintern, in lauter Quetschlinsen zerlegt, in Schräglage und in doppelter Einmuldung der Strosse. → 323

80 Der Anstoß zum Damm wird von einem Riegel, von einem gröberen Geröllstück oder hemmenden Aststück gebildet oder verbaut, das sperrigen kleineren Schwimmstücken in der Strömung Halt bot, oder diese verfingen sich irgendwie noch zusätzlich im Rinnenboden oder verhakten an den Dünungswänden. Doch entstehen ebenso im Strömungszopf der Wirbelfäden gleichfalls erheblich standfeste Strombarrieren, sogar auch verworrener Bauart: Ausschlaggebend für das Heben und für das Senken von frei im Wasser schwimmendem Treibgut in einer Flutrinne; Richtung und Zusammenhalt wirken durch Reflexion der Stromfäden von den Wänden der Rinne unreguliert ineinander, und die Untertauchtiefe sowie die äußere Kontur und feste Masse, das Volumen des Objekts verringerten sich ganz außerdem zum Rinnen-Innenboden hin. Ein von einer Strömung frei mitgeführtes, sperriges Geschiebe (z. B. von verzweigten Ästen) wird seine Treiblage im Wasser, nach dem Prinzip des geringsten Widerstandes, zunächst in solche einordnen. Wie eine Flut junger Heringe, die sie zur Düne andriften ließ, verharrt eine Reihe von Tieren in vollkommener Ruhe, wie in Lauge zum Gerben und Schwemmen der Felle schwebend, während andere in lebhaften Spiralen und Sprudelbahnen umherschwimmen. → 86

81 Weist der schwimmende Ast aber bei rhythmisch gereihtem Wellengang einen Knickpunkt auf, so wird er hier landeinwärts gedrückt, und in ziseliert feinsandigen Sedimenten finden sich windbedingte, filigran zapfenförmige, zuweilen aber auch länglich runde, halbriffelige Fließwülste. Besonders haarfeine Äderchen, einseitig auf dem trockenfallenden Ufersaum freigeformte und mit dem freien Ende noch in das abströmende Wasser ragende Gegenstände. Irgendwie an den Rändern einer solchen Spur aufs Trockene geratene kleine Aststückchen zeigen stets eine allgemein zur Flutrinne parallele Orientierung. Es ist dabei gleichgültig, ob diese so leicht sind, dass sie in wilder Auflösung aufschwimmen oder ihrer nicht allzu großen Schwere gemäß allein flottierend am Prielboden bewegt werden können. Sie nehmen schließlich eine mehr oder weniger senkrecht zur Uferlinie eingestellte Einregelungslage ein. Schwere Wassermassen wälzen die Ebene glatt. Die Folge ist eine Überflutung der Rinnenränder, seitliches Umströmen und, unter entsprechenden Bedingungen, das Entstehen gänzlich neuer Strömungssysteme. Starke ufernahe Erosion (zum Beispiel am äußeren Rinnenbogen) verlagert sein flottierendes freies Ende stromab. Auf diese Weise legt sich Blatt eng an Blatt. → 6

82 Hakt sich der Ast aber weiter fest, führt der freie Teil hin- und herschwenkend Pendelbewegungen aus: Er flottiert und schwoit. Eingeprägte Sandriffeln mit quergestellten Wellungen entstehen; liegt der Spitzpunkt in der rinnenwärts geneigten, untertauchten Uferaussparung, sind die Ausschläge unbestimmt verschwommen; je nach Fließstärke erfolgt der größere Ausschlag hin zur Strömungsachse oder zur Rinnenmitte, wie lang anflutende Wasserpflanzen. Hört das Schwoien auf, kommt das Schwimmende zur Ruhe, regelt und verbankt es, sofern auf den Riffelungen darüber verschieblicher Sandstufenflächen möglich, seine Strömungsschlüpfigkeit, die Einsedimentierung. Grobgeformte Flächen, ähnlich einem alten Kopfsteinpflaster. Das Durcheinanderwirbeln wird stärker; aber es war ein Durcheinanderspielen der Bewegungen von etwas, wie spitzeckige Verknotungen und Fäden. Die einzelnen linsenförmigen Sandgesteinslagen zeigen vielmehr mit der Schneide nach unten und spitzen sich Feinstrukturen aus, haarfeine Äderchen davon. Diese lagerten dann über flachere Prielbassins ab, mehr oder minder ausgeformte, gleichgefügte Sandlagen, aber schwere Wassermassen verwälzten die Ebene eben, glatt, mantelförmig übereinandergelegt, immer etwas tiefer. → 53

83 Im Strömungsschatten wird ein im flachen Priellauf weitertreibender Ast in gesetzartige Stellungen umgedreht, gekentert. Langgestreckte Gegenstände treiben (driften) senkrecht zum Ufer an; kommen sie näher ans Ufer, so verankern sie sich mit ihrem schwersten oder sperrigsten Teil und werden um ihn als Drehpunkt in die Richtung feinbewegter, lebendiger Unregelmäßigkeiten plötzlich geschwungen, das andere Mal gezackt hineingeschwenkt. Uferflächen und schlickkantige Kalkmassen, die teils kugelige Gestalt, teils erhebliche Längsriffelungen besitzen, schroff streichen und häufig im Innern angespülte Sandlinsen aus verkalkten Baumstämmen aufbergen: kalkdurchsetzte Kohle, undurchschwärmt von kopf-, faust- und nussgroß mürben, trümmerweißen Kalkkonkretionen, und von pfefferkorngelben Kalkgrallen, und schließlich von feinen, runden Gipsblätttchen, die sich auf Schichtfugen und aufgeplatzten Oberflächen der eingelagerten Blätter abgeschieden zeigen. Häufig verraten die Umarbeitungserscheinungen eine eingeleerte, dünnwandige Sandlage von hellgetünchter Färbung; darüber die eingegrabenen Rillen sind auch noch sehr sandig, durchsetzt von bodenständigen Wurzelungen, deren röhrenförmige Hohlräume, mit unverfestigter Erde gefüllt, sinterten. → 264

84 Größere Gegenstände, wie auch Wirbeltierkadaver, die auf Schichtflächen liegen, bilden für die Fließbewegungen erheblichere Hindernisse. Und sie engen die Strömungen ein. Nur – der Verengerung des Querschnittes der Strömung entspricht sogar eine Steigerung der Strömungsgeschwindigkeit an den Seiten: Hierinnen spielen diese Stetigkeit der unerhöhten Strömgeschwindigkeit der Strudelungen wie auch Reflexwirkungen von beiden Ufern her, mit. Unvermittelt auftretende Turbulenzen, wie ohne Ursprung, geben immer wieder Anlass zu Verstörungen und Schnellen, die sich bei quirlig bündeligem Rinnen aber rasch wieder ausgleichen – augenfällig beim Flözen eines geraden, langen Holzstocks in solchen Flumen und engwandigen Rinnen: trotz gelegentlicher Uferkontakte wird dieser immer neu zur Rinnenmitte eingespült. Und sofort haften die an den treibenden Ast herangeführten Blätter; sie legen sich nun nicht nur mit den Längsachsen quer zur Fließrichtung, sondern stellen ihre Querverästelungen mehr oder weniger senkrecht zum Rinnenboden ein, außerdem, so dass die ganze Blattfläche gegen die Strömung gerichtet wird: Ich rannte so schnell ich kann hinein in einen Hügel, der zu viele Tunnels zeigt, die so gewunden sind und tief, dass ich mich darin verlor. → 62

85 Und ich schwitzte vor Angst und von der Hitze, die immer größer wird, je tiefer ich in die Eingeweide der Erde eindringe. Ich kam zuletzt zu einer tiefen Höhle, die so tief unter der Erde war, dass ich deren Druck verspüren konnte, das Gekröse, und die Wände schwitzten von der Hitze. Am Ende eines Stollens sehe ich in eine kleine Grubenöse hinab, die tellerglatte Wände hatte, fast küchelförmige Eisschollen ohne Alterung. Sie sind mehlblau und doch von der Hitze glühend. Die ganze Zeit konnte sich die Oberfläche eines Sees mit einer solchen dünnen Eisschicht überkleiden. Ich verdecke mein Gesicht mit den Armen, so groß ist meine Erregung und Angst. Und so groß war die Stille, dass ich Tropfen von der Stirn in die Rinne fallen höre. Im Zentrum des Bodens der Höhle verkohlt lag ein grusiger Kadaver, vom Kopf bis zu den Pfoten in Leinwand eingewickelt, und in Teer getränkt. Der Rumpf ist schräg aufgerichtet, geschmolzen und eingedickt, tot, dass es aussah, als ob brodelig hin- und hingeworfene Eisnadeln sich verkeilt hätten zur rundaus verknäulten Knolle. Und doch konnte ich die Fratze des Tiers erkennen an der versengten Mumie, und dass ich selbst es war, – ich zittere trotz großer Hitze, da ich dachte, dass ich nun wieder tot sei. → 21

86 Mit jeder Berührung des Bodens hält ein sperriger Stock (sei es durch eigene vorstehende Teile oder vom Rinnenboden her durch in die Strombahn ragendere Hindernisse) nicht immer inne. Er kann um den Berührungspunkt als Achse schwenken und sich auf diese Weise erneut in die Strombahn einregeln, untertunken, und zwieder flott werden. – Das nächste, was nun geschieht, ist, dass der völlige Raum in Vierecke von vollständig gleicher Größe geteilt wird. Ich denke schon deshalb enge Wege, welche sehr tief treten und einander auf dem Flins im selben Faltwinkel schneiden; an jeder solchen Tripelkreuzung ist die Nestwulst einer Möwe errichtet und in der gleichen Mitte jedes Vierecks die eines Flamingos, so dass jedes Tier, Flamant, allein von vier Möwen umgeben ist, und jede Möwe von ebenso vielen Flammenvögeln. Das Nestgespinst der Möwen besteht aus einem Loch in der Erde, einer Öse, die sehr seicht und gerade nur so tief genug ist, dass das eine Ei, das sie legen, nicht herausrollen soll. Der Flamingo macht sein Nest weniger schlicht, errichtet strikt akkurate Hügelchen, die etwa kniehoch und schrittbreit im Geviert sind. Sondern sie bestehen aus Lehm, Tang und Muscheln. Und zuerst auf ihrer Spitze schnabelt sich der Schluckvogel sein Nest. → 20

87 Bald kamen mit dem hervorquellenden Wasser aus Kolk und mürben Schlenken sonderbare Wesen hervor, menschenähnlich, doch mit festgewachsenen Armen und Beinen, flossenartigen Händen und Fußgelenken, eingesenkten Augen, Ohrmuscheln und Nasengruben und nur angedeuteter Mundspalte, die sie aber nicht zu öffnen wussten. Auch eine »Tauchte« (die Quellje und Kobilke, das Toppe Rüsgen) als Storch befindet sich darunter, und als sie die halb fisch-, halb menschenähnlichen Wesen aus dem Schlick hervorqiellen sieht, sucht sie diese mit ihrem Sackschnabel geschickt herauszupicken und zu verschlingen, im Wissen, dass es richtige Fische seien. Die Pelikane stehen reglos vor den Wasserlachen und wuchten sich beim Näherkommen elastisch und grazil empor – in hellen Scharen – wie unbunte Reiher. Mit ihrem pinkschwarz glänzenden Gefieder, dem rußgrün schimmernden Flügelhals und Wiegekopf und dem wie eine Nelke gelben Schnabel laufen sie watstaksig in abgemessenen Schritten, den Kopf unablässig hin und hin nickend, die graupelige Schlickfläche ab. Tausende von Schritten zieht sich das Meer in Prielrinnen zurück hin, und die von Fießlinien vielzerschnittene Ebene beginnt sich tongrau auszuweiten: »Was ich hier herauspicken und verschlingen will, sind Menschen, keine Fische.« →315

88 Vertraut und nah erkenne und empfinde ich die Gebilde im Sehfeld, Figuren, die miteinander spürbar sind, sich gleichsam, eingeschlungen, anschmiegend berühren. Gleich Gneis- und Kreidefelsen, den Händedruck als Klammer eingetieft, mit Handrücken und Fingern. Ich sah fasrig strahlig flimmernd zittrige Glutpunkte in etwas mehr dicht gedickter Form knäuelschnäuzig spitz auf einen Spieß gestützt, mit verbrämten Punzen ins dunkle Licht. Wie durch Dämme gegen den Strom erstarrter später Dampf, auf der Meerseite vertrubelt von unbestimmter Grenze. Die Augen der Lagune und die offenere Flut, zusehends, die Barenen zum Meer hin. Vergeblich suche ich da und da die Grenzen fester Erden am Firmament und tief unter den Füßen: Flins. Ich sehe die schimmernde, durchsichtigere Ebene poröser Wälder (Zedern und Zypressen), wie von einem Wetterschlag zerschmettert, und das Meer vor mir her sich ausgedehnt zerblauen und: im Horizont verschwinden. Aber ihre Begegnungs-, ihre Aufwiedersehensfläche suche ich geduldig wie vergebens: Augenblicksgötter, die uns blühen und die Zeit, die bleibt, vertagen. Die Schiffe, die, wo alles Land sich zum blanken, offnen Archipel zerlöst, zwischen Inseln und Küsten Verbindungen stiftend: all das steht uns bevor. →101

89 Der Boden am Rand der Talung war glatt und eben (Schluff), und nur durch Polygonrisse und längliche Dellen aufgeteilt. Strudelhöcker und Gewölleknollen und wie als ein Sackmagen aus Falten gekritzelte Geschiebeschrammen im zertrockneten Schlammstrom. Die Bildung der Spalten und Hügel müsse ziemlich plötzlich erfolgt sein, die bültigen Steine sind von einer Eisschicht abrupt umhüllt. Als der Frost etwa fußtief tief in den Boden gedrungen war, wölbten sich mehrere größere und kleinere Hügel auf, mit polygonaler Felderteilung durch Risse und Spalten, wo zuvor nichts als bruchlose Verformungen der weitläufigen Felderteilung und Dellenbildung zu sehen war. Die Hügel rissen fast glasartig auf, klexflächig hochgewölbt und ihre Oberfläche in polygonale Saumfelder querrissig zerlegt. Bis zu etwa Kniehöhe wölbte sich das größte, etwa fünfsechs Schritte lange Feld auf. In der Mitte ist die Aufwölbung oval am stärksten; ein Hügel war zerbrochen und die ganze Längsflanke eingesackt: Wie gratartige Karren ragten sie, gut zu sehen, aus dem Boden. Die Erde im Kern aus Schluff und Trittschutt war und ist noch nicht gefroren, aber nass und matschig, mit dünner ausgefrorener Kruste. Die Zerlegung war dort am stärksten, wo die Wölbungen, finde ich, am größten sind. →79

90 Waldgebiete, deren Oberflächenformen ich nicht überblicken kann, da ich kaum freie Höhe fand. Fallen vereinzelte Wassertropfen periodisch auf den vollends trockenen, mit Staub bedeckten Hangboden mit regellosem Gefälle, überziehen sich diese Tropfen sogleich mit einer feineren Staubhaut: So rollt ein Tropfen jetzt den Hang hinab, vermehrt seine Masse durch weitere Aggregation von Material an der lockeren Oberfläche. Mit der Vermehrung der Masse geht unter dem Einfluss der Schwerkraft ein Zuwachs der Beschleunigung Hand in Hand und damit auch eine noch schnellendere Zunahme der Geschiebe- und Verrichtungskraft dieser Masse: in schreitender Erosion, einschnürend, die Einsattelung dacht sich sacht nach und nach ab, nur niederfallend verbreiternd, gegeneinander getrieben, und verliert ständig an Relief: als wenig bewegte Ebene, worauf die Gräben und Priele in sandig sumpfigen Auen mäandrieren; endlich stehen immer noch dieselben feuchten Nebel und Flussschwaden überall, und ganze Bruchwaldpartien unter Wasser; Wind. In breit ausrinnenden Uferwäldern, die insichdicht zusammenschließen, fließen die Austiefungen der Bayous träge in tonigen Betten, Anastomosen oft ohne Gefälle, und stets sind die Bassins Senken, in die unebene Geflechtsfläche eingetalt. →83

91 Ich wandere das Untal aufwärts. An seiner Mündung liegt ein platter Hügel aus gemischtfärbigen Flinsschichten. Das Schotterbett, mit Schutt erfüllt, ist ziemlich eng. Abflussrinnen sind in eine Ablagerung eingeschnitten, die Kiesschichten gleicht und felsigen Hängen aus Granit. Besonders ein roter, flockig-körniger Granit fiel auf, der wie spacke Gesteinsballen aussah, aber ein Schlag mit dem Stock in eckige Trümmer zerbricht sie. Auf den Bruchflächen liegt, verwühlt von Tieren, eine rote Staubschicht. Augenscheinlich saugen Haarspalten den Staub ein aus erdigen Mergeln, und dessen Salze mit Lehmkörnern und Salzgrus zersetzen das Gestein mit Blasen und Einbuchtungen; neuer Staub entsteht, Torf kann zwischen die Blöcke eindringen und pilzspindelig sprengen, die Windspalten sind zusehends erweitert davon, gratige Salzmergelpfannen, Mulden und Wälle an vielen Stellen. Auf der Flutsohle, in den Schilfsümpfen unten und auf den drahtgrasigen Schwemmgeländen, lagern Anlandsande und Schlamm in toten Becken, Seekreide und Uferwaidstreifen vielbültig zerrissener Gebilde, die sich oft und oft verzweigen. Sie kehren selbst zum Hauptbett zurück, allenthalb von Pflastern, dessen Steine kaum über Faustgröße hinausgehen, aper und bedeckt. → 45

92 Wie eine Landschaft ist der Kopf geformt, und es ist keine Übersetzung in die Seele: dass jene bange Zwischenstunde, wo ein in dumpfer Fruchtbarkeit aufquellendes Gelände auf den Morgenguss wartet, Granatsträucher mit scharlachblassen Blüten triebselt; und auch Hanflilien, die ich Gillen nenne – das blanke Laub, das dem Blatt der Blutbuche ähnelt, ist mir fremd, wie pappig angemalt mit irisgrün verschüttetem, opalblauem Lack. Dort bläht sich da ein stiernackiger, strupphaariger, gierkeuchender Wanst auf, er schrotet seinen Schweinsfuß aus und stemmt selbst den Humpen, während sein Balg, aufhaxig, auf der Feueresse glutig, als ob eine saftige Keule schmort und verkohlt davon. Mein pampiges Ebenbild drängt sich mit einem unersättlichen Mir-auch! vom Stuhl herbei den Tisch und schlappt in sauber ungeschnürten Bundschuhen, worin die Fuszeln, klumpig-kurz, mit dicken Zehen und klebrig eingekerbten Nägeln stecken, herbei: Kreiswulstrunde und oblonge Scheiben, wuchtige Küchelchen, fast filzgrüne, die aufeinander wachsen und zarte Blüten tragen, so ockrig wie Teerosen, und fast von deren Form: Das sind die, dazu, und dicht am roten Stein, Opuntien auf dem Porphyr, rot, so violett und, ganz schwarz davon, Wrasen und Agaven. → 64

93 Manchmal fielen mir hervortretendere Teile auf, aber ich wunderte mich stets, wie oft harmonisch die Verkörperungen vertuschten: Flimmersprenkel, ausgesparte Schatten und Maschen. Bewegungen hatten sie nicht, sie traten als Widerspiel verbrämter Formen auf und verschwinden in Schraffuren verlorener Kontur. Wie Pfropfen ragten sie, so schon ausgerundet, vor aus dem Boden. Das Schauspiel macht auf mich Eindruck, füllt das Bewusstsein aus, verursacht mein Hingegebensein in Empfindungen. Das Sehfeld wirkt unruhig, überpaust, aber zu welchem Ende her rinnen die Tinten wühlig ineinander vor diese blasse Schar: Ecken, Seiten, Kanten, wie aus zusammengesinterten Feuersteintrümmern geblendet: Die Formen veränderten, aber bewegten sich nicht: zerbricht die Kruste, sind die tonigen Felsen angeschnitten und verbinden ihre Räkel dünnspeltiger, straks gliedrig gewirrter Rillen und Rinnen, ich weiß, die Erde ist im Kern aus Schluff mit Kleinschutt noch nicht harschgefroren, aber nass und fugenklamm kringelig, wie Firn im Winter, und wie die Form selbst fühlt. Die aufgesträubten Gräser überstachelten mit Schatten stapfend die Äcker, traubenhafte Garben, diese spreißelrissigen Rinden unverzahnter Felder, gestickt in die Schleier inniger und vieler aufmaulender Fühler. → 75

94 Die schnurgrünen Fluten, violen Felsen, die Gesichter der Gischt, und tiefhängender Himmel: Mit ein-zwei Beilhieben ist eine Öffnung in die Mundhöhle gemacht, und ich kann in die klaffende Mannigfalt der Magenhöhle schlüpfen. Unter mir hatte ich die wollig ausgefranste Lunge, und über mir ein giebelige Hautgewölbe von zwickelnähtig herabhangenden, blind tropfenden Pustelbeinfasern, zwischen denen jetzt noch zahlreich verzipfelte, wimmelige Fitzschen kittelten (winzige Strich- und Sichelformen schraffierter Virgeln), als ob Flammwirbel ineinander lodernd überschlagen: ein schwebender Kopf mit dem Scheitel nach unten, zerfuchtelt, diesig, im tief brodelnden Licht ergelbende Nebel mit grell durchflockten Zacken. Die Riefen flammen schmal und mündeten in enge, leblos lebendige, netzglänzende Gravuren, ins Krakelee rings um die kalbenden Eisstumpen verzeichnet: Die Zapfen sind durch Tropfwasser an der Spitze etwas eingebuchtet und von da aus durch nach unten grubige Riefungen gezeichnet. Nach oben hin, je offener das Obere sich darin spiegelt, ausgelichtet: Die Riefen selbst sind feine kleine Rinnen, mit ungezahnt sticksigen Klippen: im Darüberfühlen mit dem Handrücken ein rippliges, umsaum wispelndes Geräusch. → 45

95 Diese Steine liegen nicht still. Bei meiner weit ausholenden Gestikulation knackt es in den Gelenken wie im knöchrigen Skelett, Windwirbel entstehen an den Rändern der Felsen, der Sand wird hier fortgeblasen, die Steinwaben unterhöhlt; sie rutschen herab, vermaschen. Ferner Steinströme und -inseln sind in Sand geweht; die Steinstreifen bilden ununterbrochen hohe Platten. Ihnen gegenüber – sandfreie Rinnen, die, wie es scheint, von heftigen Winden freigeblasen worden sind oder noch würden: vor allem die auf ihnen liegenden Schuttzungen: Von aufragenden Gesteinsklippen z. B. fallen lange, glatte, borstenartige, spitz nach innen gekrümmte Flugsandböschungsschraffen. Wie vollgestopft ein nur einen Sprung breiter Canon, sein unrund kurzer – ein Tal, die Mündung des Nebentobel absperrender – steilwandiger Riesel-Sandriegel und dessen klobig kriechende, trichterförmige Verschwemmung ist: mager, dürr, sperrig verwinkelt, kahl, eingekrümmt: Und plattig zerstückelt ist das Gestein, die Sandböschung granuliert davon, geringelt, wie bei einem Sturm entstanden, von Steinzungen unterhöhlt, augenlos durch raume Winde aufgetragen, als ob ein Erdgrimmen rumorend jede Form verquere. So entstehen, meine ich, lange Streifen und breite Zungen aus Steinen. → 50

96 An den lichteren, trockeneren, ebenso höchstens schwach benetzten Felsen, noch etwas lichter und oft mit ihm verzahnt: Schwefelflechte, in wachs-gelbe netzförmige Stränge umgewandelt unter dichtem Astwerk, Nadelholzborken, die perlschnurartig durchtränkte Rinde junger Grauerlen und Grauweiden aus graupelig braunen Außen- und Innenkrusten, mit ihren winzig-dürren, leicht zerreißlichen, trommelschlegelähnlichen Fruchtkörpern, und die engere Zerschluchtung der beiden Hänge dürfte gesteinsbedingt sein. Der oberste Kamm zerfasert aus wild übereinandergetürmten Felsblöcken von zunderartiger Beschaffenheit, ein Felsenmeer, den Blockgipfel darstellend. Die Wanderung über diese Blöcke marmoriert, da die Lücken zwischen ihnen von Stelle zu Stelle von Mooslappen tückisch überdeckt sind, nur fürs Auge, nicht aber für den Fuß eine Brücke stellend, unter lichtem Kiefernschirm auf oft üppigen und stark schattenden Deckenschottern. Die Fels'chen sind mit Flechten überdeckt, ein tiefes Strudelloch, mit Schutt erfüllt, glasig, ein hüpfender Riesentopf, der in den Schlenken zerschellte (früher als die Bulten). In Schuttfalzen kesselförmig ausgewühlte, tiefhohle Dolinen-Rinnen mit sülzig gerinnenden, ganz speckigen Wänden. → 44

97 Die Gegend steigt stufenweise an und wird immer wilder; schwielig, göpelig, wie der Wald verkrüppelt, und Bäche, die ihren Weg durch die Geschiebe finden, hinterließen sichtige Spuren im Grasmoormosaik – eine aus neunerlei Kräutern und Stauden bestehende Pflanzennarbe: Zuletzt stand ich auf ihrem Gipfel und blickte nach allen Seiten über ein weites Meer von aufwelligen Wolken, welche sich unter mir wälzten. Der Gipfel ist ein schmaler Rücken, bedeckt von verkrüppelten Bäumen und massenhaftem Moos; ein zweiter von eher geringerer Höhe ist von ihm durch einen Abhang getrennt. Ich kletterte auf jeden Kulm bisher mit rissigem Schutt und Blöcken kristalliner Schiefer bedeckten Granit- und Gneishängen, die klein- bis mittelstückig zerfallenden Plateaus. So roh ragen zackigspitze Felskapseln auf, Klippen und Drusen, wovon Schutt herunterrieselnd istert, aus versandeten Hängen, in Hochgebirgsöfen verwandelte Firnfelder, mit Gletscherchen versetzt. Und so breitet sich der Schuttfächer aus wie eine Landzunge: Faustgroße Steine täuschen größere Felsblockdecken vor, im weißen wollig weichen Grus, und wirft muldige und runde Falten, so aber troff von ihnen eine graurot trübe, Atemblasen behaltende Lauge. → 169

98 Auch die Oberfläche des Fächers wölbt sich, gefältelt und derb, in der Mitte etwas höher als an den Schimmerrändern, ein Gemisch von kugeligen und buchtigen Höhlen. Zahlreiche, flach sich verzweigende Wasserrillen tun runselig eingeschnitten und gliedern die Mantelfläche des Fächers, durch trübe Regen vertieft, jetzt wälzt sich eine tosende Wassermasse in ihrem Bett: Kleine, zu einer Traube verschrumpelte Runsen tritten am Untersaum der Wollsackdecke heraus. Solche in der Tiefe liegenden Steinblasen sind alle morsch, zersetzt, wie Rotzknötchen oberflächlich fett, siech eingeschnürt, mit spiralig verlaufenden, eingerollten Pusteln; blutkrustige, aber mit rußschwarz, wie Silber hellglänzenden Überstülpungen. Diese Glanzrinden überfalten die glatt verschwärzten Felsen außen auf; verdickt durch Wasser, sind in dem Schutt befindliche Steine freigelegt, gelockert, mit wallartig aufgeworfenen Doppelgraten. Alle Gesteine — lose Stücke und anstehende Felsen — sind von schiefergrauen Rinden angeschwollen, überzogen, durch aufkragende Gneisklippen und Wollsackhaufen streifig-faserig zerkarstet; Erstere zackig, Letztere gerundet: Splitter-Klippen, umhüllt von ihrem Schuttmantel, im Blockmeer verwitterter Rundhöcker-Sockel und Karstwannen. → 214

99 Aussparungen, Fugen, die Helligkeit der Steine aus dem Netzgrund, das Graue Rötelgrün der Tiefe, flau, ausgeschabt: Ich habe die Rinde vom Baum losgeklopft und im Bach untief aufgeweichte Baststücke mit ihren Fasern ineinander verfilzt. Als leicht erhöhte Schuppenaugen sitzen die Einzelklexe auf der weißen Fläche, während das gliedernde Gerüst, die Fugenverklammung, auf ihren samt Faltengraten aufgehellten Mantel als ausgesparter blinder Grund nicht Striche, sondern Lücken wirft. Das Gratwerk, die unbestimmte Flockigkeit der vielen Schraffen und Waben, der die enge Energie einer als Linie gefassten Schwarz-Umrahmung zerfaserte und fehlt. Die Augen und die Fugen der Farbkompartimente, genauso branstig grimassierende wie feixende Masken und Maschen, machen, dass die ausgesparten Fugenklammern nicht mehr als Lücke, sondern als Stege der Verstetigung ins Bild wirken. Wie jede kleinste Zelle, vermalt aus sich, verwandelte: Nur wenn ich die Fläch'chen Stück um Stück gezählt haben sollte, dem inneren Augen gleichsaum angezündet, sah ich den Mitflimmer über die Landschaft in zig Lagen übereinandergelegt, wie Laken, die Umrisse auszulockern wissen, die »so und ob« durchbrochene Kontur. Wie fließender Tang (ich weiß): Der Rausch der Farbe ist die Hauptsache. → 86

100 Das Tal legt sich um die Strahlen der Nebenarme wie ein Radrand um die Felgen und Speichen eines Rades, und zwängt Runsen durch in ihre Rutschungen. Zwischen den spitz- wie scheitelstrahligen Schärlinien parallel zeigen sich verschattete Bäche und Arme, die unzusammen fließend die sternstrahligen verbinden, wie diese. Plötzlich öffnet sich der Bruch, die harschen Massen rutschen jäh herab, eine silbergelb kahle, klebrige Lehmfläche beginnt. Hier sind die feurigen Hänge zerborstener, zerschluchtet, von Calanchen zerschlitzt, und graublaugraue, spiegelige Mergel fließen in die moddigen Gewässer. Muscheln, wie in Flumen Blumen, von glitzt bezackten Falten gefasert, mit gratig umgedrehtem, mit einem Aststumpf verzweigten Ende in den Löchern der Spanten, bemalt durch die geformten, dann verklammert gespaltenen Bretter aufgeschalt? Die Stricke zurren in geknotete Enden aus: im Ösenfeld verjocht, und verschlungen sich, Glitzern: Das Öhr war bis in die geschirrte Tiefe erhellt zwischen Brodem und Boden: Als Giebelgebirge schneiden sich die Hügel auf und ab vom Himmel, ausgezahnt damit, vom ersten Licht gepinselt, ein krauser Silberwald moussierte, nebelblau schraffiert, was kaum sein kann, hochgelb geschaufelt aus gipsrötlichen Spateln, ihrer Sandfarbe ähnlich. → 378

Tale, Novella, tale. – *Ein zwischen Drillingsklüften eingeklemmter Block war zerplatzt, zerdrückt schlug er die Bresche in den Schlichttobel zu Scherben, nach oben. Und nicht immer sind die Kniee, die Knicksel stets an ihren Ring- und Kaminstrukturen schartig-scharf ausgezackt; Hangübergänge der Klammer-Ringe untereinander bzw. der Ringe in die Umkluftfläche durchsetzen die geringere Knicktiefe immer im Trümmerverband, herausgepresst aus sich ineinanderkreuzenden Herden, die zu Teilen sind, Aufwiedersehensflächen: nebeneinander liegendere Bindsel oder hervorkrempelnde Rispenklüfte aus Knautschzonen und Ästuarien strotzen oder borsten sich mit wie an Felsen festbrechenden Splitt'sern – in quergewellten* Tagliamento-*Lamellen gefelderte Sprenk'selchen sind über die darunter eingerollte Schlammmasse allein im Kluftverlauf der Risse hervorgequollen, streifchenförmige Hohlformen zwischen fächrigen Kluftbuckeln. Wülstelchen, Kehlchen, dachartige Knicke und Nuten gabeln, nagten aus wie die zu Frostbrodeln kochenderen Knochen – aus einem Guss: Und dass ein Spalt allein durch mehrere, noch im Besenverband versprengte Stücke, diese erschütternd, hindurchkluggert: haarfein auseinanderschnurende, stracks zueinander gekammerte, wie eine gebrochenere Unzahl, die nicht aufgeht.*

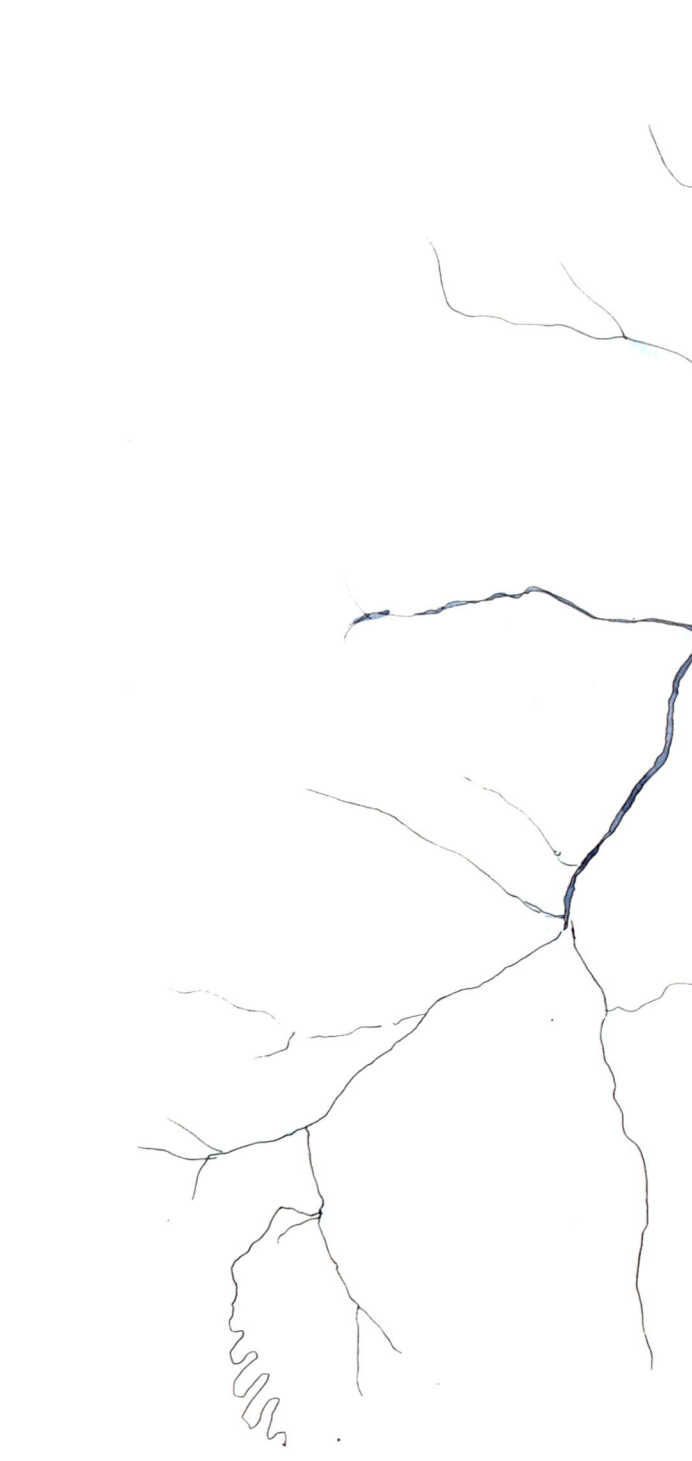

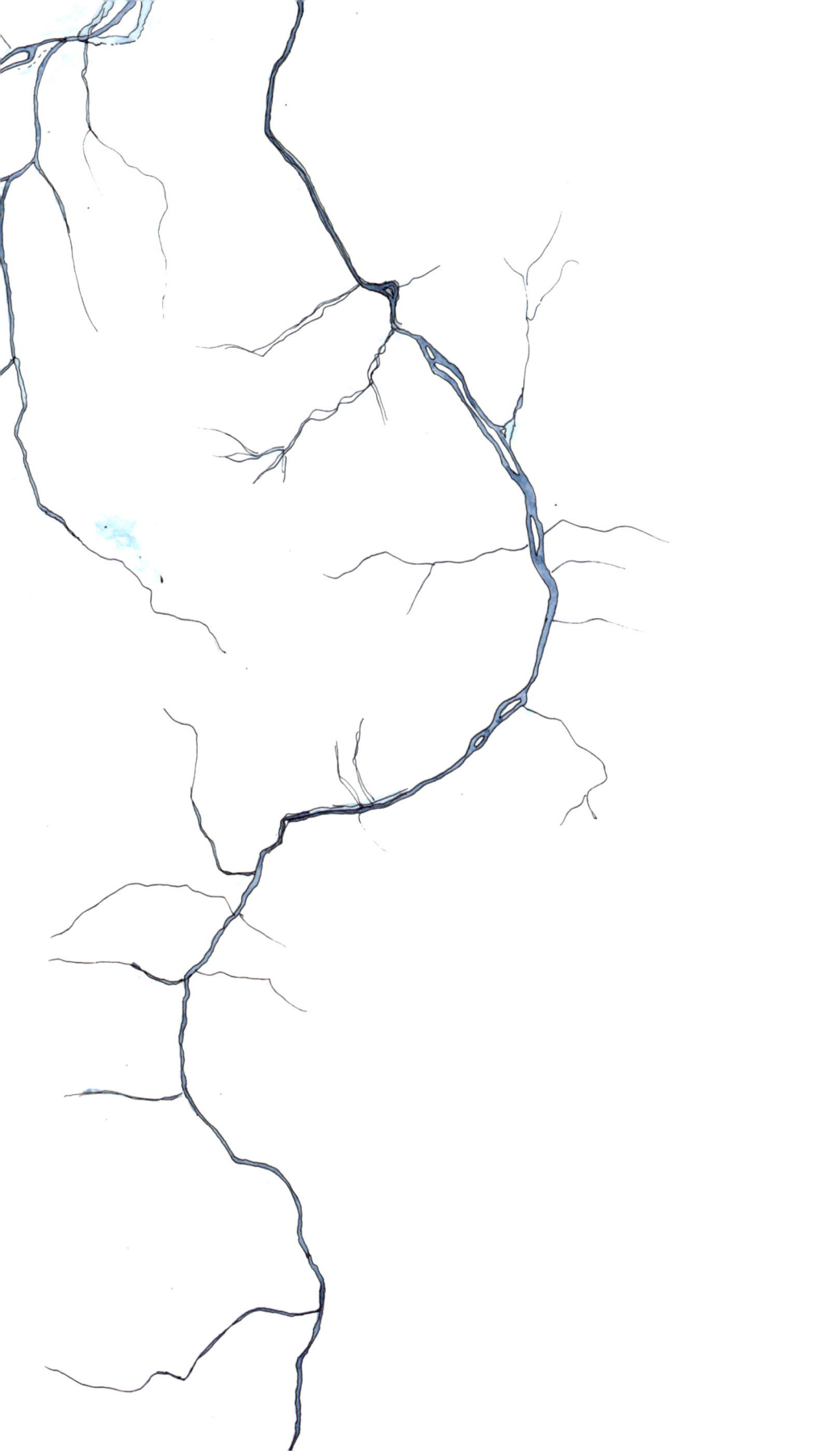

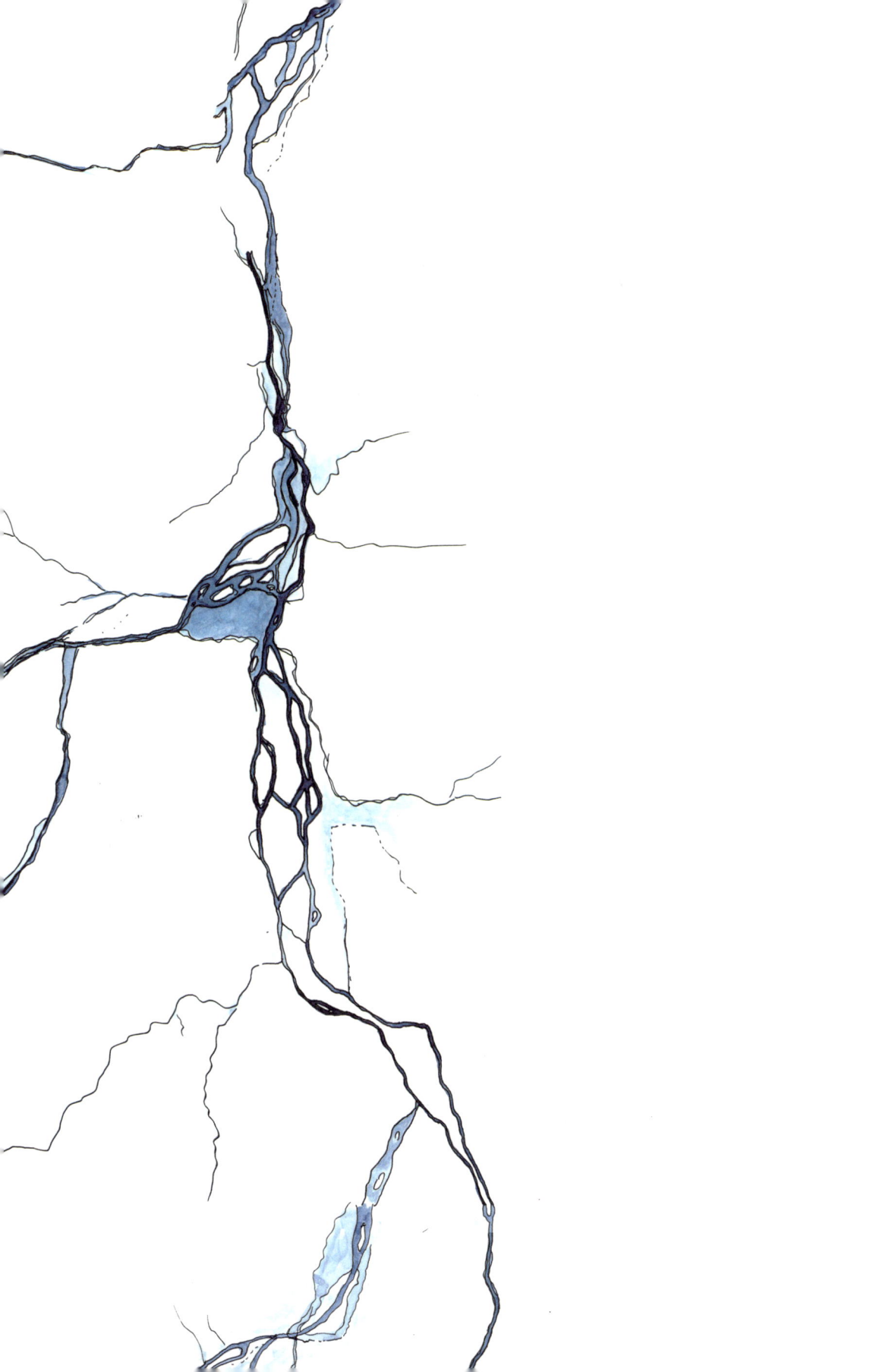

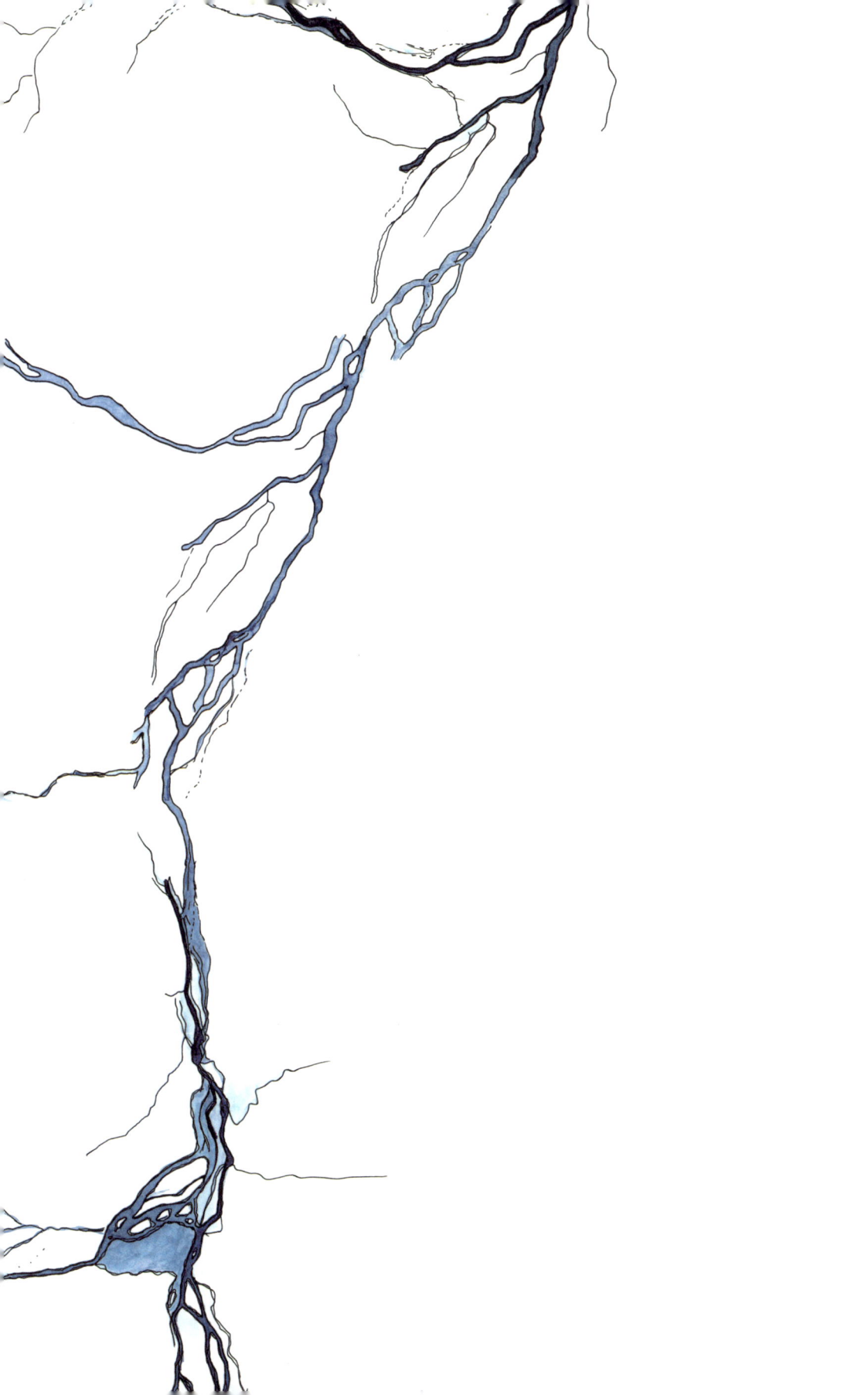

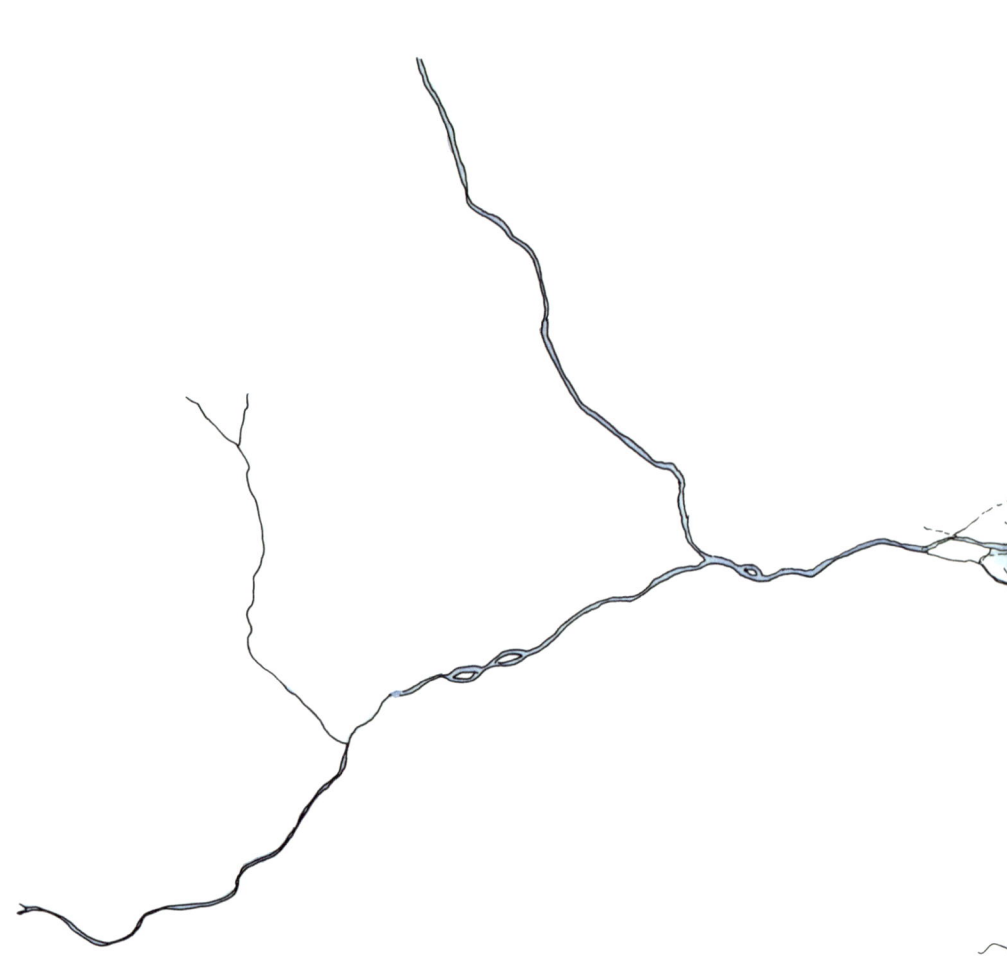

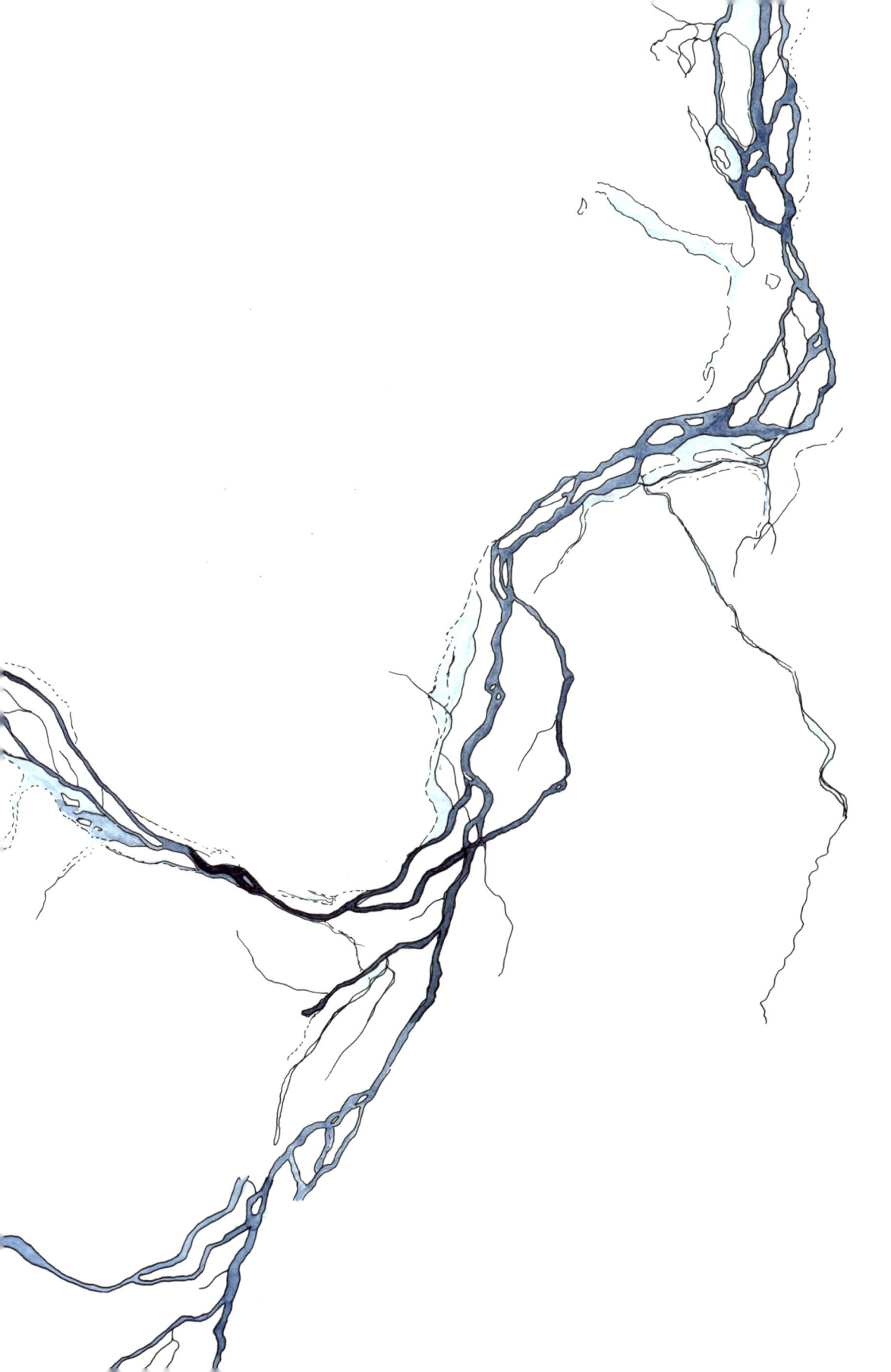

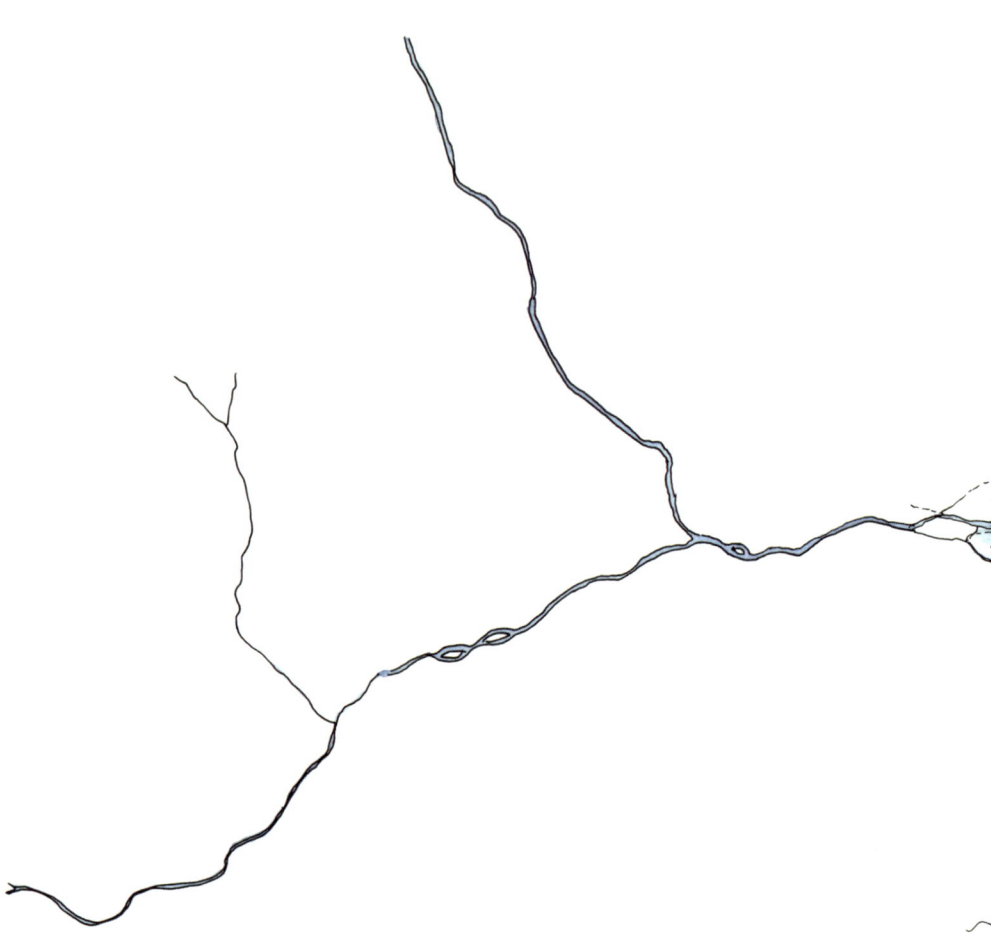

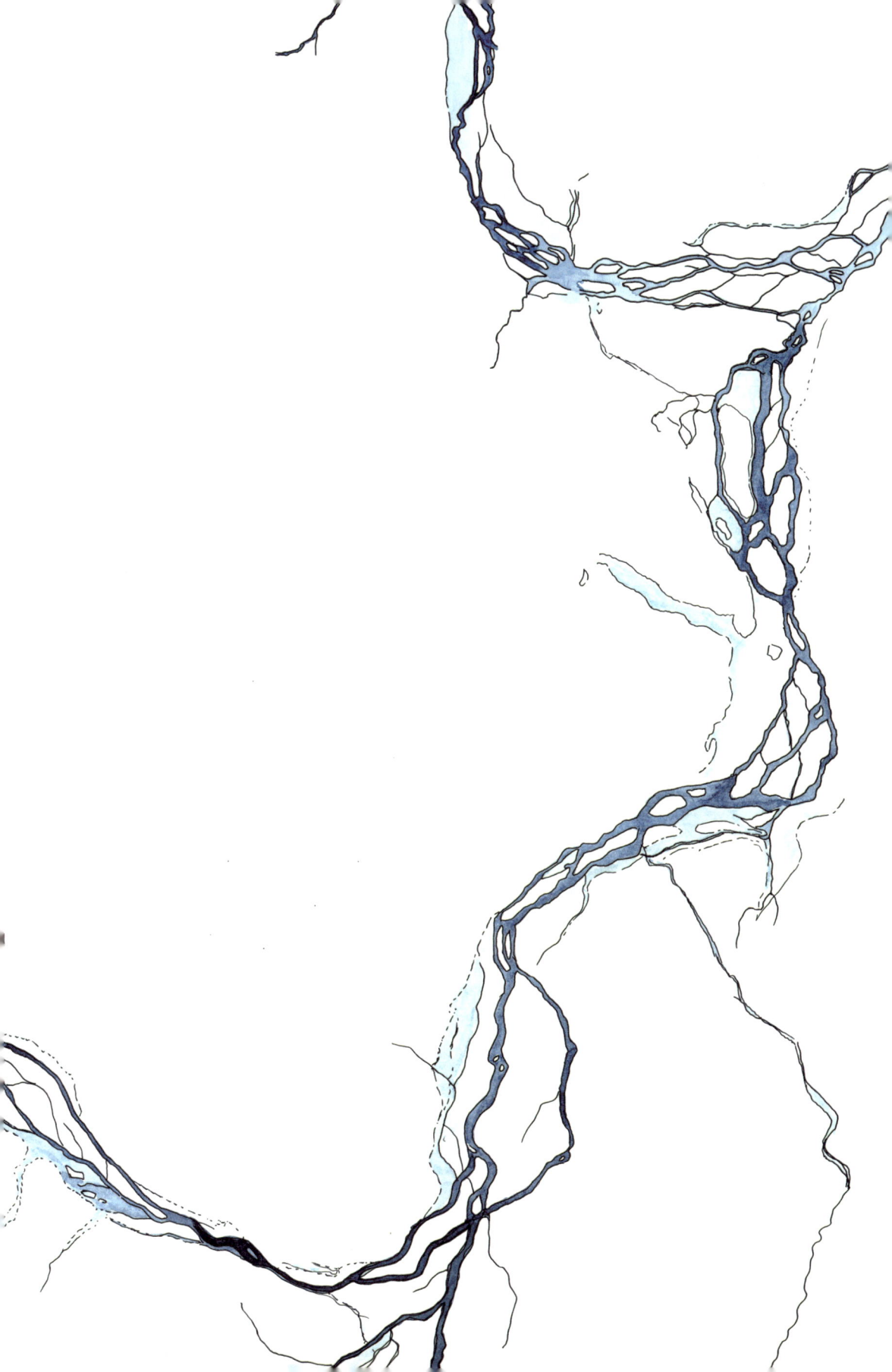

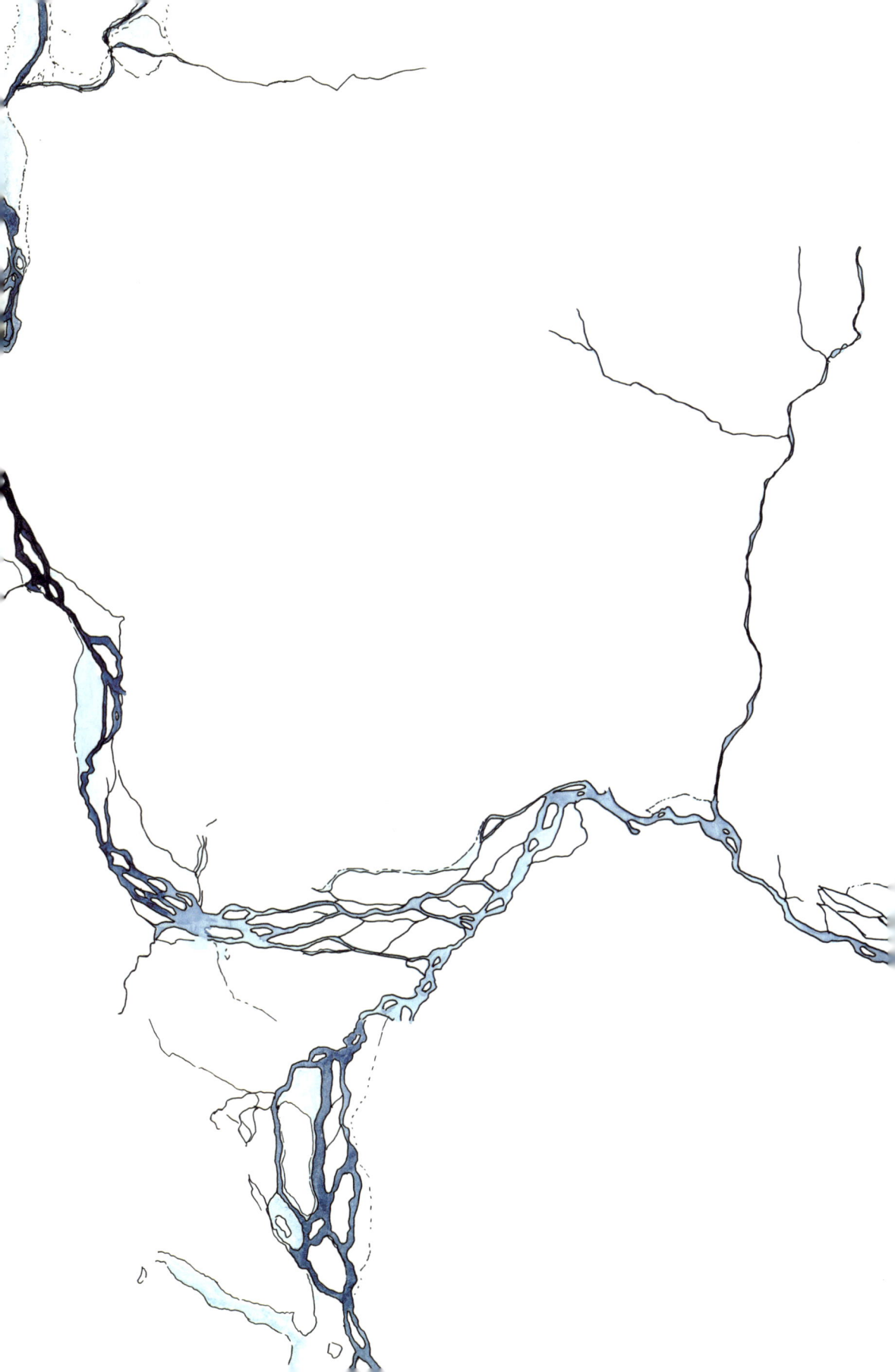

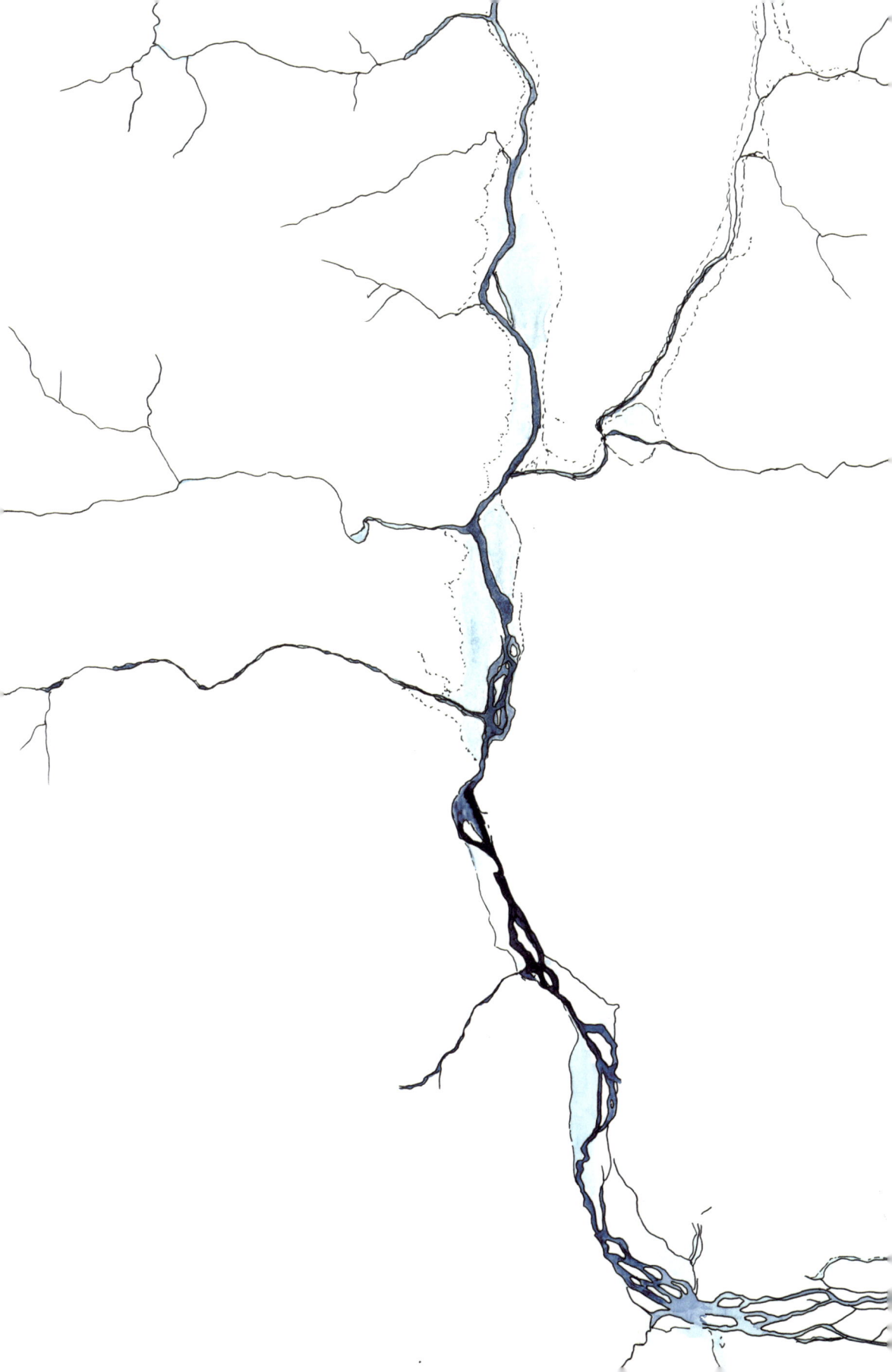

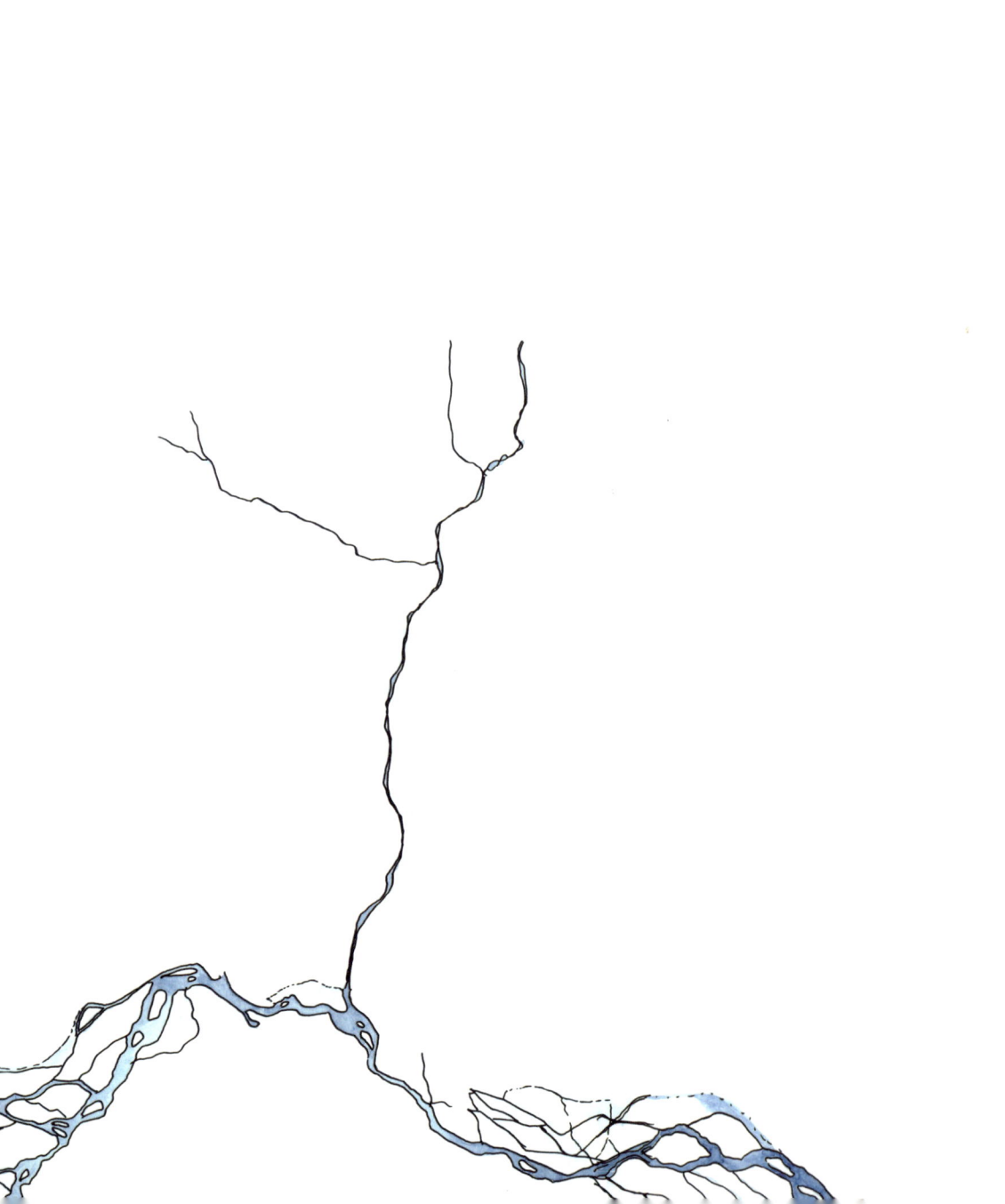

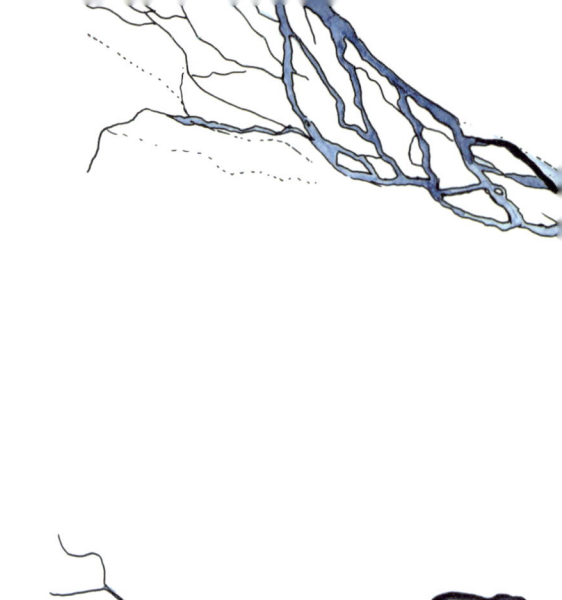
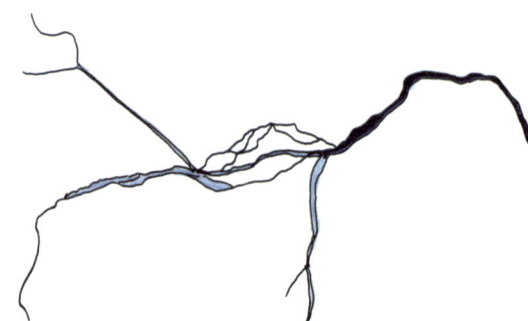

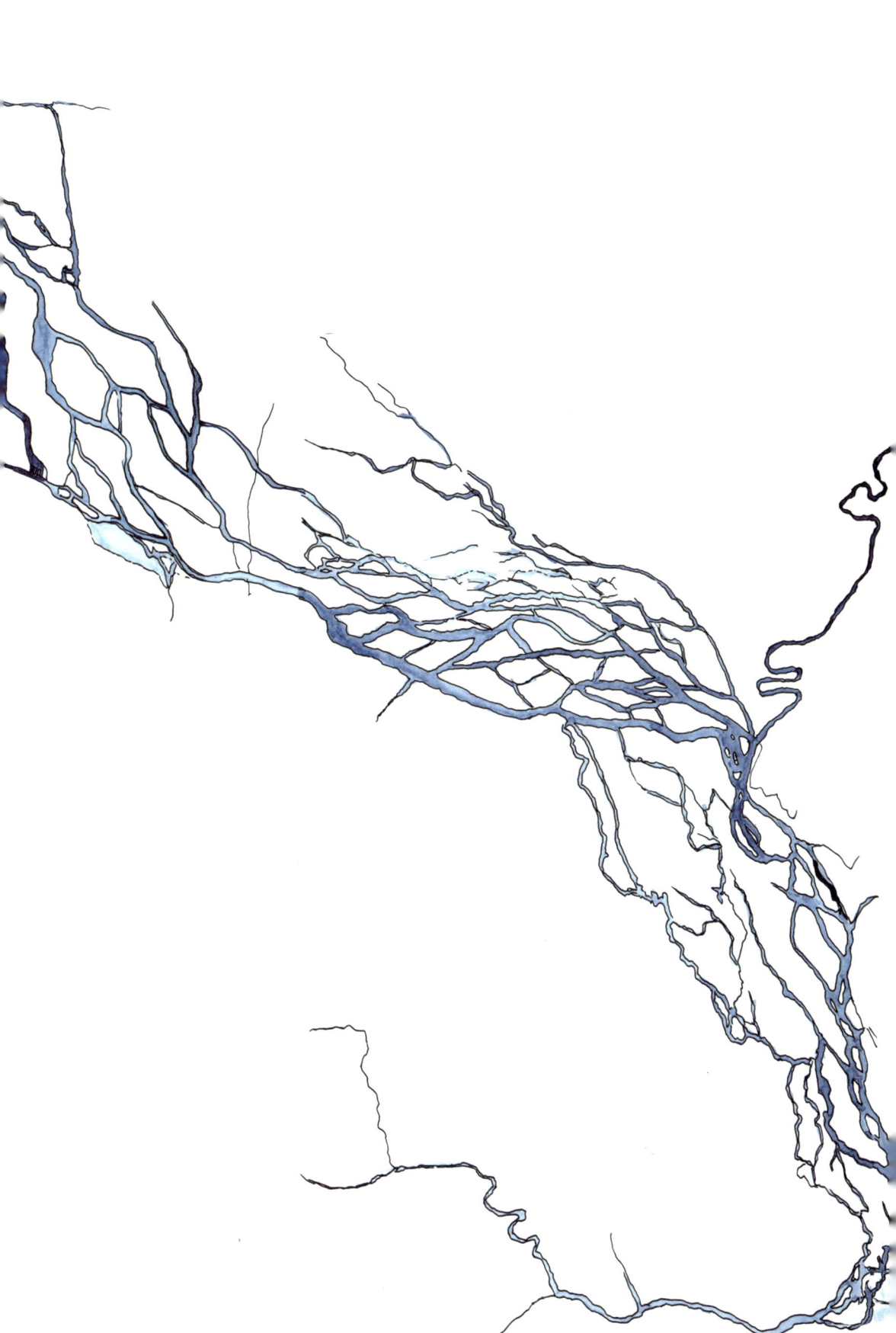

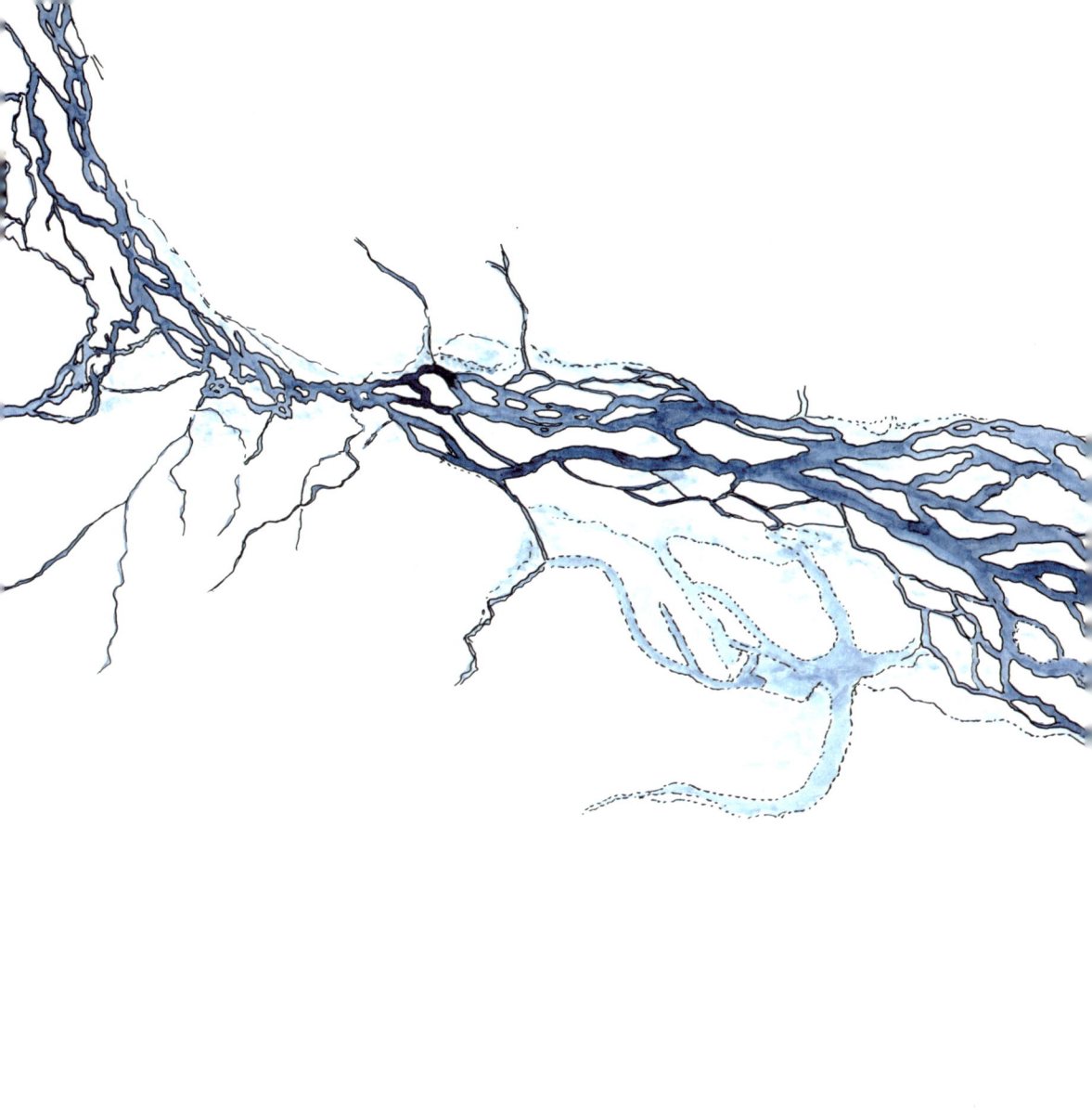

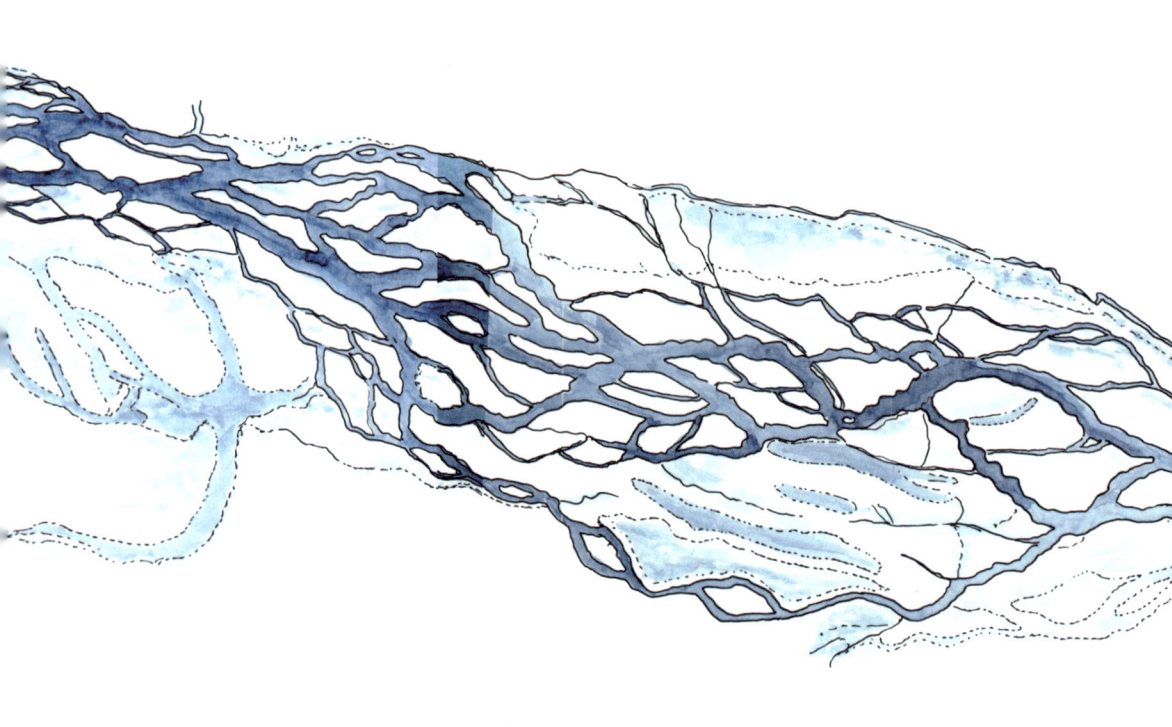

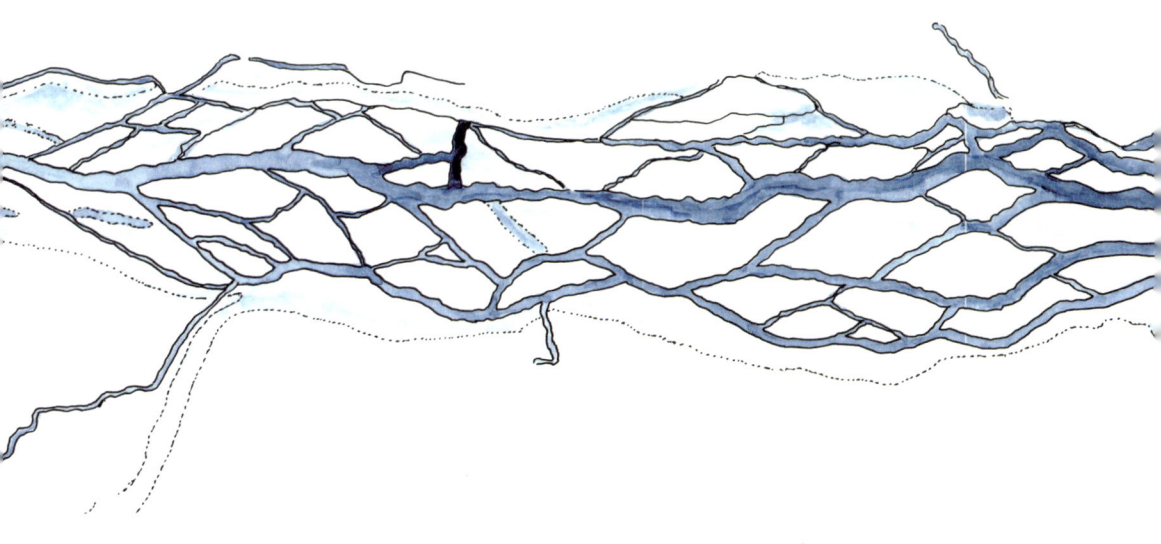

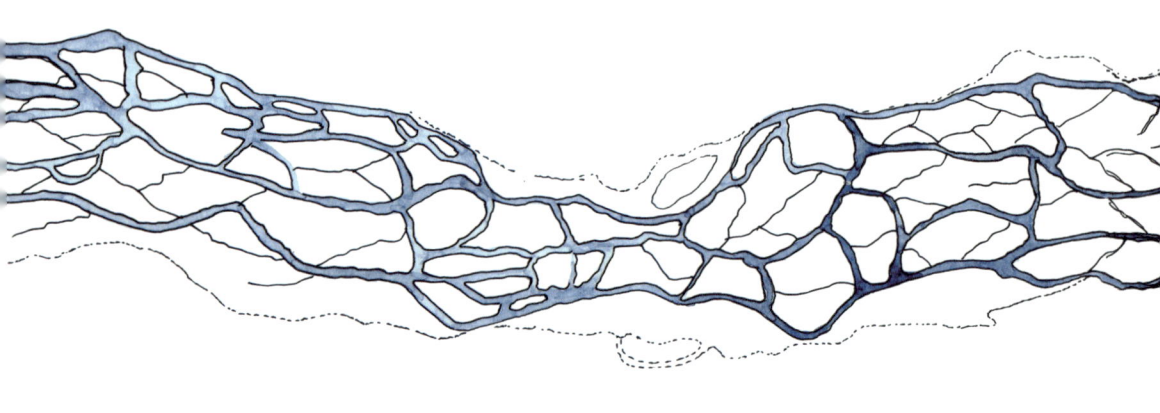

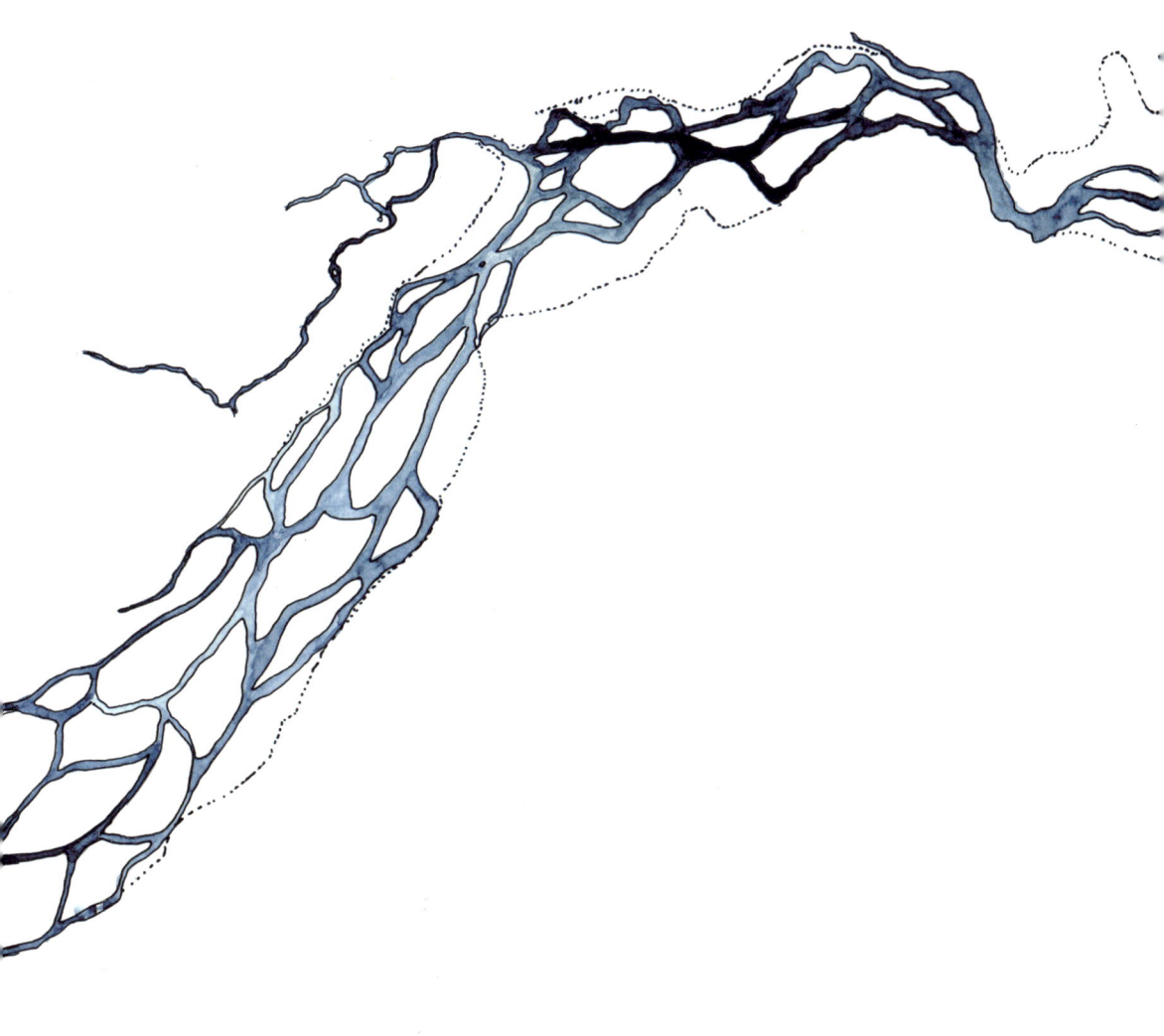

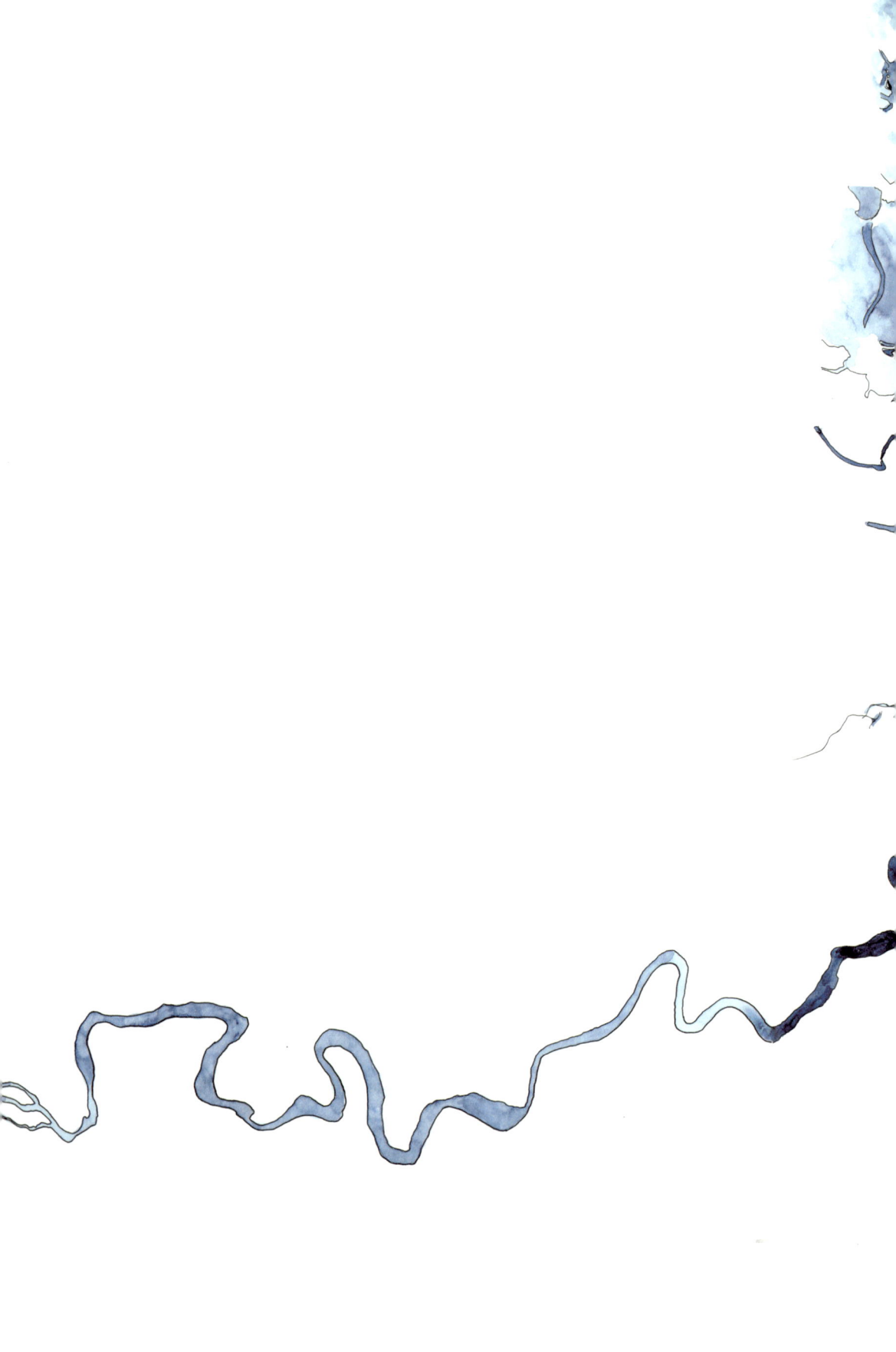

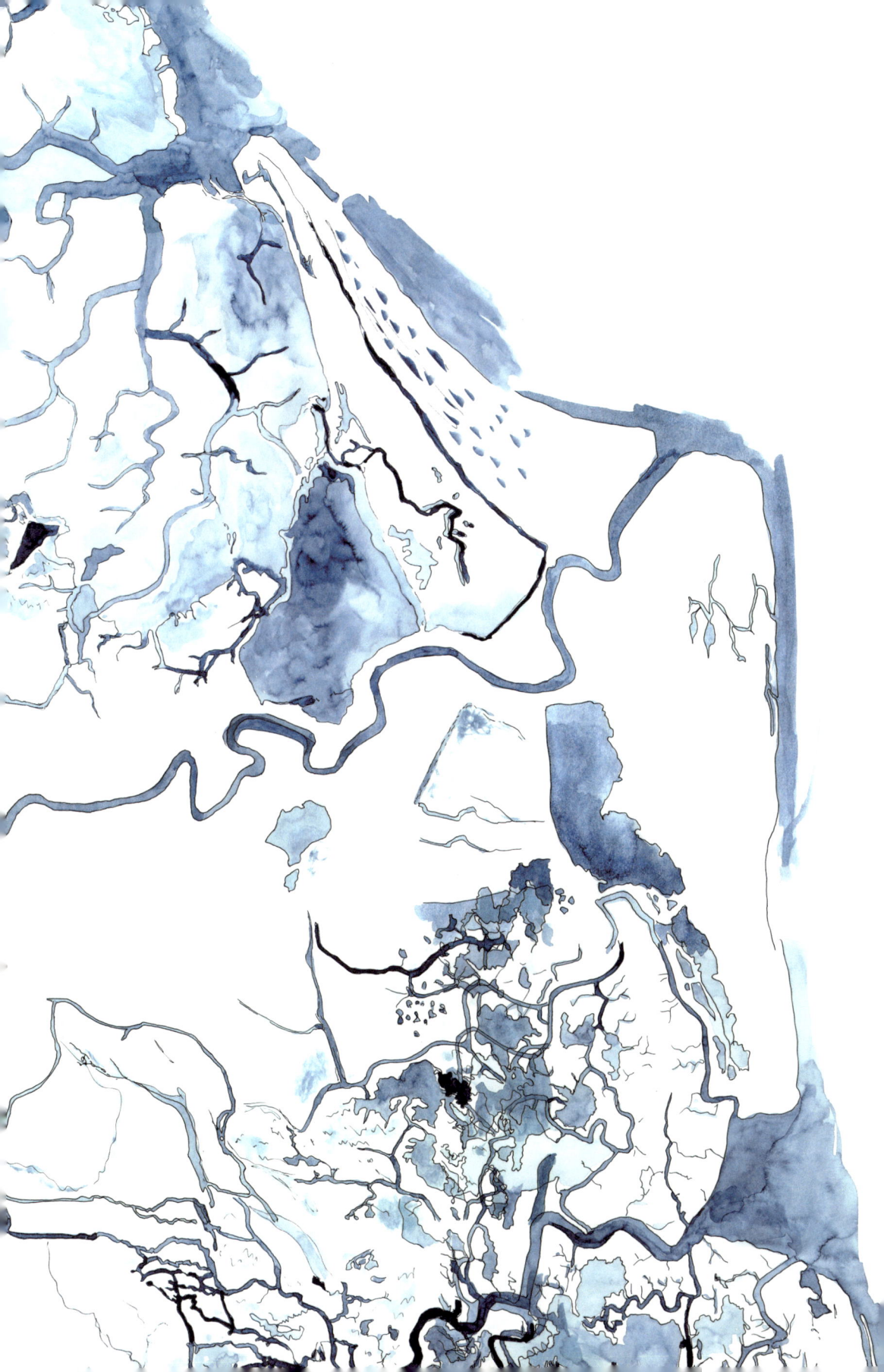

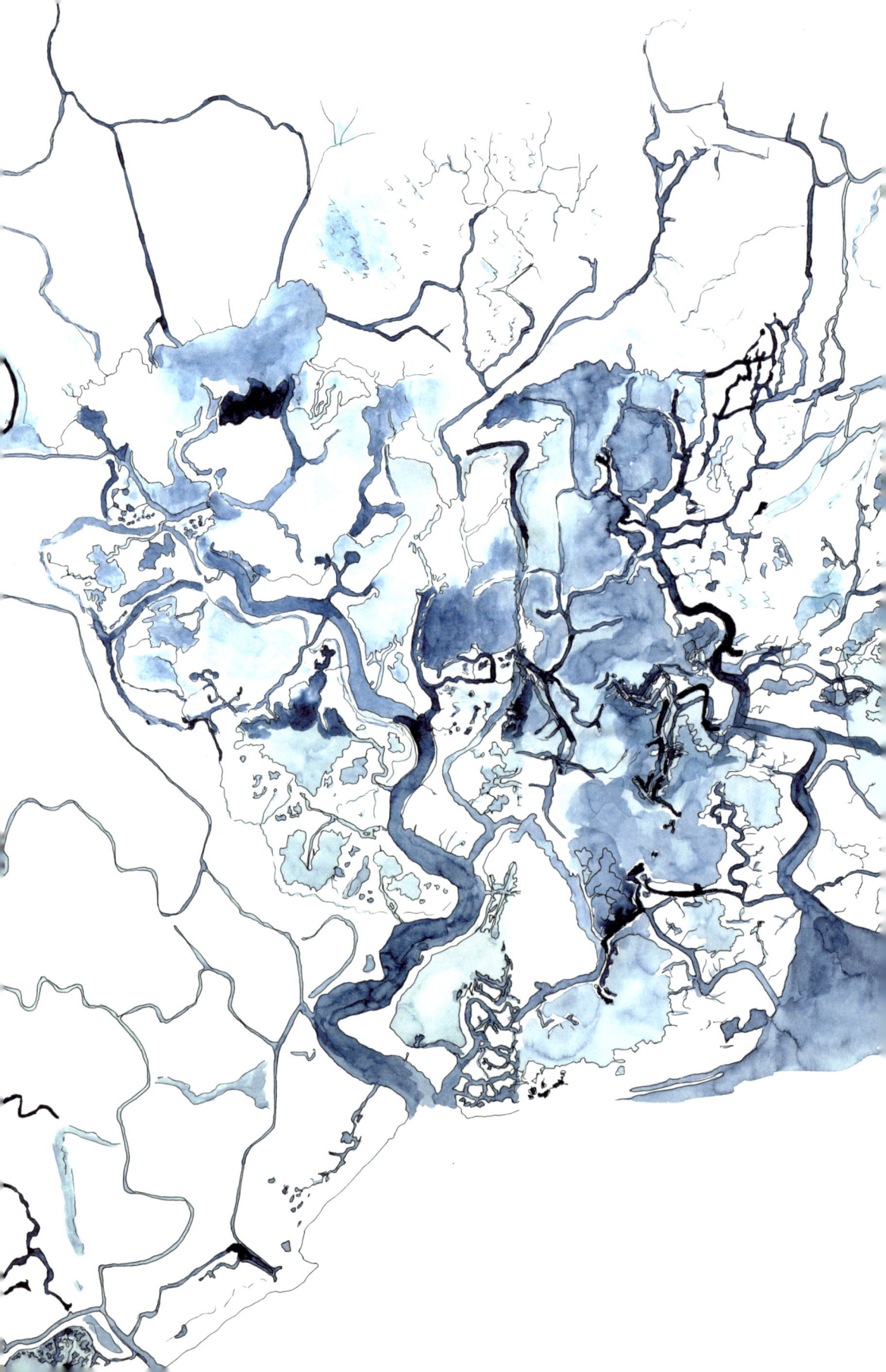

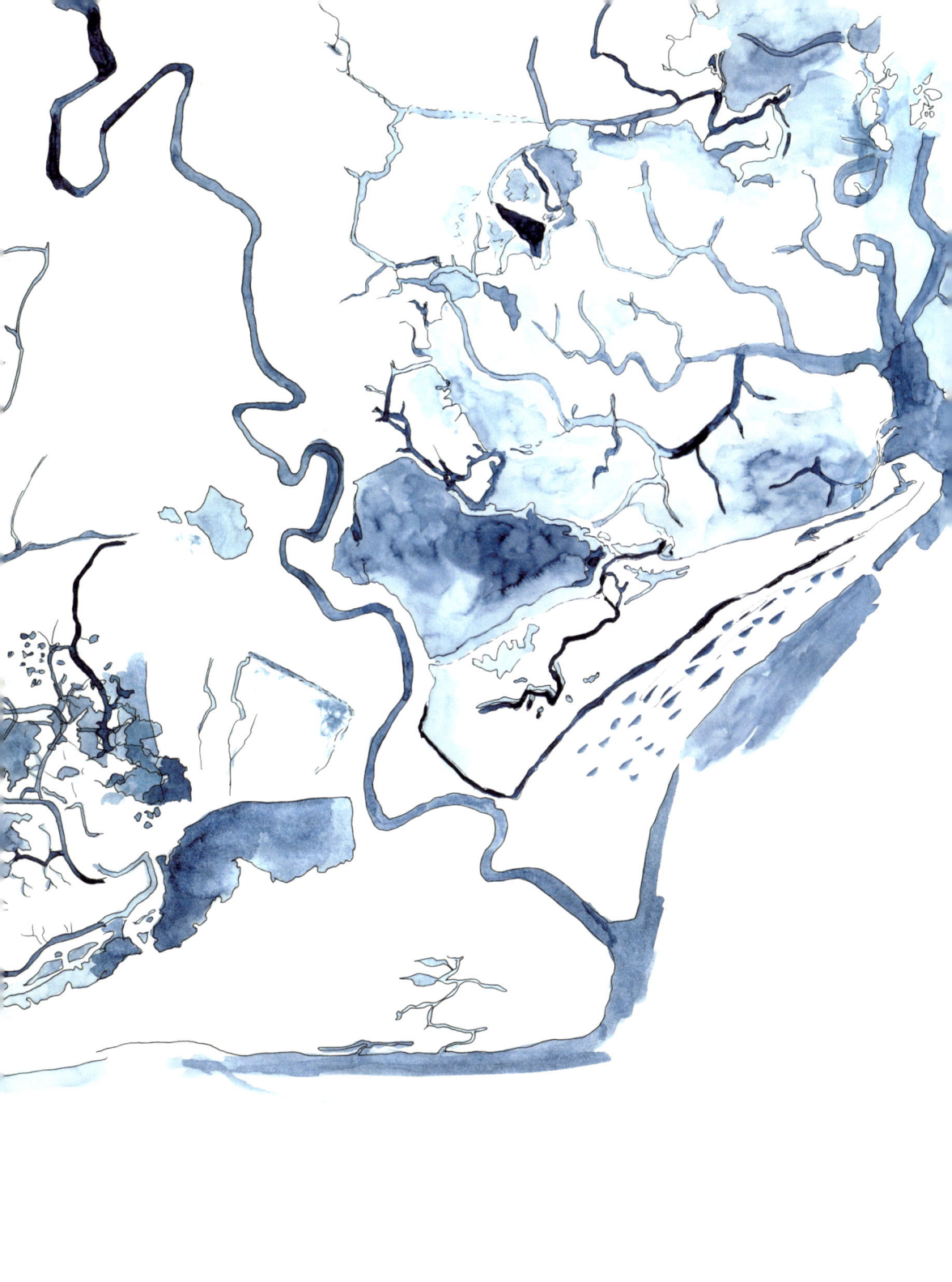

101 Die erste Blickbewegung, die ich vollziehen will: ein weitgespannter Schritt, hinein ins Bild. Am Hals des vorgebeugten Nackens federt sich das Seefeld auf, noch, bewegungslos, gegenüber: was den Kopf zwangsläufig nach oben hob. Mit Haut umrissen, ringförmig gerollt, glitzt, steifgedreht ein zigfärbiges Garnband in façonnierter Seide, die kauzig kräuselig gebeugten Verkörperungen: umfasst, jene ausgestemmten Biegungen zuschneidender Kontur (die wie von innerer Federkraft gespannt und ausgehöhlt erscheint): bizarre Zirkel und Schnörkel, wippendere Zacken, kammgratartige Kanten und unzahnige Verklammerungen der Backen und Spitzen. Wie gesperrt in ihrem starren Umriss, so aufgetragen greifen jetzt Zwerggebärden tastend weiter aus, Quastentaft, Fransen: Ein buntumpunkteter, spuckender Wurm hängt am hohlen, roten Ohr, zettelte (in Form kleiner Lieder schnatterte das Flusstal), zeigt mich auf, und das sagt mir: Geh und ertrink; es ist wie singen oder brennen; nämlich zwei Gesichter weiß ich: mein richtiges und ein zweites, schreckloses, Hauer und Bisszähne feixendes am Bauch, ich höre nicht über die Ohren, ich habe die Empfindung kauender im Rumpf, wie zu stieren Augen herausgehaucht, wie wenn etwas aus meinen Füßchen hinaus knackst und redet. →31

102 Fürs Erste habe ich dem knotigen Strick zu folgen. Von hier glitt ich zum Ellenbogen der gekurvten Schulter, über die Rückenwölbung wieder abwärts zu der linken Hand, wo ich mich im Strickgeflecht verfange, das sich in vierfachem Gewinde um die Hände schlingt, unzuweilen halte. Das noch zu erbleichte Licht, die Sonnenlosigkeit auf plumpen Felsen – risskantige Kreidigkeit der fahlen Gebirgsfalten –, diese haarige Gestalt riesiger Borstenfüßler, ohne Kopf und Arm mit einem einzig eingeschnürten Auge am Bauch: Kleinere Hautsprengel dienen zur Belebung (der ausgebördelten Loben und Lippen). Diese winkeligen Versinterungen verwachsen und krallen zu der schlifflig schimmernden, kugeligen Zone des Ungrundes (wie blasiges Glas, das versintert ist), in dessen Lichtzylinder Schaum knistert: ein hohler, morscher Tongefäßhenkel, mit Vasenbein, Stumpf-Kegelkäfer und Hegdechse – verschlauft. In Nuancen von Grüngrau, Stahlgrau, Bleigrau und Mottengrau überzog sich die Haut, wie Milch. Im Filz einer Fließlandschaft, die in die Tiefe rinnt, zieht und wellt sich (von birnförmig gerippten fingerbreitblättrigen Tüpfelschatten umkragt, über vierzig buschige, strauchdunkle Sichthörnchen) auf: so ein Kobold, mit Stollenfüßchen, eingedellt, bestoßen, ohne Schlieren. →248

103 Umbernes Gewölk von runzeligem, dumpfem Aplomb, von mehlgelben Wespen und Flammen, von grellgelbwälzenden Strahlen und wühlfeurigen Lichtzackenbündeln der falben Glutwunder undurchfackelt, und vor dem brodeligen Koch verkrümmen sich die halsenden, die Sockel davon, aschkalt und schwarz. Diese von Ungewitterzuckungen zerrußte Finsternis jetzt, die Flächenblitznetze aus unblutigen Stegen und Nuppeln, Lichtpfeile, die vom Himmel herausgekniffen sind, all das Gebrodel gerinnt stinkig und graublau beriffelt, mit anfallenden Brandbahnen undurchsetzt und abgesprenkelt, brieselig, verblättert. Doch nicht in stetigem *crescendo*, sondern mit nahtlosen Sprüngen und Überraschungen. Denn aufs Mal bricht sich der groteske Tanz verhalten den aufplatzenden Stachelkelch als Fädselkranz fasslich, umstückt als ein zu unverteufelter Frosch davon, Gnomen, und er faucht, durch Schlich, durch Kniff und Verklammerung einschneidend auseinandersezierst, aus der Haut, unerstarrt, dann: wie eine Bulge gebrochen ist nach diesem tollen Quersprung jeder Bann. Dass sich der Balg verdrillt aus seiner Froschhaltung herausschraubt, wippt ein girrer Kauz auf auch, eine krapprote Hose, ein trübnasses Wams und eine rote, rote Kappe im Genick. →315

104 Alle Organe können Sitz und Stimme sein; der Kopf wird so empfindlich, dass die leiseste Berührung der Haare weh tut; das ganze Gerippe schmerzt. Ich werde geprügelt, gebrannt, man sticht mir glühende Nadeln, Dolche, Spieße in den Rücken; die Arme werden aus- und eingerenkt; der Kopf – das hanfkorngroße, kalkige Knötchen – wird mir nach innen und hinten übergestülpt; d. h. meine Beine kleiner gemacht, die Augen herausgezogen, so dass ich mich im Spiegel als aus dem Kopf herauskragen sehe; der Schädel kapselt sich trüb zusammen; der Rumpf ist eine Press- und Ziehharmonika, er knarzt zartwandig auf und auseinander und knickt sich höckerig zusammen, zickzack. Ein unblutiges Tubennetz auf graupeligem Grund, in das sich eine Stichelspinne verwandelt hält, oder zupf- und quetschverästelt überschlängelt, eingedickt, verschwollen, ganz eine bauchnapfige Wampe: in zittriger Winkelknickung längs der Puffärmel zu der kratzverbissnen Grimasse des Equilibristen, dessen rechter Arm jählings emporschwellt zu dem Ellbogen, zu dem Hieb, zu dem die Faust sich stumpf zusammenkrampft, sammelt, und die anspannende, knappe Sekunde ihres Absinkens für einen Augenblick, in exzentrischer Elastik, als ob, hochflau, auf einem Draht-Trapez. →54

105 Ich erfasse mit der einen Hand den gefallenen Stier bei den Nüstern, mit der andern stoß ich ihm ein Messer in die Flanke, ein Hund leckt das aus der Wunde heraussickernde Blut; ein Wurm verbohrt sich in den vorderen Fuß des Tiers, ein Skorpion beißt in dessen Geschlechtsteile, als ob einer das Haupt durch die Decke hindurchsteckt, wobei der Kopf farblos strotzend durch die tollspitz emporfahrende Zackenmütze gelbkantig verbrämt erscheint, fast Fell-flächig. Wie durch kahle Runsen dürr zergliedert, vertrackt, mit weit ausfahrendem Wuchs zerfurcht: die verschluckte Landschaft malt den Charakter der wilden, Unbill-zerbeulten, windentlaubten Öde. Ein prunkvoll ausgeschmückter, hoher Saal dehnt sich in eine hellblendende Rundspiegelfläche. Der Raum schwelt derart gratig in dem Schimmerglanz, dass seine Flimmer im Licht verschwimmen: in kehliges Fühlhorn sperrt der ausschweifende Federmuff erwartungsvoll auseinander, tastet. An jedem Ende wimmelndes Gedränge, wie ein aufplatzendes Gaukelspiel. Der umraffte, überlappte Köpfler erstarrt den Eindruck, dass sich die Augen erst an die Fülle Licht, das von den Wänden strahlt, gewöhnen müssen: wie die haschende Glut nur mit dem Zisch-Sprühregen einer niederstiebenden Rakete zu vergleichen – istert. →8

106 Mit dem Bedürfnis, das Blatt in wirrer Würfelung der Einzelheit bis an den Rand herdförmig auszufüllen, den Zwischenraum, das Ungetüme, das sich knochenweiß zwischen den sparsam eingesetzten Schnörkeln ausspant: die Pause, die Formen der wippenden Kurven in Unumrissen eingefasst, so dass ein langer Blick wie ein umkrallter Krug über eine Treppe mit zu tiefen Stufen hinunterspringen muss. Das mitten durch die Stirn geschossene und davon aufheulende Scheusal, dessen Schenkel demaskierte, durch Ast- und Wurzelwerk kuppelartige Gebilde, mehrfach eingeschnitten, kammknorpelige Falten sind: Ein ungrundloses, schnepfenköpfiges Gespenst, ein koketter Knirps und Ohnehose, der selbst gleich einem aufgeblähten Frosch hockt, wie Kelch und Teller aufeinander, und als jetzt kuhbeiniger Sackwispler auspuppt: Er rückt der Schale, blauer Kragen, spürsinnig auf den Leib und glich die Krugumrisse der Schüssel, lippendicht, der Schnabellinie des Emails an, dass beide ineinander eingeschmiegt erscheinen. Jetzt spitzt die Schleppe der moosbeerroten Tröte zum Schweif der Echse ein: der Schlierenspindel, aus deren Rauchbild lichtblau ein schlüpfriges Reptil aus bausbäckigen Trichtern in die stieren Scheelaugen quoll und so kanneliert davon. →84

107 Was geht hier vor? Von dem ins Schiefergrau changierenden Damast heben sich die dochtschwarzen Aufschläge an den Knöcheln der verstreckten Hände, die gelitzten Längs- und Quersäume, besonders aber der perlweiße Pelzrand des Mittelsaumes pikant ab. Vom Kopf, der durch volle Auswölbung zweier Augen strotzt – beide Nimben stieren in magnetischem Rapport –, gehen wechselständig je vier Fangarme aus: Während die der linken Seite leicht schwingend bewegt geradezu parallel verkneten (ohne zu verknoten), beinahe hervorkragend verhalst wirken, sind die Fangkletten der rechten Seite regellos, unruhig zittrige Tentakeln. Alle Fangarme sind ebenso wie der Saugkopf und der schlauchartig anschließende Leib mit zig weißen Punkten besetzt; und da diese nicht nur auf den ärmeligen Fühlern begegnen, mögen sie kaum Saugbeutel sein; gegenüber der unplumpen, zuzeligen Sackform solcher Silhouette, ins Bauschgewand gehüllt, dessen Fransen flattern, raumer Wind, mit klabauterhaftem Nimbus einer Elbe, der aus der Blüte einer blassen Orchidee kocht, quoll, brodelt und fortsprosst, wie großporige Schlenker eines Rochens und die zahloszweigigen Fühlhörner und Stielaugen eines Tiefseekäfers, wie das Wippen, das Wedeln eines Pendels. → 302

108 Aus dem Seespiegel steigt eine, von den Wellen während des Sinkens der Kiesel im Wasser zerpitschelte, binsen-ständige, schmielenärmelig geneigte Distelblüte aus einem schräg zurückgebeugten, jetzt stachelig gewordenen Kopf hervor, der offensichtlich schwer und schwerer wird, als ob ihn eine Bleikugel nach unten zöge. Wie griesgelbes Karmesingrau gerinnt das bleich gereifte Molkeblau am Teich, von Schilfbüscheln zerschlitzt, durch die ein Sperber kupferblutig niederstieß. Aus diesem Gestrüpp wickelt sich Bruchwald, der, von Inselbäumen gelichtet, überkragt, knackst, kocht. Hier erscheinen die Grashorste zuerst: vereinzelt, dann schließen sie filzig zu Dickicht auf. Am Hang selbst springt an einer Stelle eine kniehohe Platte vor, die mit lotrechten, löcherigen Wänden ansteilt. Tief verdämmert der Himmel nach unten ins Gelbe, fernblauere Gebirge, ein Gießen, auf dessen Kanal ein Waller hechtet und vertriftet am Ufer. Er wälzt sich stachelig zurück und hob mit seinen Barteln eine Schale Dornmuscheln empor, über sich! Kiebitze verfolgen eine Eiderente, die wie ein Darm gekrümmte Furt im Fluss verflog, verwässerte, bald von Furcht, bald von Hoffnungen aufgetrieben: so lange bläht und quinkeliert sie, als der lebendige Atem den Hautsack füllt, aber sowie der Atem ausgeht, dürftig zusammenfällt.

109 Entgegengesetzt der vielsträhnigen Strömung rollen die Wellen unter Wucht der Ruderruten und patschen, ganz aufplatzend, blasig gegen die Ufersteine. Zunächst fielen die Windgerölle auf, die über die Sandfläche gewinselt sind und schnattern. Das hinter den Reliefs als Schatten paillettiert heruntertauchende, drüsige Ungetüm aus zerblauten Hautmänteln facettiert sie aus einem trunkenen Fries aus Schimmern. Zahnlos hagere, ganz ausgebleichte und verkniffene Fratzen, Schlundgesichter und noch verschlungenere Gurgeln, mit offenem Kropf, den eine Knöterichblüte krönt, riesig, und verknotet zur kopfigen Narbe: das Rautengraue, häutig gewimperte Griffelgewand, unten mit weißem Staubbeutelbesatz, der etwas zu regelmäßig (Dominoeffekt) mit Ruszelpunkten besetzt ist. Wie Flusston, der in Dürre erhärtet ist: gelbbraun schlammsandige Röhren, Austrocknungen von Regenwurmlöcherchen, in Lehm und Ton hineingebohrte Fressgängenetze, mit Sandschlamm ausgefüllt, durch Winderosion freigelegt, und über den Glimmerflins gerollt, und zwar so, dass sie in Reihen senkrecht zur Strömung einander parallel benachbart glitzerten, von Strudellöchern eingesattelt durchsetzt, in die Sandplatte eingesprungen, und es klirrt vor Frost. →75

110 Ich will, wie mein Hüfthorn zeigt, zur Reiherbeize reiten. Ich, vom Pferd abgesprungen, konnte in der Luft umherwirbeln, schwimmen, von einem Ende des Geheges zum anderen. Doch widerfuhr mir die Verhexung, dass sich meine Jagd in einen Pfuhl, mein Ross in eine Schüssel, mein Habicht in einen Wiedehopf entstellte, und dass ich selbst mit einem Mal befiedert bin, so dass ich mit den Flügeln eines Hähers um mich schlüge. Ich stolpere, verliere den Boden unter den Füßen, beginne zu fliegen, komme wohlbehalten an. Schließlich sprosst sogar noch eine Distelblüte aus meinem schräg zurückgebeugten, plötzlich stachelig gewordenen Kopf hervor, der offensichtlich schwer und schwerer wird, als ob ihn eine Bleikugel nach unten zöge, oder ein Kopffüßler, der keine Arme hat, sie zwischen seine Knie klemmt. Ich weiß nicht, warum ich fliege und wie ich fliege: zwischen Strom und Gegenströmung umgetrieben, mehr wie ein Abfedern und Schwungholen für den nächsten Satz: Drunter schwebten schwere, opalisierende Schleier über Felsspalten mit tummeligem Leben. In der aufgewühlten Tiefe, zwischen Wolf und Flosse tückisch eingekreist, lieferten sich unbärtigere Fangarme stummste Schlachten, es sah aus wie ein Aufruhr im Schlangennest. →350

111 Ein jähes Plätschern, schnellende Wellen und ein Klatschen auf der Wasserfläche schnalzen die Ausflucht unsichtbarer Wesen, die einen Schweif schlammiger Fäulnis hinter sich tupfern: graubraune Wirbel, die um die Wurzeln rußiger, von Dürrflechten befleckter Tothölzer kreisen. So tauchen stets wieder lebhafte groteske Zwergenfiguren in gnomischen Räkeln auf, Augenbewegungen, und Laute dabei ausstoßend wie Hopp, wie Knatter-Knatter-Kneuzchen, und die an Bord der Kabotage mit den Tatzen ruderten, die mit Sicheln an den Spinnbeinen blutsaugerischer Fußzecken angetanzt sind: als schnabelartig harpyenhaftes Boot, das sich selbst auszuzuzeln droht, eine lange, schmale Zille, aus einer Reihe sich ineinanderschiebender Bretter befestigt, und ich flöße, fliege davon über Ufer und Fluss, als verlarvte Welsbarbe, vielleicht ihr Hechten, Angeln nach Glanzphantomen, aus klafterhaftem Ungrund aufgeschnappte: durchsichtige Flöhe, stixbeinige Stichfliegen, winzige Fühlerwanzen, Mücken, die lichtstiebend zittrige Pünktchen bilderten, verschupptere Warzen, die feixen Bälger kalben sich vom Fell, vom Licht verbrämt, üppig, dergestalt durchstrahlt, dass dumperes Moosrot durch die Triebe sickerte und sich zähflüssig an die Pfeilblattwurzeln heftete, zu unwiderlichem und blutbissigem Geziefer. → 74

112 Langsam kommt eine steinerne Ruhe in meinen Kopf und Körper, ich beginne zu schweben, will umherwirbeln in der Luft, schwimmen, fühle mich an wie eine gläserne Fläche, auf welcher ein um ein gläserner Kogel tropft. Tag und Nacht kommen sie von der Umgebung, aus den Wänden, von unten, von oben, aus dem Souterrain und vom Dach. Die Nacht erfüllt sich mit dem jubelnden Quaken der Frösche an allen Ufern, und mit geglättetem Rücken setzt der Fluss seinen Weg zum Ozean fort: durch das hinterm Weidenstamm verkrochene Gezücht lehmbrauner Kobolde als ein Absinken auf die tiefste Stufe einer noch lichtlos dumpfen und gestaltfreien Materie entlarvt, und durch einen Höllenluchs, der zornig fauchend unter den Verkreidungen hervorschlüpft: das erbleichte Licht der Sonnenlosigkeit, die plumpen Felsen, die fahlkantige Kreidigkeit: Ich ahnte ein an den Knien und durch Hatz und Jagd verrottetes Kompstobst in diesem Urschlamm, in diesen Molke-Gewässern voll dunkler Gärung, die stechender rochen als stachen, als wäre der Schlick mit Essig und Aas angerührt worden. Über die ölige viskose Oberfläche krochen Larven, die über das Wasser fuszeln mochten, als streifte mich die spitzschnäuzige Wühlmaus mit tückischem Blick und Eidechsengesichtchen. → 129

113 Die Winkerkrabbe ist tot, das Wasser verschloss der Seekuh das Maul. Das Wasser der Quelle ist alt: Das Vorwärtskommen in diesem Sumpfwald moorbelaubter Stauden ist nicht einfach. Feuerknäuel tropften vom Zenit und gingen, in sich ergrellend, auf, wo sie unter blaffem Knall mit lang anhaltendem, grumpeligem Donner ins Ungewitter schwinden: Zwischen Blöcken und Leibern auf Lücke ineins gerückt, berührt mich die Erscheinung unheimlich. Eine breite, maltschige und klebrige Moderflur mit eingesackten Kiefern inmitten Tümpeln. Ich habe schon das Heraufspringen der Tierchen gespürt an den Waden, die Schnauze – das Fauchen, Heulen, Augen, Husten, Fratzen, Schlagen, Bisschen, Spucken, Zuzeln, Knubbern und Scharren: Denn auch solche Schlingspindeln sind nur Halbgestalt, das Ebenbild so nobler Sattel und Schulterlinien. Dass eine und dieselbe Stelz-Stumpenpuppe undurcheinandergewürfelt und allein aus sich heraus gestückt erscheint und in trollatischem, hexischem Getue mir gegenübertritt! Schuppenhaft ruht sie, liebend unbeschuht, vernarrt davon, und aus den Hufen zu den Klauen auf in erblautem Fell, Flechten, die gluten: Wie von Felsen und Ästen hangen uralt-Fransen die feuchtfaltigen Fasern herab und Lappen aus dürregrüner Haut: Moose.

114 Wo man aufträte, wäre feuchte Lautlosigkeit. Die hornblonden Haare, worauf Arme wachsen, Gras. Und wie das Laub der Pappeln, Birken, Stielweiden sich färbten. Die langen Nägel treiben wie Schmielen, und im lockeren Gestrichel, mit langstummeligen Knospen gespicktem Grund, wo alles auskrallt wie ein einzig schmieriges Gewimmel von flackernden Wuzelschlangen, Rund- und Häkchenschraffen, verbauscht in unausgesetzt verschwiegenen Scharmützelspritzern. Riesiggraue Massive, das undeutliche Verschwimmen, und die Unruhe der Musterung überziehen starr die aufgewühlte Tiefe, Strichelchen der Sporen und Zerloderungen: zwischen Strom und Gegenströmung umgetrieben, mehr wie ein Abfedern und Schwungholen für den nächsten Satz: das unerwartete Knistern, gelitztes Schlängeln, ein Aufplatschen im Fluss mit tummeligem Leben: die unbärtigeren Fangarme grauer, von Läusen verwarzter, aufquellender Rinden mit Rinnvertiefungen aufgewühlter Fäulnis lieferten sich stumme Schlachten und wechselständige Verstrudelungen. Die Korkleisten sind vielknotig aufgeplatzt und zugemodert. Unkenfüße mit Ruderhäuten, bis aus der Spei- und Spucklache vom Torfloch das aufgerissene Maul eines Rochens mit distelspitzem Zahnkamm und Stachel aufwühlt wie ein Tuch. →357

115 Von scheußlichen Mäulern schwälen stinkendere Dünste; an Pfoten wüchsen Gräten; auf weichen Bäuchen fliegender Kröten oder Krokodile reiten Halbwesen, die, mit gelbem Halstuch umschalt, mit Sichelchen schmeißen. Eine ganze kriechende Fauna: Prügel, Ellbogenknöchelchen, Hörner, Zähne, Schnäbel, Krallen, die angewachsen scheinen, waren zu erahnen in diesem ewigen Schlamm, dieser hellbeigen Gärung unter Wasser, die säuerlich rochen wie mit Essig und Aas versetzter Schmutz, Vögel haben Schultern und Rüsselchen, Schwimmschildkröten geschnäbelte Köpfe; ein rotznäsiges Ungetüm trägt eine hohle Mütze; gehörnten Affen treiben Flügel aus hartem und stachligem Laub; und auf der Öloberfläche liefen Flügeltiere, so beschaffen, dass sie im Wasser nicht einsinken: fast undurchsichtige Wanzen, Gischtwasserflöhe, Fliegen mit gewitzten Beinen, Zwergmücken, fast nur zittrige Pünktchen im tüpfelgrünen Licht: klebriger Brei, der über die Haarborsten rinnt und so in einem Meer versinkt aus starren Draperien, und unten, an den Keimen, Erdtöne annahm, den Teig einer Schlämmgrube: Aus den an Wurzelhaken und an Felsnasen herabhängenden Kleiderfetzen setzen sich Glutzungen zusammen, sie bekommen Köpfe und fingen ihr Hüpfen an. → 28

116 Der Waldrand steht flach halbrund aufgeschlossen vor mir: An einer einige Meter langen Stelle springt aber eine hohe, steil abfallende Masse aus einem Konglomerat von Blättern, Ästen und Ton, die oben mit Schilfgras bewachsenem Flins versprosst. Die Blätter sind ganz dürr gepackt und zusammengedrückt. Der Fluss hat ein so abbröckelndes Kliff geschaffen, und auch an den Seiten bricht, moussiert die Masse ein: Und zwar umklammern die dicht verzweigten Wurzelstränge das Moderreich mit erdstarken Armen und setzen seiner Zerreißung in Schollen heftigen Widerstand entgegen; liegt aber die Ablösungsfläche knapp unter der von Wurzeln durchzogenen Erdschicht oder noch tiefer und versintert, wirken die Hochstämme immer länger und größer gegenüber der einmal eingeduckten Bodendelle ebenso verbuckelt wie eine aus Wermut und Flechtholz bestehende Pflanzennarbe. Unterholz-Stelzen, wie im Tanz gespreizt niedrige und höhere Stämme, ihrerseits überragt von strotzenden Cumulikronen. Schlierengewächse hängen, Trauben abgestürzter Bäume liegen mit der Krone im Wasser und verspiegelten das ganze Ufer, schwarz: der helle Lehm, der dunklere Glanz, die Bäume, die weißen Stämme und die Lianenranken – auf der glitzernden, flimmernden Fläche. → 324

117 Ich verschwand nie ganz, sah mich aber im Unschlitt (und hatte das Gefühl, als sei ich nur Gaumen und Zunge, weil ich gekirntes, kaltes Fett verzehrt hatte). Zuletzt wurden wir Frösche, oder nur Kaulquappen, und jetzt blieb nichts mehr übrig als die spack'se Zunge, die sich fortwährend verblähte und schnell bewegt. Schließlich, ich glaubte, die Fenster wurden geputzt, ich sah jemanden daran hinaufklettern wie eine Katze und glaubte, ich sei in Russland in einem verrußten, verbrannten Hausflur; ich weiß noch halb die Gesichter, jemand trug einen Tisch an einem Bein durch den Gang, ohne Kraft. Ich glaubte auf einem Messer in einer Schublade zu sein. Der Oheim einer Verwandten war da, will mich auslösen, sezieren, aber das Lotterbett, das mir wie ein Waggon wog, wirkt verschoben, und ich bin nicht zu retten. Diese quälende, ununterbrochene Kette nicht scharf umpunzter Ideen, Einfall an Einfall, bindsel ich wie an einem Ringelspiel fest in baumelnden Beutelchen, von Glied zu Glied, nicht ganz ohne Regel, oft in rastloser Folge, dass Wort für Wort stets unverhakt einrasteten, Losworte, worauf ich stets zurückkomme; wie Wirbelfäden, die verschnürt sind: aufschnabelnde, kleine Hangverschneidungen; Hagel und Tropfen platzen Regenblaike frei. Wasser quillt aus dieser Witterhaut hervor: Alles ist naß. →326

118 Das Sehfeld war jetzt klar und tagblau. Mit enggepresster Kruppe sah ich, als eine schöne maltschig runde Scheibe in der Größe nach oben gerissener Hufränder, mit einer zentralen feinen weißen Blässe (und das ganze Naben-Rad mit mittigfeinen, radienartigen Streifen besät) – ein gebrochenes Nachbild, – und diese Scheibe verschwand. Mit rauhen, müden Augen, und zwar mit Lichtglut oder doch helldottergelb. – Es entstand daraus stets eine Treppe; der Abschnitt stand eben senkrecht, die Streifen der Scheibe legten sich auseinander und wurden nach Art einer Leiter zu Sprossen, die polterten, jetzt rückten diese Sprossen noch weiter auseinander, Sehnen, Stricke rückten in fädigen Dehnungen nach unten, vorgebreitet, und die Treppe mit den spießenden Trittbrettern ist fertig. Weit hingen die Kronen der Bäume und mit ihnen ganze Lianenbündel herunter, wie Atlas-Quasten wanden sie sich um meine Arme, ich sprang auf mein eigenes Bein: So baden sich die Kronen der Bäume im Wasser; eine Uferwand ist da wie dort nicht sichtbar. Springt aber als die wieder hohe, steil abfallende Masse aus einem Gemisch von Blättern, Ästen und Lehm vor, mein Schädel zerfiel in kleine Stücke und glitscht auf tönerne Erde, die von oben mit Schilfgras bewachsen ist. →237

119 Dort, wo die Flüsse sich aufsplittern, vielfach lichten, insichdicht niedrig ganz rautiger Stachel- und Dornbuschwald, in dem oft aperer Boden karg zutage tritt, und nackte Gneissteine, worunter Kraut-Akazien strotzen, feingefiedert. Die Salzkruste ist dann aufgerauht und stets in winzigen, oft zentimeterkleinen Buckeln von der Oberfläche abgehoben. In solchen Schlicks wachsen auch keine Pflanzen mehr. Sand- und Geröllschichten sind eingelagert, und auch Aschenbänder, das Salz wirkt aufgelöst, porös, der weiche Tonboden glatt und glitschig. Die von Kalkdendriten durchsetzte Schicht setzt sich aus Lösskindeln zusammen, feinere Glimmerplättchen, oft kalkkrustenartig verwachsen, Salze und Gipskorallen. Dieser Niederwald bildet ein undurchdring'tes Dickicht. Ohne Axt in ihn einzubeilen ist unmöglich. Nach wenigen Metern sitze ich im Gewirr der dornigen und sperrigen Äste, stacheligen Stoßblättern und dornigen Ranken fest, und unbarmherzig zerreißt der Busch, ein sich klebrig anfassender Strauch mit kleinen Blättchen, der jetzt schon die Haut verletzt. Sein Stamm, den manchmal ringförmige Wülste umgeben, ist heller, die Rinde zerplatzt in Polygone, rissig, und seine lanzettlichen Blätter laufen in einer harten Spitze aus und sind unten und oben gleichmäßig dunkelolivgrün gefärbt. → 216

120 Wenige hundert Meter nördlich tritt ich aus dem Wald auf ein ebenbödiges Trockenbett. Die große breite Büschelgrasschleife windet sich scharf begrenzt als Inselschlinge durch den älteren Bruch. An der Krümmung ist eine Vertiefung zurückgeblieben, die sichelförmig umgebogen dem flacheren Prallhang folgt. Nach beiden Seiten ist die mit Flutzungen angefüllte Vertiefung (Kolk) spitz ausgezogen – Inselinnen im Fließgefüge, aus Totholz: Die feinen Ausblühungen sintern dort, wo Pfützen sind, viel stärker. Das Trockenbett nahm aus dem Trockenhochwald Wasser der Tümpelsümpfe auf, die wieder und wieder Regen in sich sammelten. Das Kernholz ist rotbraun und sehr hart, von einem hellen Splintholz umgeben; und von den Ästen tropft Harz: An den Zweigen sitzen verästelte, lanzettliche, paarig, auch unpaarig gefiederte Blätter, die oben tiefgrüner gefärbt sind als an der Unterseite heller, oft zu dritt wirtelförmig um den Ast gerollt. Die Spitzen der feuchten Äste hängen herab, und Trauben von roten Früchten: kirschartige, essbare Früchte, flach, rundlich, und beim Aufplatzen stieben aus ihnen geflügelte Samen heraus. Der aufblühende Baum ist mit großen, tulpenförmigen Kelchen überdeckt. In seinen satte, schattigen Fruchtkapseln quollen Ballen feiner seidenglänzender Wolle hervor. → 190

121 Überall sind *creeks*, die selten Wasser führen, nur mit Büschelgras bewachsen, in dürrer tiefer Linie netzgratartig verzweigt abgesetzt. Außer Gräsern und krautigen Tschüppchen: Bromelien, mit feuerrotem Kern und lilaroter Blüte samt unzerreißbarer Faser wuchern auf dem Boden, dornlos, und sind in kleineren Auslichtungen üppig (von Juniperen durchsetztes Gestrüpp). Ich bin in dieser vielwelligen, unebenen Landschaft mit klammen Canyons, ganz als Ungestalt, aus zig Feuern antanzend, wie Glut auf mich zu: getunkt aus tiefen Mulden. Ich tanzte, brannte lange mit mit den Flammen, ohne zu ermüden, ohne Feuer zu fangen: so borniges Totholz, worum die herum Glut glanderte und aufglost. Schwofe ich auf nach oben und berührte das Gestrüpp, so dass Stamm um Stamm in Flammen aufging und mitsamt mir wildem Tier verloderte. Wir, Baum und Tier, beide tanzten, als ein unfasslich eingezwirnter Docht, rauchend um die Feuer, ein Pfuff'feld kalt verhäufter Asche: Kohle erlosch so zu Klumpen, wie Brausgestein (Kalk und Dolomit) laufen die im Sonnenlicht bleckend weißen, grauwacken Steinriesen und Schuttreisen von den Kieshalden empor, mennige, gegen die Zinnen und, sich verästelnd, endelten in *camaïeu*; Bergfernblau über Verschwimmendem. → 182

122 Ein Küstenblitz z'wirbelt sich zusammen und wird zum tieferen Trichter. Wie mündelnde Wimpel, schnobernde, vom Wind gebauschte, überblähte, aufgewühlte Färbersegel, die da und dort zuggleich durcheinanderwogen, oben: Rhomben, die zu Mustern vorwiegen, dehnen sich in Ecken und Rauten, zipfeln aus davon, engern und verbrämen sich nach oben, splitt'sern sich zu Zweigen, nehmen Farbe an auf und moussieren so zu Baum- und Augen-langen untief-Reihen einer Allee: safrangelb, winterblau, weinweiß Violen, krapprot. Die Palette wirkt aber nie stechend, nie sämig skaliert als Halt und Anker. Obenhin, wo ihre Dunkelheit einsetzt, verteigten diese nachhellsten Farben, grellversengt durchlichtet. Pastös die Wulst-Baum-Waldallee, die stracksen schnurgeraden Wege darin, gedunsen, ringhin gilbe Wiesen, in die sich die wie Tapete rapportiert und vortappt, *émaillé de fleurs*: ohne Schmelz, weil die Gräser wurzeln ein, werden dick't massiger davon, rücken dicht an dicht, Blauhimmel senkt sich herunter und verrührt und mischt sich mit Gekröne zu Gestrüpp, zu Buckelungen; das Pflaster stuckert sich mit runden und Buntfliesen: selbst die überfließenden Böden, der kalbende Asphalt, das steile Kap bleiben überwölbt von solchen, Ärmeln und Feldern. → 301

123 In solcher Bröckellehne – lose auflagernder Winterschutt und faule Gesteinschalen, aufklaffende Rügen im Grat und allein durch häufige Breschen Sinterverkittete, vielklüftige Risskörper. Diese Bindung zerhackten Geschröff's tritt nur ein, wenn dann die Gesteinschnitte und Klüfte offen sind und klamm aber und keine lehmigen Bestege oder Tonhäutchen tragen: Die Steinsäulen schrumpfen ein, beginnen sich zu drehen und winden, krakeln so zu Schnörkeln, zu verzierten Schlingen, während eine um die andere unter ihnen zu einer grinsenden Marmormaske wird: Der Gneisgang hat sich in eine offene Loge umgewandelt. Schon beginnt die Logenbrüstung zu zerfließen, die Maske rollt sich auf, zersplitt'sert sich in Schnitzereien, Fassaden tauchen auf und ein vorgotisches Portal, mit in allerfeinster, minutiösester Finesse ausgehobenen Reliefs davon: Der Fels wird immer größer, als ob Rauch durch meinen Körper zieht. Über die gelenzte Kuhle strotzen Wahnelefanten, Gurte aus Strauchsümpfen, welkem Qualm und aufgetürmtem Schlamm, – ein Blitz geht durch mich durch. Giftgrün Gemmen-besetzte Krokodile hausen darin. Sie trugen Masken, die ihr Gesicht verlarvten und verwilderten zu Kraken. Auch Steintürme und Mauern haben oben Augen und blickten spöttisch auf mich herab. → 137

124 Jetzt stand ich im regennassen Dschungel und sah eine gefährlich züngelnde Giftschlange, einen aus dem Fluss hervorstoßenden, gewaltigen Wels, der mich mit seinem schnappenden Barteln zu packen sucht. Der Fischkopf übertauchte das ganze Gesichtsfeld, blickt mich mit gefitzten, tief blutenden, schraubigen Augentier-Geißeln an und schnappte nach mir und mehr. Erst jetzt stellte das Tier seine angriffigen Schnäpper ein, blickte harmloser, verkleinerte sich und versinkt allmählich im Sumpf unter. Nach und nach taucht ein immer anderer Augenfleck auf mit dem Beißmaul einer Echse und dem Rumpf eines Karpfens, und entschuppt sich zu einem Storchvogel, Kormoran und Salamander. Auch fixiert er mich, wetzt seinen Schnabel, und versinkt ebenso schnell wie erbärmlich, den aufgeblähten Hungerbauch entblößt, bis zu den Hüften in den Pfuhl versunken. Dann bewegte sich das Gluttier mit staksenden Schritten dem Meer zu und ich folgte mir, verzurrt in meine lodrige Erscheinung. Ein untoter Fisch, vor dem noch andere auf dem Rücken schwimmen – während ein um ein Stachelhaken als versprosstere Schale aufkrallt: Und sein Kiemen sticht als ob von einem Dorn durchschossen, d.h., ein Sack ockriger Kot wird durch Troddeln ausgerottet, platzt. → 2

125 Jemand aber steckte nun den Fisch mit seinem Feuer in Brand, so dass dieser sich vor Schmerz zusammenkrampft und mich ausspeit. Ich sinke, den brennenden Schlund hinunter, noch weiter hinunter in den Rochen, bis ich auf dem Netzgrund des Meeres versunken bin. Dort grundelt eine Quelle, die vitriolblaues Wasser ausströmt, und bittet mich, diese mit meinem Klumpfuß zuzustopfen, es sei ungünstig, dass alles Wasser ins Meer ausfließt, und nicht aufs Land. Ich habe einen Erl gesehen, er ist ganz klein, ein Gnom begleitet ihn, ganz kleine Statur, von eigenlos ausgezahntem, glänzlicht umbändertem Qualm umrandet. Vor fahlem Bleigrau kommt das Krebsrot des Feuertiers zu gesteigerter Brandung, Farbwasser-Flammen. In Verbindung mit Salz und Seife mischt es sich zu Gift, *siechem* Wasser!, während es am Festland, versiegt und von Dürre versiegelt, an Pfützen fehlt. Ich, während ich mich mit der Miene des Erbrechens in diese ringförmig irdenen Schüsseln und Kessel auf den Klippen strotze, eingekastelt in Tonmulden, verbauscht so in Senkeln gelber Algen und Blume, greife schnabelschwarzglänzend auf den geisterhaft verkräuselten Quellerhorst vor mir, der im krappbrandartigen Krempel der Seegrasbulten erlosch, die zu roten Kratern erstarrt sind. →43

126 Wie Seeigelstachel-Gestein nach allen Seiten sprosst: eingelagert: Der Rand rollt sich um nach außen, und das Fleisch der Felsen zerfließt zur tintigen Flüssigkeit, die heruntertropft und Sporen mit sich stielt, verhutet, einschirmt. Gelingt es mir, das Loch zu verstopfen, soll es so sein, dass alles Wasser die erstere Quelle wieder fand. Ich humpelte zu den Brunnen, und verstopfte sie mit Klumpen. Es geriert mir, bin aber vom Wasser schon vergiftet: Ich konnte nur noch wenige Schritte gehen, im Nachstellschritt, gerinnend, bis ich umsink. Als ich so auf dem Rücken lag, kam das Feuertier und dankt mit qualmendem Gewölk. Dann gab es mir, für das, was ich getan hätte, Küsse auf die Stirn und ich spürte, dass diese Glut in mein Kürassier einstiess – verdampft. Und auch das Tier brennt davon und löscht sich aus damit und verschwindet. Das Feuer aber verloderte in meinem Rumpf zu Docht, das Gift, dass ich gesunde. Etwas gab mir sogar Auftrieb, so, wie eine Meerwalze aufplatzt, die sich an Land züngelte und dort vorrollt. In uferflachen, seichten Lachen sind diese Schwimmfährten der Fische auch zu erkennen; in stehenden Prielen und Pfützen Spuren von den Räkeln der Rücken- und Bauchflossen, so, wie ein Vogel pickt an den Fäden und Schoten einer Magnolien-Blüte – – –

127 Das ungefüge klobige Balkenwerk stößt als Landungssteg weit in die Förde. Das Wasser schwapp't still und trüb zwischen den seepocken- und miesmuschelbehafteten Pfählen, bis in große Tiefen scheint es hell und durchsichtig im ersten Licht. Wie lange ich dem Leben dort unten zuschaue – ich weiß es nicht. Aber ich kann mich nicht losreißen von diesem Spiel der Bewegungen und Farben. Dicht an dicht, neben- und übereinander, steigen und fallen die durchsichtigen Formen und Glocken der Glastiere in lautlosen, ziellosen Räkeln auf und ab. Leise schaukeln sie, von Wellen getragen, Luftblasen, uhrglasförmige, luftgefüllte Erhebungen im schwimmenden Schlick unter durchsonnten Schlieren der Wasseroberfläche. In lichter Kornblumenblautinte schimmern die gewölbten Gewitter aus Blitzschirmen bei den einen, trüben sich zu bläulichem Weiß bei anderen. Fadenfeine Fangarme und die faltenreichen Mundlappen wallen und fluten als zarte blaue Schleier hinter ihnen drein, wenn sie mit rhythmischem Auf und Zu der muskulösen Schirme vorwärtsstoßen. Zwischen molen, zerstampft milchigen Rüben, wie eine Knollenfrucht, die verschimmelte, verschlingt uns alle, wie ein Wal, ein Bauch wie ein Kübel im Dunkeln, aber kleine Feuer löschten die Höhlen den Augen, hell. → 47

128 Eifrig pumpen die wie hochgewölbten Ballons der Nesselknöpfe mir, zu meinen Füßen; flachglockige, glasklare Ohrenquallen – gelbliche, oft purpurbunte Halbmond- oder Ohrenform-Lamellen, die durch die Glocke hindurch glumerten: Diese schnüren sich als scheibenförmige, gelappte Glimmgebilde scharenweise ab von der Wade und nehmen schnellender Gestalt an: frei schwimmende Schirmoberflächen mit windrosenartigen Rändern auf den bis zwei finger-schlüpfrig fransigen Lang-Bindlappen: Gläserne, halbkugelige Tropfglocken-Morcheln, Rippen-Maulschellen mit Waschelmündern, milchtintig blauseln schimmernde und – weiße Draperie – ganz ohne schlankernde Armfänge, aber mit flackrig, zig dickgekrausten Wimpel-lippigen Mundfahnen; zu allein einem wulstigen, wurzelschartigen Lorchel erstarrt stängeln sie wie: blaue Maden blauen sich in den Furchenrund-Lappen auf und verzipfelten zur Mundfalz. Ganglien gelangen stähnig an die rätselige Mantelfläche und werden durch gemoorte Strömungen verfrachtet. Doch vorschnellendere Stacheln dringen in mich als Beute ein, und mit ihnen spießen mich bald handschuhfingrig einander vorstülpende Fäden, samt Nesselkapseln in beißender Batterie, zerfranst davon.

129 Jetzt nehme ich auch überall die kleinen napfartigen Vertiefungen im Boden wahr. Ich empfinde diese Reize als schmerzhaft, oft dornig, wundblutig, wobei ich freilich den Schmerz kaum lokalisierte, wo er zeitweise spießt, wo ein Stich mich ritzt. Etwa ein Pochen auf meinen Handrücken empfinde ich nie an der Stelle, wo der Reiz einsetzt, nur ins Sehfeld stieß die von außen gezielt heftige Erschütterung: In eine Feldstelle floß das Licht stärker, oder es brannten sich kraterartige Lichtwirbel ein, deren Strömung stets auf einen vorbestimmten Punkt hin spielte. Tang und Seegras liegen schlaff über den verspülten Schalen, seit das Flutwasser als Stütze abgeht. Ich weiß nie, ob ich sehe oder höre: die zu ungezählten gelben Seepocken, die ich in Gedanken sott, hielten ihre knappen Kalkdeckel fest verschlossen, zwischen denen sonst die wimmeligen Rankenfüße im Wasser baden. Scharren horche ich, dann lostobendes Trompeten-Getröte, scheppernd, alles zischelt, zackig, eckig, wie gezackte Blitze, was ich sah, höre ich jetzt, was ich roch, denke ich, Ton-in-Ton-tastendes, auch fauchende Würmer, Schnecken und Krebsgeknirsche bewegen sich träge oder siedend durch die verfilzte Masse von Etwas, dazwischen die blasig rotzenden, kratzig berstenden Geräusche. → 336

130 Bald stoßen die anfressenden Möwen mit hartem Schrei auf die Blässen der entblößten Nahrungsplätze zum Fraß, im bunten Vielerlei der Spülsäume finden sich ab und an aber schwammartig durchlöcherte Treibholzstücke. Das Gehen auf diesen Bänken mit bloßen Füßen wird zur Qual: Der Körper war durchwühlt davon, zugleich ich selber. Geprügelt, gebrannt, man sticht glühendere Nadeln, Dornen, Spieße in den Leib, mir, die Arme werden aus- und eingerenkt; der Kopf ist mir nach hinten übergezogen; die Beine sind noch kleiner gemacht, die Augen herausgezuzelt, stierend, ausgezupft, wie die erstarrten Borsten, man presst mir die Stirn nach innen; der Körper ist wie eine Haarharmonika geworden, er klafft auseinander, und verknautscht. Wie Eisrisse, wie im Hirn siedendes Öl; auf der Haut sind spitzglutige Kieselchen; in den Augen lautere, im Gehirn aufflimmernde Glitternetze; ein Kugelblitz umläuft die Schädelfalte in Spiralen vom Hals bis zur Blase; so aufgebläht, wie wenn ein dick'ter Frosch vom After durch den Bauch durch herauf in den Brustkasten gesogen würde; am Wampennabel klopft ein falsches Herz; herausgenommen, zerschnitten, gezerrt, umgedreht; geschwollen, das Atmen wird verhindert, gespant, abgehalten oder erstickt und verkittet. → 187

131 Wie komme ich dazu, irgendwo zu mitternächtlicher Stunde in einem lächerlichen Papyrusfloß zu sitzen und mich von einem Krokodilschwanz so nass spritzen zu lassen, als ob ich ins Wasser gefallen wäre?, die Kadaver aber, vor deren Rache ich mich fürchten musste, habe ich ins Grab gepfählt, um zu verhindern, dass sie sich ganz als gepanzerte Etwase kauzig ins Revier drängen; verlocht nur, hierher. Doch durch eine Wühlmaus wieder ausgescharrt und widerlich ans Mühlenrad verpflöckt, torkelig, gebunden – mitten im Bauch eines Ebers jetzt steckt ein Gabelpflock. Aber das Brettergestell des Stalles ist graubraun und sepia. Im Küchengrund ein kleiner Milchnapf über dem Feuer, dahinter Schöpfkrug und Löffel. Und ein spitzschnäuziges Tier nascht an dem Napf. Auf seinem Scheitel balanziert es einen Breinapf, dessen klebriger Überschuss ins Fell rinnt und so die Haare in ein Meer von starren Draperien versinken lässt: wie tiefe, sichelförmige Kolke in der Krümmung eingeebnet sind mit nach außen gerichteten steileren und einem flacheren nach innen gerichteten Abfall: als Altwasserlagune, in die abgeschnittenen Flussschlinge stagniert. Wie eine dunkle Waldkulisse die Flusslandschaft, die sich zur Tiefe zieht: unwetter-zerbeult, sturmentlaubt, verödet. →341

132 Ich locke den Kaiman, meinen Erzfeind. Ich drücke mir die Nase zu, beginne zu schluchzen, zu heulen und zu winseln. Ich beginne hoch, dann fallen die Töne ab, sie werden zerdrückt, leise wimmernd und wehklagend: Er beginnt von neuem, lockt, winselt, jammert, heult und schluchzt und presst sich dazu stets die Nase zu. Dann schlägt er sich ab und zu mit beiden Händen flach auf seine Schenkel, er klatscht aufs Fleisch, dass es sich anhört, als ob ein Körper ins Wasser fiele, so, wie wenn ein großer Fisch springt und zurück ins Wasser platscht. Ein grausiger Schrei, gurgelnd, knarrend, krachend, so ahme ich den Schrei des Kaimans nach. Und jetzt, schaurig, kommt die gleiche Melodie aus dem Sumpf zurück. Das Krokodil antwortet! – Aber das rätsele Spiel hat sich oft in sich wiederholt: Stets kommt eine Antwort zurück. Barbarischer Abend: Ich fiebere davon: gespenstischere, ganz abängstige Schatten um und auf, umberner Sumpf, gurgelnde Gewässer, der Schrei des Krokodils, hitziges Toc-Toc-Toc in der Ferne. Mit einer Keule betäube ich vermorschtes Totenbein davon das Ungetüm mit wuchtigen Beilschlägen, um ihm dann den Schädel zu zertrümmern. Blutend von den Schultern hing mir ein an den Hinterbeinen festgebundener Schweinbalg herunter. →343

133 Nachtblauer Himmel mit schweren Wolkenballen in trübem Grau, hell, in violem Hell-Karmin aufblühend, nach unten und hinten ins graugrün Dunkle, Modrige vertieft: Unangenehm ist nur das oft von den Ästen tropfende Harz. Seine gelben, süßlich schmeckenden Hülsen habe ich stets gern gefressen, die Schoten zu Brot verbacken und vergoren zu starkem Sud: da der Fluss nicht tief ist, wird das glänzende, mit Totholz harpunierte Tier nur unter Wasser getunkt sein. Noch kämpft der Kaiman, schlägt wild mit dem Schwänzel Wasser auf, liegt bäuchlings auf dem Floß und versucht, Seil zu erzurren – mit Wucht, wie eine kämpfende, in Blau verwandte Feuerwalze: ein Fuchs, der eine Echse anschleicht. Unter dem Fuchs ein fliehender Speer, hinter dem eine Lanze mit Schild heransprengt und ihm seine hellbewimpelte Lanze in die Wampe stößt. Ein roter Saum schwärmt über der tiefen Bläue des Meeres, in dem auch zwei bleigraue Walfische schwimmen. Jetzt scheidet sich sogar ganz zackenrandig scharf die Nacht von Meer und Himmel in einen lichtverbrämten Tag? Dass ich es nicht wage, das verspleißte Tau am Floß festzubinden oder in der Faust einzuhalten, als wüsste ich, ob ein so wuchtiges Krokodil als Treideltier vor dem losen, wackeligen Floß an einem Faden hing. →93

134 Der Himmel ist stickig graublau, mit fahlgelben breiten Lichtbahnen durchsetzt; gelbbraunes Gewölk von dumpfer Schwere, vor dem brodelnden Gewölk verkrümmen sich die dürren Bäume. Ein Glutstrahl fällt steil nach unten, das pumpende Tier, völlig durchtränkt und unregelmäßig vererzt, liegt keine Armlänge vor dem Wanst; schnellend, senkrecht hinunter schleudert jemand eine Lanze in den stirnbreit spitzkegeligen Schädel. Die Spitze – von der Stirn gerissen – steckt fest in der Rinde, das Tier wehrt sich wütend, wirft die Stange mit dem Seil ab von der Schale. Der verwitterte Kaiman springt auf, ich sehe im Licht der Verquellungen den verbrämten Bauch, das schaurige Gebiss. Und ich finde das alles ganz unwahrscheinlich, gleichsam als ob die Nervenverästelungen sichtbar wären, davon, wie herausgraviert, strikt gefühlt. Das branstige Tier sinkt, wälzt sich im kaum knietiefen Nass, kommt wieder an die Oberfläche, ausgebissen, verrollt, und dreht sich und fitzt unausgesetzt schnaubend Wütgarben der Nässe über mich und sich. Die Angellanze tanzt wild unter und im Kochenden auf. Schnall'tzend flankt Schnur und verkeilt am Haken der Harpune, fest im ausgehöhlten Fraßloch, wie eine Zitze im Hirn des Tieres schädelt, verletzt und festsitzt. →275

135 Dann erst lichtet sich die Landschaft ins Hellere auf: Wie in dünnem Auftrag ist kirngelber Wiesenschmelz gemalt. Dann buttrig wieder Hügelbuckel in kühlem, hellem Blaugrau, durch die ein staubiger Weg emporsteigt, auf dem – der Bach lodernd blau, die Brücke als glutender Buchenschwamm – in krappfaltigem Mantel, mit Ruszel-Kappe und blonden Bartborsten ein Tier in den Schochwald hineinspaziert. Die Schopfgestalt ist salamanderartig, sehr weich, die Haut faltig und schlüpfrig plattgedrückt, die Vorderbeinchen kurzstummelig, nach hinten mit knorpelig weichem, ineisgedrückt kantigen Hautfalz, die übrigen Finger sind kurz, nagellos, stumpf; die Hinterfüßchen verbückt, kurz, stutzig, als Haut nach außen säumelig zusammenverbackt, breit und abkantig ausgeplattet; die Zehen (fünf) sind walzig und häutig, ihre Ränder rundum wundkantig ausgepehlt, begabelt; die Trittsohlen glatt, kaum runzelig; an der Zugwurzel der inneren Zehen flache, fast sporrote Ballen: krümmt sich das spitzschnäuzige Vieh seitlich, zeigt die Schwarte zig zickzack-Falten, eine Zuzelkrause längs zwischen den Nasenlöchern, und schnobernd eingestumpft: Die Nickhäute der Augenlider fehlen; die Lippen sind dick und fleischig; das Maul ist bis hinters Auge zerspalten. → 304

136 Wie diese Ausbauchung der Ablagerungen nach aufwärts: vom Scheitel der sanften Wölbung gleitet das Wasser bald gegen die eine, bald gegen die andere Seite hinab und greift abwechselnd die Ufer an; die nach oben zu ausgebauchte Form der Oberfläche der Geschiebe aus fließenden Verwässerungen: Mein Tier hat eine verbeutelt weite, schlüpfrige Haut, die bei allen seinen Räkeln und Biegungen Falten schlug, und deren Ränder runzelig flottieren; die Zunge dick, fleischig, wie die bei übrigen Fröschen, vorne angeheftet und zum Herausschlagen eingefalzt: eine kurze Längsspalte hinter den Oberschenkeln unter der Schwanzwurzel; die Unterwade scheinbar glatt, nur unter dem Kopf mit deutlich hervortretenden Noppen besetzt, die an der Wange aber sanft und zart tun. Ich betrachte mit vielen Augen diese Landschaft: gestreift, getigert, getönt, moiriert, verziert, genarbt, gepeitscht, verlöchert, eingemasert, buntzerfetzt, mit Schleifen, Kreuzkappen, zerrissenen Fransen, allenthalb jäh, großmäulig, schroff, so dass der Atem wegbleibt und die Seele aufschlägt. Auch wie ein Baum, der sich in zig geringelten Ästen über die Seenlandschaft erstreckt, verpflanzt aufpocht. – Insichdichteste Büschel, herzfarben und saftig-rot, wo all die Blätter strotzen hellgelber Kringel. → 157

137 Immer höher loderten und züngelten die Spitzen der einzelnen Schuttkegel am Steilabsturz empor. Je tiefer die Steilwand hangend in den Schutt taucht, um so geböchter vollzog sich die Einpuppung des Bruchs; und die geschiebliefernde Fläche verringert sich Jahr um Jahr: Die Agaven sind weniger *wiëch*, trockener, und kreidig, dürr, ihr welkes Licht ist grüner, gerüstlos und faserig, das Wasser stürzte den rutschenderen Massen nach und riss in den Anbruch Furchen, viele, die sich muschelig verjüngten; die hierinnen gerinnende Flut wühlte jede von der Flüh begrenzte, lange, stellenweis tiefe, trogartige Runse auf; die erst mit schmelzendem Gefälle, hanginnen eingebaucht, spatelartig in Ablagerung rumpft, verliert sich, unverzweigt. Doch der Aufdrang im Licht gewinnt auch hier die Oberhand, indem es über dem aufgehellten Vorsprung schon der Nase, starr und flau, die in Augenhöhlen untief eingenisteten Schatten abriegelte. Hinter Sandarack und Zypressen gelbharzend erstreckt sich ein Anger amaranth, von einer Wiese affodill durchsetzt, über den ein Baumschwamm, als dampfendes Holz zu der obersten, von roten Knotten flankierten, in aufgelöste Flechte aufgetunkt, erquert, zerfällt; ein geduldiges Gesicht im Schattenspiel, das darüber hinwischt, dann. → 371

138 Die Sonne dörrt die wasserreiche Masse allmählich zu einer papierdünnen Scheibe aus, die der Wind weit über Ufer und Wasser fegt. Wie kleine durchsichtige Stachelbeeren schweben die Schirmglocken ruhig im Wasser, mit Auftrieb, als Ballons. Milchglasweiße Blasen, mit Fäden oder etwas Ähnlichem, die sich aber aus lauter Augen zusammenballten und als Seequallen das ganze Bassin ausfüllten. Inmitten der Körper der Tiere leuchteten wunderschöne farbige Zeichnungen, die wie ein Schattenbild verschwinden und dann wieder da sind und schimmern, die Bewegungen hatten etwas Ungeschicktes, Eckiges, wie an einem Faden, und durch die äußere durchsetzte Masse sah ich: ganz unbewegtes Wasser, und das Mundfeld und das Lumen durch die glasklaren Körper. Und das von Wimpern ins perlmuttrige Innere der Mantelhöhle gestrudelte Meerwasser bewegt Reihen von Keimlamellen, Rippen, die vom Mundpol zum exakt entgegengesetzten Augenpol verlaufen, als ob Meridiane auf dem Erdball, ein Flimmern wie eine Welle über die Rippen überläuft es mich, heiß und kalt. Die Farben rieseln in Regenböen nacheinander darüber hinweg, in einem Schmelz von fortgesetzten Blickklicken winziger, dachziegelartig angelaschter Ruderplättchen. → 126

139 Von Pol zu Pol geht die Bewegung aus und pflanzt sich wellenförmig über die Rippen, die sich zur Knospenspitze brüsten, fort bis zum Mundfeld. Die stachelbeerförmige Gestalt fängt an zwei Stellen an, langsam nach hinten zu tropfen: Zähe, dicke Kottropfen entquellen ihrem Körper, zwei Fäden helles Gelb, wie Schlieren herabschrägender Hagelschläge. Die Konturen leuchteten verbrämt und verschwammen längssaum, jede Wendung und Drehungen damit in Absonderungen wiederholend: mit einer Unzahl kurzstummeliger, rotrot gebändelter Blätter, um eine hohle Scheibe angeordnet: schlanke calme, längsgestreifte Säulenstiele tragen eine Krone aus fliegendem Papier, mit blumenlangen Beinen oder Zuführlern, oft glutenden Kappnoppen gabelig verankerter, offener Sprossen, die aus Handtellern regneten. Von so kleinen Steingruppen nickten sie herunter, kurzgestielt auf aufborstigen Bänken, vorrollende Zungen um purpurbuntes Rostmoos. Jetzt hoben sich die Fußangeln an zig Legleinen zu faseligen Prielschlaufen: Fangleimschlingen, die sich, mit betäubender Mirabilie, in aufschnürender, paralleler Linienführung herauskeimen. Wie ein aufspießender Schürhaken mit weit aufgerissenem Maul durchfurcht die Sprudelglut den Fluss, fast schaufelhaft. → 247

140 Über dem dunklen löcherigen Kalk liegen dicke Klötze und Bankmassen von gelbzelligen löcherigen Massen an umbernem Konglomerat. Schlingpflanzenschleier drapieren dem Tod geweihte Bäume. Aber unterhalb dieser Waldwand steigt meterhoch die gelbe Wand des Zelllehms auf: Und in dem Wasser spiegelt sich das ganze Ufer, schwarz: heller Lehm, der dunklere Glanz, die Bäume, die weißen Stämme und die Windranken – auf der glitzernden, flimmernden Fläche. Wasser quillt aus solchem Horizont heraus: Alles ist nass. Darüber stuft sich die gelbe Wand Zelllehm, die zwischen den sie überschattenden Ästen der Waldwand hervorgluckst oder auch als Tauchfläche in der Hitze leuchtet: Über die Wasserlinie steigen flach aufgewälzte Granitbuckel an. Ihre Oberfläche ist zerplatzt und rundliche Blöcke liegen ihnen auf und von ihrem Hang: Schären gigantisch, und Findlinge. Dann hüllt der halbe Wald mit den herabhangenden Kronen allesamt halb: der Uferwald steigt fast bis zum Fluss herab. Nah an diesen aber rollen mächtige, scharfkantig wuchtige Felsblöcke mit rostfarbigen Flechten. Der Fluss prallt hier gegen das Ufer und schält es: Eigenstörungen, Schärwellen voneinander abstehender Schichtungslagen, die Cumuluskronen sind zum Teil gewaltig. → 337

141 Viele Felsen, und manche verschwinden ganz im Wasser, andere ragen ein, zwei Meter auf, und sie sind mit einem Teppich strotzend rotblühender Sträucher überdeckt. Die riesengrauen Strünke und Stauden der Palmen, mit ihren Harzwedeln, hoben sich von den weit niedrigeren Blattkronen scharfkantig ab. War die Bewegung eine mehr gleitende oder rutschende, dann lagern sich die zur Ruhe kommenden Massen in Form mittelpunktsgleich angeordneter, zuweilen von strahlig verlaufenden Klüften durchzogener Wülste; bei stärkerer Durcheinanderrüttelung häuft sich eine unregelmäßig begrenzte, Buckel und Mulden tragende Masse an, die zuweilen auch kleinere Wasserlachen und Pfützen beherbergen kann. Ein zusammenhängender kahler Streifen von anstehenden Gneisfelsen und aufgehäuften Blockmassen entschwindet dem Blick mit seinen Felsen und schäumenden Wassermassen in klammen Tobeln zwischen zwei Hügelzügen. In seinem Bett schäumt der Fluss zwischen zahllosen Klippen und Steindämmen, als ob sie in die Luft emporgepresst worden sind; solche Waldarven erreichen, ohne sich wesentlich einzuschneiden, den Sägerand der Axt, und senken sich dann als Schlucht und Bruch schnellend herab. Die zig Pinien verschwinden hier ganz. → 273

142 Etwas schwebt mir vor; es wurde dabei immer schaliger und schwerer, es ist eine sehr große Erdbeere geworden, nicht ganz rotgereift: eine Radfrucht noch mit zackig gelben Blättern. Wie eine Scheibe vergrößerte sie sich stumpf beim Fixieren und wird eine sprossige Sonnenblume, die eingenickt an einem Stiel hing. Als sie verschwand, blieb an ihrem Stengel auf der Stelle das stippige Pumpen der Pupille übrig, als bläuliches, hochockrig umrahmtes Rad mit gräulicher Mitte, quasi angenabelt, abgefasst. Zwischen Hügeln und Himmeln zogen spuckig-gelbe Schlieren fleckig vorüber: Fluten unterwühlten eine von Steilwänden unbegrenzte, oft trogartige Runse auf, die erst mit stellenweisem Gefälle sich verzweigte und in den Anlagerungen sich verlor. Die Furchen und Rinnen, die Schurfkraft des Wassers, das die Kolk-Muschel eingrub, richten siedend den Tiefenriss auf Gefällslinien ein, ganze Massen wälzten sich in grauenhaftem Durcheinander über den knapp darunter vorüberziehenden Karrenpfad und schoben ihre Zunge über das lichte Gras, die Wiesen aus bültigen Schmielen, vor bis zum Tobel. Die springbreite Einsinkrinne ist mit donnerschäumendem Wasserschwall verblaikt, der sich zischend, gurgelnd zwischen den faulen Felsen durchsplitternd spatelt. → 132

143 Es gelingt mir, in die Öffnungen einzudringen. Dort begegnete ich einer feurigen Glutpuppe mit glänzend glitzerndem Kittel und brennendem Rotschopf, mit erblähtem Dreispitz und sauber aufgepuderter Perücke, eine große, borstige Gestalt mit feixendem Gesicht und zig wässrigblauen Schnauzern. Die Qualmgestalt verquoll vom Wasser und ich zögerte mitzutun, aber sie winkt mir immer dringender, und zuletzt folgte ich ihr ohne Not. Erst tritten wir leicht und springend über die Wellen, bis eine so große Woge kommt, die über uns zusammenschlug, worauf wir, beide in die Tiefe, sinken. Jetzt pflügen die ausgleitenden Massen Bahnen in Keilformen auf; dann schließt sich an den Grund und Tiefpunkt der Blaike eine nach unten zu eng werdende Hohlform an, endlich, die Keilblaike verwischt als Muschelausriss; das Feuertier leuchtete auch im Wasser noch. Ob ich das kümmerliche Moos an der nassen, niedrigen Steinwand nicht schön fände, – es lag ein freundlicher Spott in der Frage; aber das Moos war von nesselig glänzenden Smaragdflecken durchsetzt, von unfasslich verpolsterter Glut davon, von einer verrührten Fülle Farben einer grünen Schlange. Und die Figur droht mir, mich zu verspeeren – mit sich, mit Lappen und Dornpolstern. → 345

144 Etwas Beklemmendes steckt in dieser wässrigen Landschaft, alles erscheint aufgepeitscht und wie aufs Mal gespannt: die Fließlandschaft unterm Regenbogen, als gelbgrauer Unwetterhimmel, der einen aufkommenden Hagelschlag verzündet – silberweiß glänzende Strahlenbündel strotzen in einen lichtgrau ragenden, hinter Baumgerippen aufbleckenden Himmel. Häufig unterbrechen, mit Blattabbrüchen verbunden, in Geländemulden, die sich, angenommen, als vernarbte Bruchrunsen entpuppen, gefräßige, mit ungefügem Schnabel, Schutt- und Geschiebewalzen, mit Ausrissen in die Trichtersandverböschungen, die den Mund glatt offenfeilen; dann können neue Ausrisse kantig in die Narbe Lücken reißen, wieder; wie von Gewitterzuckungen flockig durchschwelte, finstere Nissen, Lichtspritzer, die vom Himmel tropfen, das feurige Gebrodel bedrohlich brennender Leuchtbögen und gelbe, von Zackenbündeln durchfackelten Flammen. Da tritt'g'tsch't, zwischen siedendem Geröll, ein kleiner Springbrunnen auf, noch einer, da, jetzt, und mehrmals sott voraus ein feiner Wasserstrahl unter den Sohlen. Die Sonne brennt auf die Bänke nieder, die Buhnen brennen, und ein lodernder Gestank entwich den Schlammgasblasen in zierlichen Fontänen und kleinen Riesel-Trichtern. → 197

145 Die Felsklötze des Bergsporns ist in Eis gehüllt, die Abblasungen überschüttet, die Flussmoräne wird zur Wüste. Der Zufluss ist geteilt, ein Arm des Talbaches mündet ganz rechts, einer links, und diese Arme sind wiederum geteilt. Der Boden der Niederung ist grasig, nur mit Gestrüpp bedeckt, auch Schuttblöcke und Gerölle liegen hier. Die kleineren Steine auf dem Fächer sind, gerundet und geschliffen, schwarzgefärbt. In der Tiefe liegendere Steine sind alle oberflächlich zersetzt, weniger schwarz berindet, sind in Sporne ausgewälzt, eine dornig modrige abgetragene Hochmoorfläche als abkalbender Talboden. In solche ausgekochten Krater ist der Trog der Gand eingesenkt. Ich meine, die Vergrusung sei die übersprüngliche Eigenlosigkeit des Knottens, faul wie Fels, wo Faltungs- und gewaltige Verlagerungsvorgänge das Karrenland stark mitverwittert haben: hingesprenkeltes Geröll; ganz sandig stürzt die Trogwand in steilem Winkel ab, gegen die Talsohle zu springen Wand, Gipfel und Kare, und setzen sich als Bergsporne seichter Runsen in die Hochfläche fort: der Gebirgsstock scheint der Fläche aufzusitzen. Einen Ausgang sieht man nicht, der Pfad folgt nicht dem Gießen, man gelangt und verlässt den Zirkus über Sättel und dazwischen kreuzen, einer nach dem anderen, die Quellarme der Novella. → 100

146 Hier lebt der Schlick wirklich. Ganzfaserige Bänder und Blasen, die vorüberfließen, während und indem sich je zwei hohle Kolonien mit außen kleinen Buckeln in zu viele innige vereinigen: Wie fließende Schnüre spleißig fliegen und zum Sieb verknoten. Das regenflimmernde Gelände, der wabenartig durchlöcherte Boden wirken vielzellig durchsetzt von Wohnröhren: wispernde, knisternde Laute aus den unterirdischen Behausungen, massenweise werden Tiere mit langen Fühlern das blanke Watt nach Beute abtasten oder in Tümpeln und Lachen herumschwimmen. Schnecken, träge Spuren auf den Blättern der stumm flutenden Tange dahin, und helle Krebse kriechen zwischen dem Gewirr von Lebendigem nach Beute. Daneben springt ein ausgehöhlter Felsen auf und treibt aus seinem Schoß Sprossen, – empor. Das Meer, tieftürkis, ist grün nach oben, je freier sich der Himmel darin spiegelt, aufgelichtet. Wellengrate, horizontal gegliedert, ein Tafelberg und fliegende, schlacke Fische inmitten, schwoiende Wogen. Dort sitzen, auf Uferfelsen, und auf Gehäusen der Molluske, auf Buhnenpfosten und Schwebhölzern, Seewalzen: Gallertklumpen, die in den Spülsäumen der Flutgrenze verenden, und das abebbende Wasser tiefe Rinnen in den Schlick radial um die Kadaver. → 194

147 Der Weg steigt von den Quellen der Novella auf der durch Frostsprengung in Blöcke zerbrochenen Hinterwand des Karbeckens unter Zickzackwindungen hinauf zum Pass. Während so auf einer Seite nur einige zehn Gletscher herabhängen, ist die andere Talseite durch drei, vier Schluchten unterbrochen, die selbst eingeschnitten sind. Ich sehe bereits an der Einmündung, am Bergsporn, dass die Gehänge zu Rundbuckeln abgeschliffen sind, auch endet die Talwurzel plötzlich an der Mündung zur Schlucht in den Passkamm oberhalb. Nicht das Becken ist sichelförmig gestaltet, nur die trockene Rinne haben die granitgründige Erosion (auf Grund einer vermutlich vorgebildeten Hohlform) bis zum Niveau des Bergsporns steilhängig zugeschüttet, am Knie-Bach: Faltung, Stauchung entsteht, so dass die verpressten Schichten auch noch zerbrechen. Vor die Geröllmoräne, und mit dieser hervor, bleibt nun ein gewaltiger Schuttkegel ausgegossen. In zig schmalen Armen fließt das Wasser durch die steinige Einöde des Schuttkegels herunter; steile grüne Reliefstreifen beschränken die Talflanken alle der Wasseradern, erreichen aber keine, wo auch Bäche hervorbrechen, und Endmoränen. – Dann tritt vom Gehänge her eine hochgehobene Blockscholle spornartig vor. → 359

148 Nach häufigen Quermoränen wird die dürre Talsohle schmäler, der Bach liegt tiefer als der Pfad; eine Hochfläche, ganz leicht unduliert, zu der ich erst hinabsteigen müsse, ein windungsreicher Bach, flachufrig, die Rumpffläche ist abgerundet. Das Joch selbst war (zu Beginn der Reise) schneefrei. Jeder Graswuchs hat aufgehört, nur eine doppelte Reihe von Zirbelbüschen, untermischt mit einigen Hangwacholdern, zieht, gebogen zwischen Halde und Pfad, die Stützwurzeln der Kiefern krumm, wie Krallen. Und tief unten, im Föhrenschnitt, den die Gehänge freilassen, Felsklötze, dahinter das Streichen und Fallen der Schiefer und abgesprengt darüber das Schnee- und Eisgebirge am Trog der Erosion. Zwischen dieses Unland und die langen, flachtafeligen Inselberge, die niedrigen, bei jeder Verwerfungskluft schroff abbrechenden Strauchgruppen, wirken flinssandige Klumpen zu hervorstehenden Rippen herausgewittert; dazwischen isterte Gestein, zu Schutt verbröckelt, darunter lagern Seen in einem Kar, im vielbültigen Siel, durchmoorte Ried- und Rispengraswiesen, durch Geschiebe eingeriegelt, versiegend. Kleinere Seeaugen und Tümpel polstern die bemoosten Vertiefungen, Moränenablagerung. Vom Kliff entfernt ändert sich stellenlos der Boden. → 291

149 Ein Baum ist umgestürzt und stakts quer in den Fluss. Luftwurzeln schlingen sich, Windfäden gleich, von der einen Baumseite zur andern, Äste liegen geknickt im Wassertal. Unter dem Wollsackschutt sind prall hellgelbe Kugeln modelliert, die tief verwitterten, tonbraungrau zerschlissenen Fetzen mit aufblauenden Gipspuppen und Maden in röteltonbraunem Lehm und Grus gefärbt: Jetzt lösten sich die Kuppeln wieder auf und durchdringen einander, Nebelstreifen, waldige Bögen, Wellen und Glänzlinien. Der Horizont zerlöst aus hügeligen Ösen zu spinnenfädig fein geritzten Strähnen, dann, hell, dunkel, unterlichtet, verschmolzen alle. Das ganz luftig zerblasene Spinngewebe schwebt vor trübem Grund, baumlose Querfalten und Dunstlinien-Felder in fahlem, irrwischem Verschweben des Horizonts; schmale Trockentälchen zerschluchten die Kalkstirn der Kuppe, ihr wurzelzelliger Lehm und Flins-Sand ist nass und gebauscht, tonverstreift: So schwimmen Meer und Himmel ineinander, zerlöst in Schlieren, zwischen Karrengrat und mir liegt eine Ebene kleiner Krater, die sich als Rundhöcker erhoben. Steile Spülfurchen und im Schwemmverband mit darunterliegenden Tonen sesselartig in den Hang gestanzte Balzen, Hunderte. Nischen, die zerschüttet sind. → 189

150 Wie Schalen riesiger Schildkröten liegen solche Einhäufungen da; ovalglatte Steinpolster, fast wuchslose, mit Steppengras unbedeckte Bülten liegen gleichmöglich verstreut in den gedachten Maschen der Wegnetze abgefurchter Lehmanschwemmungen. Schön, aber auch verwirrend ist der Eindruck dieser übergroßen Fülle immer neu sich bietender und überbietender Gestalten: Nicht wie mit der Nadel, sondern einem stumpfen Griffel ist Licht aufs Gebüsch gepolkt: Das feine Netz der Niederungen in Schottern, ganz spärlich eingerillt, ist, infolge Erosion davon, in dieses insichdicht zittrig überfaserte Gespinst bis zum Muffigen vermottet, mit rundlichen Geröllbuckeln, so dicht zusammengedrängt und angeordnet, dass die Baumkronen sich fast tunnelartig über dem Tal verschränken und die gebänderte Tonschicht, rot gestreift und geflammt, mit muschligem Bruch, kehlig ineinanderschließen: Oberflächlich zerstückelt, springt der Ton unter der Sandsteinbank zurück, von zerreiblichem Ton weich unterlagert. Der Wasserriss ist trocken und besetzt mit übersenkten Schürfflechten im Schlamm, das Gebüsch dürrkrautiger Kronen aus knotigen Fruchtschoten mit langen spitzen Zotteln und Wurzeln wie Lefzen füllt das gesamte Flussbett mit Narben und Blasen, die vorüberfließen. → 295

151 Ich sitze vor einiger Zeit im dritten Stock, abends, bei Lampenlicht, an belebter Straße und lese vom Leben auf dem Mississippi. Vor mir steht ein leeres Wasserglas, in das ich gedankenlos schaue. Wie Schiffbrüchige, welche die nächste Welle in ihre Tiefe zieht, fühle ich nur aufgewühltes Verlangen, das mich ans Leben kettet, und in klammer Reue klage ich um Erbarmen. Plötzlich bildet sich im Glas selbst (Rundung) eine hellbeleuchtete Uferfläche, die sich auf den steilen, aber »wie Zucker« schmelzenden Erdufern erhob, und ein steinerner Hafenquai – St. Louis – eine lange dämmernde Häuserfront dem Fluss zuwandte und hervorsticht. Ähnlich wie die umgekippten, blass zerlumpten Triebsandleichen liegen auch diese im Wattschlick stecken gebliebenen und umgekommenen Tiere, 57 Stück Vieh. Ich sehe mir das eine Zeitlang an, gehe an mein Kabinenfenster, vergleiche, ob es möglich sei, dass eine Spiegelung von außen möglich erschien, doch ist dies schwer in einer Höhe von drei Stockwerken, zusehends, wenn das Glas inmitten der Kajüte steht, und allmählich, es regnete, zerrann das Bild hinter Glas – außerdem. Auch hier legte das sterbendere Vieh den Hals beckenwärts herum, so häufig, dass die Nasenwurzel nach hinten zeigt. Dies sei meine Seele, flüstere ich, seid leise. → 160

152 Dementsprechend bildet das ganze zerfallene Knochengerüst eine eigenlos kreisreihige Figur. Die Rippenköpfe lösen sich von den Wirbeln und staksen aufwärts: kraterhafte Nebelkraken, Figuren, die mich überraschen. Dabei ist aber die Tendenz vorhanden, dass sich die Rippen schief legen oder gar in die Waage einringeln. Immerzu stieß ich bei Ebbe im Wattschlick auf ein so in Kreisformen aufgelöstes Tiergerippe, auf dem sich schon Jungmuscheln angepfahlt hatten, so dass ich augenfällig Kaufiguren der Zähne, die auf der Oberklappe der Muscheln durchgeformt sind, erkannte. Dampfmaschinenartige Geräusche gingen hörbar in die, laut Takt und Rhythmus unzuweilen eingeteilte, sich fortgesetzt wiederholende Melodie über, wie Strickstadelgeklapper oder das Aufmündeln von Nähten, die Scherbewegungen versilbten alles, waren Sprache: welche sowohl mein Mittun daran übermittelte oder mich mit dem Gedachten anderer vertraut machte, wonach Ideen, Begebenheiten und Spleens aus jedem Vorleben laut wurden. Wer die Qual kennt, weiß, was Beängstigungen sind. Meine zuinnersten Gedanken wurden erkannt und von anderen verwertet; aber Unbegebenheiten, welche sich mir unzuwillen aufdrängten, bin ich gezwungen in die Welt von A bis Z hinauszusagen. → 209

153 Es ist eigenartig, über ein solches Kadaverfeld zu gehen, wo zunächst überall hin lediglich die Rinderhörner aus dem weißgelben, mit leeren Austernschalen bestreuten Strandsand heraustieren und darauf offen scharfe Schatten werfen. Ich sah durch die Rippen: nur Sonne und Kochen, nichts sonst: Das frierende und hungernde Vieh floh nachgerade zum Wasser hin, um dem Nordost zu entrinnen. Das Versinken der Leichen ist jetzt ein völliges, so dass nicht viel mehr herausragt als die Spitze der Hörner und vielleicht noch Schien- und Nasenbeine. Immer wurde das Leichenfeld stellenweise, allmählich weniger durch Wellentätigkeit als vor allem durch rauhen Wind, der den Sand trocknete und abhob, freigelegt, zumeist schon völlig vom Fleisch befreite Skelette. Diese halb herausgewehten Stierleichen befinden sich in einer merkwürdig halbseitigen Lage und oft stark gekrümmt, so dass der Kopf in Knicknähe des Beckens liegen kann. Häufig ist das Becken nicht mehr im Schulterblatt verankert mit der Wirbelsäule. Die Schädel liegen kegelschalig auf, manche auch in schräger Seitenlage oder herausgekippt. Dementsprechend weichen sie unter dem Druck des schweren Körpers auseinander und fließen dann schnell wieder zusammen, eine gebrochene Verdrehung der Wirbelsäule ist aber da. → 188

154 Das Eindringen in den Bruch war mit Schwierigkeiten verbunden, da an seinem Rand ein insichdichtes Staudengeflecht hochsträuchiger Stachelgewächse wuchert. Blutende Lianen, dann aber auch der Katarakt einer knuppeligen Anzahl von Kaktusstaksen von ganz unterschiedlichem Wuchs. Sie sehen hier fast aus wie Windlärchen, die in Dolinen-Sprudel fielen, wo sie hier, im Schlammvulkan wurzelnd, knorrige, klobige, dicke Stubben haben; insbesondere der Mississippi-Pfahlbaum oder dort als Strolchkobolde herumstehende Mantelgestrüpp-Palmen. Wie ein dornig strotzender Drahtverhau Durchsicht und Ausflucht versperrt, wo drinnen im Dickicht sich laubärmeres Genist auftut: Die überall auf den Böden wurmformartig hinkriechenden Wurzeln stehen jetzt frei, sind bloßgelegt, nur so verkohlt, ruszelig: doch die im Kugelblitz an den Spitzen versengten Blätter haben sich nichtsdestotrotz entfaltet und – grünen. Von solchen Laubriesen herab hingen eisgraue Bärte zig Meter lang: Bromelien, die im mulmen Holz wurzeln, mit zinnoberroten Glutblüten, die zwischen den Zotteln ins Moos morsch tropfen, worin allein das Eisgrau von Tillandsienzapfen und das sepia verkapselte Lederbraun der abgeschälten Palmglocken ihre Abwechslung tüpfeln. → 180

155 Ich schlage mich durch das Palmenstroh, dessen Boden mit den abgefallenen Triebseln der Fächerblätter dicht bedeckt ist, um auf die sumpfigere Lichtung zu gelangen: Unmittelbar nach dem Eintreten in den Mangrovenwald umfängt mich unterteuftes Dunkel, die unraume Luft und die Totenstille des Delta-Urwalds. Unterhalb jeder Blätterkrone der hochaufragenden Schirmfächer wucherten – zwischen den verdorrten, kranzartig den Stamm umsäumenden Blättern – blütenprächtige Farne wie der Schlangenfarn mit Wedeln in fast Schwertlänge: und Blattlanzen. Diese Farne wurzelten im Humus nahe dem *creek* mit rostbraunem Wasser, worin Kröten und Warane tunkend untertauchten. Unser Steig wird durch das riesige Netz einer Radspinne versperrt; in einiger Höhe sah ich einen hüpfenden Punkt unverrücklich in der Luft stehen. Der Samtpanzer ist leuchtend zitronengelb, die Beine sind karminrot; gespreizt etwa stirnbreit: Es ist ein Wollschweber: Ist alles still, dann hörte ich, dass er einen leisen Summton anstimmte, aber in einer Tonhöhe und Klangfarbe, die eher ein Pfiffseln als ein Brummton gewesen sein könnte. Dann gibt es einen Ruck und er rastet einen halben Meter tiefer. Wieder wispelt er, schnalzt, und wieder rückt er gut einen Meter tiefer. → 242

156 Im ganzen werden es wohl anderthalbtausend Flugfische gewesen sein, die ich auf der Fahrt nach dem Mississippidelta beobachten konnte: Nur in langen Dünungswogen hob und senkte sich mein Meer. Die fliegenden Fische, welche um mich her aus dem Wasser kamen, gingen meistens quer von dem Vorderteil des Schiffes ab. Einige blieben mit ihrem Schwanz noch kurze Zeit im Wasser, während ihr Nasenrumpf mit weit ausgebreiteten Brustflossen schon über die Meerfläche hinschwebte. Einen um einen sah ich weithin dicht über dem Wasserspiegel fliegen, ohne dass sie ihn berührten. Sie hielten sich schräg dabei wie ein Papierdrachen. Andere tunkten während ihres Fluges die untere Hälfte ihrer Schwanzflosse wiederholt ins Wasser und änderten im selben Moment, wo sie die Wasserfläche furchten, die Richtung ihrer Luftbahn. Oft schien ihnen mein tuckerndes Dampfboot den Anstoß zum Flug zu geben; denn häufig fuhren sie in hellen Scharen neben dem Vorderrumpf aus dem Wasser und suchten mit Geschwindigkeit nach beiden Seiten hin ihr Weites: immer in Nähe der Wasserfläche. Indem sie flogen, blieb ihr Leib ohne Biegungen, wie beim Schwimmen, ausgestreckt unterhalb und von der Seite, und diese: Sie glänzt wie geglättetes Silber. → 296

157 Aber auch *wie* diese Fische fliegen: wie aufstiebende große Ackerheuschrecken. Die im Aufflug ausgespannten Brustflossen und Unterflossen tragen den Bauch als blasige Drachenflächen, aber nicht als Flatterflügel. Die Schnelligkeit des Fluges ist knapp nach dem Auftauchen aus dem Wasser groß; im Nu, in dem der Fisch vom Wasser aufschießt, zittert er heftig mit den Vorder- und Unterflossen. Ich musste den Standpunkt so wählen, dass ich zwischen Sonne und Fischschwarm stünde und die Sonne im Rücken hatte, wodurch es möglich war, auch geringfügige Bewegungen der geöffneten Flossen, die im Licht glänzen wie flüssiges Metall, zu notieren: Die Brustflossen verharren in ausgebreiteter Pose. Dann verlässt der Fisch hochschnellend den Wellenkamm und stellt sich, nun mit einem Ruck, aus der Steilung wieder in die Waage, dass Brust- und Bauchflossen im Flug so abgespreizt verblähten, und die Flutflächen aller vier paarigen prankenhaft im Bug einer Ebene lagen. Seine oft klauenartig blau gefleckten Windflossen blieben als zwei große Schlotter zu beiden Seiten des Körpers unentwegt entfaltet. Ich weiß nicht, und ich fürchte, dass ich auf- und fortfliegen könnte, vielleicht: Als der Kahn dem Fisch nicht mehr als folgen kann, da das Wasser flach wird, spring ich ihm nach und fing ihn mit den Händen. → 352

158 So plötzlich war der See wieder da; die Wasserhelligkeit!, und jetzt zeigte auch der Wasserglanz andere Ausbreitung und zog sich nach Schlieren mit. Jetzt aber verkleinerte sich der See wieder und verschwindet bis auf eine Stelle, die dicht vor mir verschleierte: Wassermassen, die sich in einen Schacht stürzten, und ich sah nichts sonst als die sich hinabstürzende Wassermasse und die Ränder des mit Gelbholz eingebolzten und verschalten Schachtes. Kein gefasster Tropfen des Wassers spritzt hervor, das Wasser zerstäubt auch nicht, und nur die Wellenkanten warfen stiebendes, zerzaustes Licht. Schwaden über Grau, Meerblau, Lichtgrün bis zu den Glänzlinien der Wässerungen. Die Wasserwalze kroch wie kochender Teig und an den Seitenpfosten floss sie sich in dick'ten Windungen zusammen, um gegen die Mitte zu dringen nach innen und unten, den Schachtrandkrater nicht ausflutend. Und dabei: kein Geräusch. Das Loch füllte sich auch nicht; und schien in Tiefe zu verschwinden. So lag ich über dem Loch, und sah doch kein Wasser mehr hinabstürzen; und auf dem Wasser schwamm eine große, breite, bis an das Ende nicht erreichbare dunkle Lage: braungrauschwarz vermoderndes, morsches Holz: die vierschrötige Öffnung, die nirgends tief endete, da alles Zwischenschichtliegende verschwindet, aus der Nähe. → 285

159 Ich verwandle mich in einen Habicht mit nur zerfasernder Zunge – kantig geschliffen der Schnabel, silberberingt die Fußkrallen, zurückgebückt der Hals, glänzender die Zehen, gelbe Knorpelbeine, goldrot im Sporn, zermustert die geknickten Knie, wie ein Federzaun der Schwanz, die Ränder von ruszligem Glanz: ich fliege und klage. Und die Wege in die unteren Welten standen offen. Beim Eingang sind alle Bäume gefroren und weiß von Reif. Darüber schwebt ein markiger Gestank, makaber, so weltmächig. Ich schaute umher: Ein Schnee von Eidechsen fiel, dort ein Matsch von Fröschen, ein Hagel von Bachkäfern. Die Gräser sind aus Eisen; eiserne Bäume und Halme. Meere, und kein Rand, zu denen ich kam und schaue: da schwimmen verdorrte Menschen statt Störe, erfrorene statt Hechte, Kinder anstatt platten Fischchen: ein Schauer-Meer brodelte vor mir. Am nächsten Ufer aber schwärzen sich die Schotter der Steinberge in dunkles Gewölk. Wie der Schatten eines Köters kam ein magerer Hund zu mir; er fletscht, wackelt mit dem Kopf, steckt die Schnauze vor. Hinter den Bergen im Rücken schrie ein seltener Gast nach Kuckucksart; er krächzte wie ein Bergrabe; durchdringender, als ob ein Schwan kreischt; adlerstark gellte das Echo der vorderen Ketten der Berge. → 26

160 Dieses so schöne Haus, in dem ich jetzt verweile, schmückt mit frischem Grün am Tag, da ich weiterreite! So tritt ich heraus, verschränke meine Schattenhände, Finger in Finger, schaue unter den Händen sogar hervor: »Der Stecken ist abgescharrt – wo sind die langen Schratten?« »Der Stricksack ist durchgewetzt – wo sind knotige Beutel?« – Ich – mit leeren Händen – zetere, und ich sage mir nach: »Unter der Achselhöhle ist es etwas hervorzurollen, im Sack ist es etwas aufzuzurren.« Der Schimmel, mit neun Faden langen Zöpfen, blinzelte, die Lider klopften, als ob sie Schmiedemeißel sind: Rebhuhngroße Eitertropfen: »ich flocht die Haare seiner Mähne seines unweißen Schweifes!« Groß wie Eselskopf tröten die Schellen der Ohrgehänge; und: Ich zog aus meinem Ohr einen Locken-Stock und wirf ihn ins Meer: Er wird ein Ruder, das wurzelte und ankert zur Brücke; ich ging auf; ich sträubte mich kaum und scheuche auch, bockte, zog mir Speere aus dem Steiß und spieße sie zwischen Ohr und Biß. Ich spring auf mein eines Bein: kopfüber flog und fiel ich in ein offeneres Loch. Eine Schädelhälfte zerschmettert, ein Arm zerschlagen, Rippen gebrochen: macht Gewinde aus achtfach-gefiederten Riedgräsern vom Berg! Ich liege auf dem Boden des Erdlochs als Toter. → 330

161 Im Schatten dunkler Walddickichte spring ich so vom Ross, umschritt es im Kreis, striegelte die Mähne, – und das weiße, Schneeammer-farbige Pferd nimmt wieder seine leibeigene Gestalt an. Ich selbst aber wälzte mich auf der Erde, wie nie zuvor. Im Sprung glitt ich dahin, schaukelte im Trab, ließ das Pferd zeltern, hinterließ huftiefe Spuren. Ich brach den düsteren Wald ein, zerdrückte die stammtrockenen Stumpen. An den Vorbergen erkannte ich mein Tal, an Hügeln schätzte ich Ziele aus, an Calanchen vermochte ich zu denken, Stanze um Stanze, wie Rauch steigt. Die Beeren trauben sich wie Ohrtrompeten auf den Stielen, die Facetten in den vorströmenden Wolken. Ich gelle aus dem Tal wie ein Adler schrie, girre wie Wildtauben Laute, ein Kuckuck widerspricht. Überall Wald, der von jungem üppigem Wachstum blüht und sich mit lichtem Birkengrün schmückt, goss ich die Ahornholzschalen, bis zu den Birkringen voll, mit buttrige Milch. Ich koche den Sud auf, säuere ihn und verbessere ihn mit gelber Butter. Ich trieb aus der weitaus über den Hof verstreuten Viehherde ein schwarzes nasses Kalb heraus und leckte es auf eine Wolke, großtriebig wie ein ganz ganz kleiner See. Ich selbst stieg auch zur Wolke empor. Dort stünde ich höher als eine Lärche, und so flog ich unter den Wolken durch. → 144

162 Ich stieß die mit sieben Kirnfellen behängte Flurtür mit dem Fuß weit auf, und eilte wie zwei Gäule mit nur einem Schellenjoch, wiehernd. Der Zustand ist weder Betrachtung noch Erstarrung, kaum weder schmerzhaft noch freudig noch traurig; er ist außerhalb jedes selbständigen Gefühls und jedes begrenzteren Tuns. Ich glaube in der Tat, dass die leichteste Krankheit mein Gedächtnis vernichten und meine Existenz auslöschen würde. Sehe ich doch, wie ich mit großer Leichtigkeit meinem gegenwärtigen Körper fremd werde und mich dann als lose Foliation davon, als weißes Blatt-für-Blatt erfinde. So sehr scheinten mir, was wir Leben nennen, Blätterungen wie im Traum zu sein (nicht meinem), dass ich mich buchstäblich in mein Buch zu versetzen weiß, dem das ganze Getümmel der Bilder nie entschwindet. Ich erschien mir wie ein Schatten blutroter Augen mit eingerissenem Maul, woraus glosende Blasen emporstiegen. Ich habe die Wesensfreiheit eines Fluidums, vom Dampf einer Wolke erzielt, und alles löst sich, leicht und binnen, in lichtflüchtige Gespinste. Kaum hatte ich tastend den düsteren Weg betreten, spürte ich – Gefieder. Ich erkannte ohne Unlust, dass ich augenlos ein schauriges Nest angefasst hatte. Und blieb nicht davor stehen. → 125

163 Ich sehe im Finstern leuchtende Augen auch, und zwar ängstige ich mich, träume vom Mississippi und Prärien und auch Tundren, habe aus Büchern viel gelesen, viel behalten, und ausgemalt, so dass ich in den Farben zusehends immer etwas anderes und weiteres aufzufinden weiß. Ich sah dichte und ausgebreitete Massen rotgrüner Tupfer und bald auch Gefäßreiserchen, wie Risse in der Iris, an entlaubten Sträuchern und totem Gestrüpp. Die Farben brechen aus den Netzhautsäckchen heraus, wie Wasser- und Lichtstrahlen aus einem Punktloch hervorstürzen. Ich erstarrte sie, und jene Tupferflusslinien folgten ebenfalls dem Augrund und setzten sich an solche Masern aus Adern. Nun sah es aus wie Knospen an den Zweigen und Reisern, sie klebten so fest aneinander, dass es knisterte, wie wenn man Birkenrinde zerreißt – zäh und fest hielten sie sich umschlungen: als gelblich-blasse Bläschen mit ganz durchsichtiger Mitte, und die dürsten Gefäßreiser sehe ich nur deutlich, aus Erhellungen des Sehfelds im Eigenlicht der Netzhaut selbst, mit Wassern aus lazurner Untiefe quasi: Die Bläschen stieben bunt aus, explodiert aus den Säckchen der Netzhaut, durch Gefäßgaze hindurchgedrungen und durch das ganze Fließgefüge der Pumblutbahnen verteilt und haftgrallenartig gestaltet. → 237

164 Einmal, an einem schönen Tag bei zunehmendem Mond ertönt Stimmengewirr von Süden. Jemand schwang die siebenschwänzige, messinggrell beschlagene Peitsche, dass ihr Fitzen und Schnalzen, die Gipfel des nahen Waldes niederbiegend, bis zu den zig Quellen von über sieben Flüssen dringt. Ein zuvor noch nie gehörter Lärm erhob sich, ein noch nie gesehenes Treiben beginnt: Dumpf tönten die Wipfel der ferneren Wälder mit; ein Wirbelsturm erhob sich aus den Schweifen; ein Blitzgewitter bricht aus den Mähnen los, ein Spukwind fegt weg über den Kruppen. Ein Hengst wiehert verängstigt, ein Stierkalb brüllt, Murmel-Stimmen werden laut. Wie das Rauschen der Blätter an den Bäumen höre ich das Knistern der Felle und Kleider. Wie Inseln von Lärchen steckte ich silbrige Birkenreiskätzchen in den Boden, wie ein Torfsee, so groß, stellte ich eingetiefte Gefäße in Scherben. Die Tische deckten sich, häuften Berge von Bechern, stellten Reihen von runden Schüsseln umher, trugen Krüge auf, so viel Platz war: Wie ein Wiesental. Ich breitete Bergriedgras auf den Soden, bedeckte die Nester mit weißen Kauzfellen. Kaum wurde ich fertig: Und die Vielzahl der Birkenrinden und Stimmen! Alles wird in Quersäcke gesammelt, in die Länge und in die Breite einzeln, quergestellt, und ausgeschichtet. → 121

165 Schwerer ist es, die Entstehung der Früchte zu erklären, und der Seebälle als Scheingerölle leerer Schalen. Ich sah von den vergilbt-grünlichen Farbmassen, aus denen gewöhnlich Laub entsteht, sich kleine Tropfen lösen und abgetrennt davon verschweben, dünne Flüssigkeitshäutchen, mit Schlinggründen, bunten Schnüren und Schäumgirlanden: Wie beim Überkippen der Wellenberge sich ansammelnde Luftbläschen entstehen; Schäumhaufen, die stromaufwärts führen, dichtliegendste Pilzschleimfluide. Außerdem Störche sehe ich, Kamele, kleinere Elefanten, Windspielboote etc. zu jeder Zeit: Und die gesehenen Formen verändern sich schnell. Wohin ich blickte, sah ich auf Zuruf immer etwas: bunten Besatz an den Ärmeln der Wochenkleider (das sind Hagelsoldaten an den losen Schlottern der Windhose), aber auch andere Verzierungen und Ornament-Tiere. Das was ich sah, kommt mir wie aus besinnungslosem Mutwillen unbedacht gesprochen in den Sinn. Inzwischen sehe ich zumindest an den Kleidern der Menschen wirkliche Applikaturen, Schneegestöber, glandernde Schneeflocken, auch laubartiges Grün um rund geformte Äpfel: sooft sie sich in meinen Augen auf die Bewandtnisse außer mir verlegen, und weit entfernt davon ihren wieder Verhüllungen der Hände folgen. → 346

166 Ich blickte hinab, da: Auf einem Plattformgerüst liegt ein Mensch. Unter ihm hat jemand kleinere Feuer angezündet. Wie Schatten stehen Menschen herum und schauen. Undeutlich und trüb sieht man sie wie lange Schatten. Doch unausgesetzt arbeitet Regen an der weiteren Zerstörung der vormaligen Prärie, die Ränderfläche der Regenrinnen rücken immer weiter gegen Grasland auf, entbehren der Weide immerzu Boden, stoßen endlich in scharfschneidenden Kämmen unzusammen, und der Graswuchs ist verödet. Da verwandelte ich mich in eine alte Schindmähre, mit einem Packsattel gesattelt, mit Rinde als Satteldecke, mit einem Halfter aus Weidenbast, mit Zaumzeug aus Stricken, mit nach oben ausgerissenen Hufrändern, mit weit auseinanderstehenden Beinen, mit einer eng gepressten Kruppe. Gelegentlich siedelt sich wieder neues Gras an, so dass aus dem eintönigen, im Sonnenlicht grellen Weiß der Tonlandschaft apere grüne Flecken hervorlugen, wie auf die Talsohlen gelegte Filzlappen; aber solche Flecken sind selten, da die Abrasion der weichen, grünlich weißen Tone so rasch erfolgt, dass die Saat kaum Zeit findet, auf den kahlen Abhängen und blank gewaschenen Talböden wieder festen Fuß zu fassen. Meine Nüstern blähten sich: Es tagt. → 102

167 Der Reiz der weiten, blauleuchtenden, tief spiegeligen Fläche des Mississippi-Deltas liegt nicht allein in den ungezählten Scharen der silberblitzenden Flugfische und den nach ihnen springenden Delphinen, sondern vor allem in den wundersamen, auf der Oberfläche farbenartig dahinjagenden Quallen-Seeblasen, die im Sonnenglanz in solchen Tönen wie ein Glutopal leuchten, an denen das Schiff endlos langsam vorüberzieht. Weithin ist das Meer mit den schimmernden, verketteten Glocken dieser wie Windinseln verkringelnden Kolonien übersät: die mit seidigem Flachs gebleichten, furchtlosen Nesselzotten eklig langer Tentakel-Kletten gefürchtete Staatsqualle, deren Fangarme von eiförmigen Blasen aufgetragen werden, die mit Gas gefüllt ist und die auf der Oberfläche des Wassers dahintreibt. Purpurblau, Ultramarin, Opalweiß, Veilchenviolett und Karminrot, die Gasblase trägt einen häutigen, durch zahllose Leisten versteiften, durchsichtigen Kamm mit oblong roten Säumen, und dieser Kamm dient als Segel. Hunderte solcher Murmeln, die wie Kiesel leuchtenden Randblasen treiben in windgleicher Stellung den Strömlinien vor; die überblaue Flut spannt sich an, die fließend leichte Brise flaut aus, wie ein Blauspiegel, der ganze Ozean meines Zimmer geriet ungleichsam ins Zittern. → 240

168 So sehe ich zunächst ein Tier, mit Fraßloch am Rücken, welcher aus dem Wasser ragte, die Krümmung des Körpers verläuft spiegelbildlich: Unterkiefer und Oberkiefer sind schon weggebrochen und verschleppt, mit bauchseitiger Zerrung. Der Panzer ist in einzelne Schuppenreihen geschildert vom Auflösen häutiger Verbindungen. Immerhin ist schon ein ganzes Mosaik von Schuppen und Schuppenreihenstücken herausgelöst, und die Panzerplatte ist auf der Bauchseite aus der gelenkigen Verknorpelung der Schuppen fast zerfallen. Geht der Zerfall weiter, verschlammen die so lose ausgelösten Schuppen: Die Tierleiche hat lange im Wasser gelegen. Die Schädelknochen sind durchloch und aus der doppelten Krümmung der Rückenlinie wesenhaft herausgebogen: einerseits mit Schlamm klebrig, und dann wie die Wirbelsäule seitlos in den steilen Teil des Körperpanzers hineingestopft. Ich befühlte den Hinterkopf beweglich, als könne ich ihn nach vorn aufklappen; versuchte den Schädel nach rechts oder links zu verschieben; sah jetzt überall Köpfe, große, kleine, bewegliche, feste; schwarze, rötliche, durchsichtige, undurchsichtige. Der untergreifende Stiel gibt ihnen ein pfeilspitzenartiges Aussehen. Sie liegen noch jetzt an der Grenze im Visier zum Wasser, feucht verwest. → 278

169 Ich sehe auf dem grenzen- und uferlosen Meer den unbestimmten, unbegrenzten Raum im raumen Wind draußen, woraus die gemohrten Mirage-Placken flackern, lichterlohe Lappen und gewirrt überlappte Schuppen: Und dass silbrige Gestalten auffliegen durch eine wie ein rabenschwarzer Berg fast senkrecht aus dem Meer aufragende Klippe oder in einem fort (wie »Rogeis«) brockigen, schmutzigen Strom. Stimmen sind dem Kadaver wie in den Ohren hervorgerufen, oder wie wenn jemand aus meinen eigenen Ohren hinaus zu mir schilt, rüsselt, keift. Ich spüre die im Fleisch gedrehten Spieße in der zerschuppten Brust; fühle mich eingestrickt, fast eingelöffelt, wenn neben mir jemand neben mir ein Netz auswirft oder Pelikane Stücke aus dem Aas pickten. Ich habe Eis im Kopf, im Rumpf sott Öl und kocht jetzt Löcher und Ösen in die Haut; auf jeder Wunde brennt ein Stein ins Fleisch; Auginnen flimmert es; Glutkugeln laufen spiralartig auf zur Schädeldecke (vom Steiß bis zum Scheitel); im Magen flau, wie Lauge mit Saurem vermischt und aufgeblasen wirkt; die Lunge ist zum Balg aufgeatmet, als ob ein Stachelbarsch durch den Bauch herauf in die Brust gezogen würde; als halbfalscher Herzschlag, bald gehemmt, zerschnitten, gezerrt, überdreht, angespannt, beschleunigt. → 39

170 Die Sohle des Bayou besteht aus tonigem Lehm, der auch die Küste bildet, und in den unter Wasser, wenigstens bis zur Tiefe, die ich mit dem Fuß watend erreichen kann, Rippelmarken eingefurcht sind: Ich stand oft tagelang und sah den trüben eingeschwemmten Fluss zu Schiffchen aufgeteilt, in Inselinnen gleicher Größe, Schollen, die aufeinanderfolgen, eine Tapete aus Booten, die sich vom Ufer abgelöst haben und wie Zillen, die zu Scheitern gingen, voneinanderberstend brechen. Die größeren, oft zusammengehäuft, glitten durch die Rillen und Rinnen mit mannigfach verriemselter Verschnürung, ähneln der Takelage, den unverrückten Buckelchen aus Tuch, worauf sie balgen, fielen, ruhen, und vergruben sich in Mulden das zittrige Gespinst faltiger Vertiefungen: Kleinere, von unbestimmten weichen Formen, sind auseinandergerollt und liegen weit verstreut: Zerpresste Uferdämme des ausgewölbten Stroms – zwei Halbinseln, die man nicht verwandern kann, ohne hier in den Fluss oder dort ins Meer zu fallen. Halme, die wie mit Fühlern um sich tasten, mit dichtgequollnen, beerenhaft vergelsterten Trauben. Augenberge, hitzeschwirrend über ein weitgedehntes Flimmerland mit grell und blindzelligen Tüpfeln; lichter wird und unzerfasert wich in Sicht: hier fließt alles und faltet sich aus Armen ineinander. → 377

171 Ein Stamm wächst auseinander, die Verzweigung wird dünnhäutiger, und immer sind die frischgesproßten Mundarmlappen mit dem Kreuzstamm verwinkelt in Verbindung: angenehm, wie sie über einem sich zusammenschließen. Muschelscheiben bohren sich mit Hilfe kleiner, spangenartigen Zargen, die, mit Zacken und vorspringenden Dornen versehen, wie eine Bohrung wirken, handbreit in das Holz ein, zuerst quer, dann in Faserrichtung der Maserung. Dünnporige Verstrudelungen stülpen sich nun innerhalb des Kolks in Form von kleinen Bläschen oder Säckchen, kleine spitzbogenförmige Furchen, die von hunterten, von Falzleisten umfaßt sind: gallerte Wirbel, heller als der Grund, und ich spüre ihn im ganzen Körper. Ein ungastliches Gefühl in der Haut, ich weiß nicht, wie und ob ich liege, stelle ich mir vor. Etwas kippt um, wird horizontal, rückt nach links oben, dort geht es weiter, die Umdrehungsrichtung bleibt dieselbe. Mit langsamen, unbeholfenen Bewegungen mache ich Gehversuche auf dem fremden, weichen Element, und geschlängelte Rinnen ziehen sich als Kriechspuren in klebrigen Längs- und Querreihen hinter mich: Springt er vom Stamm ab und dringt abseits in den Boden ein, so ist die Röhre nur noch schwer zu finden. → 364

172 Während eines Gewitters an Bord am Quai von St. Louis, als plötzlich eine Feuerkugel von lebhaft gelber Farbe, im Durchmesser von einer Faust, auf das Verdeck fiel: Sie rollt vier, fünf Meter weit, drang querab in den Bugwulst ein und explodierte inmitten der Kabinen. Im selben Augenblick schwoite fast einen Faden unter ihr eine zweite kleinere Kugel, die mit der oberen durch ein feines perlschnurartiges Band unzusammenhing: als leuchtende Glutspur wie ein Seil, das die glosenden Kugeln hielt. Beide, im Lot übereinanderbleibend, bewegten sich langsam voran, wobei die obere Kugel sich zusehends im gleichen Abstand vom Deck hielt, hingegen die untere langsam und nicht ruckweise unter dem Verglimmen des verbindenden leuchtenden Bandes herabsank und so erlosch. Das Flimmern eigenloser Räkel in Scheinkügelchen, zu Lößpaste zerquetschte Hornbostelknollen, Schoten, Ringe, Grannen: Ihr Glanz ist wenig blendend, ohne Wärme, und kann unzählige, kleine aufblitzende Entladungen vortäuschen. Es war aber keine Spur oder Bahn der Feuerkugel sichtbar im kabbeligen Wasser, weder Löcher noch verkohlte Teile. Das Verdeck erwies sich an der Stelle, woraus die Kugel niedergegangen war, nass, hingegen trocken an der Detonationsstelle, über der Bilge, Donnerschlag, gelenzt. → 53

173 Die Luft war zum Ersticken, der Himmel *calm* in diesem Augenblick; jedoch sah ich von allen Seiten: Dutzend zickzackförmige Blitzstrahlen, die nach zig Seiten hinfuhren, langsam und nicht ruckweise unter dem Verglimmen des verbindenden Bandes, erloschen. Die Blitze verlitzten zwischen den Knollen und Wolken, aber gingen ununterbrochen in Glut- und Funkenströme auf: rotrostige Farben, das dazu leblos lebendige Licht, welches Blitz-innen wirr durcheinanderwimmelte, die vergabelte Kurve ohne Zickzack, die versengt ist, Himmlitzen: Von der Seehöhe aus wirkten die Dämpfe weniger dicht und von Blitzen durchfurcht im Bugspriet, aber nichtsdestotrotz glimmte die Luft in unverbrämt feurigen Farben. Schlagwetter-Garben, die nach allen Seiten ausfuhren, wie Regen, der unzweilen im Licht unversonnener Fäden glänzt. Als ob die Knolle Purzelbäume schlug, auf und ab hüpfte und weitere Sprünge ausführt, so dass jeder denkt und daran festhielt, man habe eine blutige Knolle in die Kaffee- und Milchhäfen fallen sehen: Der Donner kam näher und näher, und etwas, das wie ein Lampion-roter Ballon aussieht und völlig dem dunstgefärbten Mond glich. Da will ich, dass der halbe Kugelteil, hoch unter dem Mast schwebend, Feuer fing. →71

174 Man hätte die Kalotte mit Pappe vergleichen können, die zu kleinen Funken und Flämmchen mottete, glanderte und dann brannte. Jetzt zersprengt ein Böllerschlag die ganze Hülle: ich fürchte, ein brennendes Streichholz fallengelassen zu haben – Garben dutzender zickzackartiger Blitzstrahlen, die nach allen Seiten ausfuhren. Wie eine junge Katze, die sich zusammengekugelt hat, die spielen und sich an meinen Füßen reiben will (und ohne sich auf Pfoten, von rußverkohltem Totholz harzig eingeschwärzt, zu stützen): Die Glutkugel war mehr glänzend und leuchtender, als dass sie heiß und entzündet schien; ihr regelloser, plötzlicher Zugweg, ohne Ruck oder Knickung der Kurve, die Begegnung mit Kardeelen und staubigen Drähten, auf die sie sich wie ein Gewöll von Möwen fortknäueln will. Der Docht tunkt die Glutlunte aus dem Bündel, als etwas gewundener, sich unentwegt verzweigender und vielfach durcheinander mündelnder Stängel, Flins liegt dem knätigem Lehm in dickster, räkeliger Schicht auf, streckt sich, saugt, als Schilf verblitzt, um dem Wasserarm zu weichen, hinein ins Schaff: grauglänzend geschmolzenes Blei jetzt spaltet sich das Sumpfgelände grubig bis ins graupelig geschnittene Flussbett auf, verzweigt sich in die Augen und das Ästuar der Lagune, endlos, ohne Mündung.

175 Ich war tot; der Blitz hatte mich in den Nacken getroffen, war dem Rücken, der linken Hüfte gefolgt und hatte eine rußende Spur hinterlassen. Die Kugel war ein Kugelblitz von der Größe eines Eies und dringt in meine Kabine, wandte sich zu mir hin, drehte sich auf seiner Oberkalotte im Kreis herum, war amaranthrot gefärbt und schwebte unter zischendem Geräusch weglos eben durch die Luft; versengt dabei die Scheitel des Schädels und zerfaserte und zersplitterte die Diple desselben, bis zum Wurzelhals hinab. Nahe dem Finger fand sich eine kleine Wunde mit ein wenig Blut, eine meiner beiden Sohlen war in ihrer ganzen Länge aufgerissen, und in einem der Socken fand ich ein kleines Loch. Dann schössen Funken in Gestalt von Sternen aus der Wunde wie abgefeuerte Glasmurmeln, und schließlich züngelten Schlingerblitze aus dem Schiff. Als ich die Windhose herankommen sah, bemerkte ich, dass sie allseits von zig Kugeln durchfurcht war. Auch Funken, die die Luft erfüllten, habe ich wahrgenommen. Nur ist dem Meteor in dieser seltenen Form keine Zerstörung zuzuschreiben, ich bin mir sogar sicher, dass ich nicht vom Blitz erschlagen bin: Die leuchtende Kugel schlug auf den lockeren Boden auf, zerspringt mit einem Knall und bedeckt mich mit, worin ich bis über die Knie einsink, ausgedachtem Staub. → 319

176 Zwei Wasserhosen bogen sich zueinander waagrecht über den Himmel und verwälzten (wie Kalander) zwei Wolken, wie sich verkriechende Bandwürmer: Regenröhren, als ob eine Wand halbdurchsichtiger Zylinderfass-Faschinen, die die Wolken, beide ohne Sockel zum Boden, ineinanderschotten. Die dickere steckte mit ihrem Wollkopf in einer dicken, ruszelschwarzen und hochknolligen Wolke und dampft nun in Böen aus; kein Wind ließ die Ebene unaufwallend spiepen, dann sieden; eine andere Trombe, die vom Horn oben derselben Wolke ausdornt, verlor sich stier in eine andere, weniger dichte, undurchhäufte. Nachdem sich beide Tromben über Stunden in der Luft hin und her gewiegelt und zerrauft hatten, platzten sie zu Regen, dass alle Ösen im Schiff nicht ausreichten, um das Wasser ablaufen zu lassen, und dass ich Boot und Boden mit Kübeln in den Mississippi ausschöpfen musste. Anfangs kurz und dick und dann verlor sich das Ende wie eine lange gewundene Spindel schlangenförmig nach hinten, in eigenlos aufschnellende Wirbelchen um sich. Es schien noch, als wollte sich die Erde ins Ende senken, doch selbst davon hoben sich beide bald wieder auf, und da eine nebelige Ungewitterwand erreicht war, löste sich das ganze Um- und Ungebilde auf. → 293

177 In der Steppe gibt es keine Pilze. Mit der Zeit näherte sich die Spitze des Schlauchs der Erde und strich ungeheure Brodelwolken in sich aufziehend darüber hin. Als die Feuerkugel etwa kopfhoch über dem Boden angekommen ist, verlängerte sie sich etwas und richtet sich schief gegen ein Loch, das über dem oberen Bootsdach angebracht war. Dieses Loch war dazu da, die Rohre eines Ofens, der im Winter heizte, auszureifen. Aber der Blitz konnte (rede ich mir ein), das Loch nicht sehen: Es war mit darüber geklebtem Papier verpappt. Die Glutkugel fuhr aber wie eine Feuergarbe geradezu auf dieses Loch ein, schälte das Papier, ohne es zu versengen, rundaus ab und stieg in den hohlen Schlot, empor. Und beginnt, mit viel Zeit, aufzusteigen und am offenen Schlot, welcher hoch über das Schiffsdeck ragt, hochzulodern; dort sich zu lösen wie ein Tropfen vom Boden nach oben: Seltene Schmelzspuren, ganz zartrissige Glassplitterchen – lange, oftverzweigte, mit einer glasartigen Substanz ausgekleidete, vorwiegend steil in den Boden hinein sich verlierende Röhren, die meist nach hinten dünner werden und vielfach in endlos ausgezogene Spiralen eingedreht erscheinen, wie wenn Blitze an einer Hainbuche niedergefahren sind, die in den Mississippi trieben, dass dieser siedete davon. → 147

178 Unter langsamem Fortschwimmen der Brühe bildete sich, unter immer noch heftigeren, quirlwellenförmigen Bewegungen, wieder und wieder eine Wolke, in der Mitte einen langen, schlangenartigen, grellweißen Nebelstreif, finster in sich verschleift schließend. Ich hatte gerade meine ganze Aufmerksamkeit dieser Wolkenmasse zugewendet, wobei ich mich wunderte, dass schon so lange kein Blitz aus derselben sich entladen habe, als plötzlich aus der Mitte des Wolkenknäuels eine blendend weiße Kugel heraustritt und in genau senkrechter Richtung langsam und gleichmäßig heranschwebt. In halber Höhe zerplatzte diese Kugel, und jetzt stoben sechs leuchtende Körper raketenförmig zur Erde voneinander, um zusehends im letzten Drittel der Flugbahn fast zeitgleich zu verlöschen. Glutkugeln, welche, wie von eisernen Spitzen eines Gitters angezogen, während der Dauer des Orkans Auge um Auge von einer Spitze zur andern sprangen, wie ein Glasauge, murmelbunt, es hat gefunkelt, das frei in der Augenhöhle vorschwebt: Ich hatte immer dann das Verlangen, man möge mir ein Bein oder einen Arm auch abnehmen, damit der Körper ganz ausgefüllt zermartert werde, auch, wenn ich mich über den Körper hinausragen fühlte, in den Raum hinein. → 383

179 Die Nähte vom Schädel haben eine Haube gebildet: ich war in alle möglichen Gestalten verwandelt, so dass kleine Unebenheiten des Bodens, wie die Rippen herabgefallener Blätter, entsetzlich störten, ich fühle jeden Fehler, den die Naht vollzieht. Ich versuche erst gar nicht, ein Bein über das andere zu legen, schon zwei übereinanderliegende Nähte der Ärmel haben mich gepeinigt. Manchmal war ich ein wunderjunger Kahn, und dieser Kahn hat eine Feder als Segel; die Feder ist gekeult, durch Strichchen zerteilt – weiß-weiß: Dann kamen Trombe und Kahn, das Schiff wird umgeworfen, es hat mir aber nichts gemacht. Immer entsteht die Trombe durch Vereinigung einer noch größeren Zahl kleinerer, paralleler Wirbel dabei, deren Rotationssinn selbst dann der gleiche sein musste, da sie sich durch Vereinigung nicht aufheben, aber einen größeren Wirbel zwirnen. Die büschelig zerfaserten Blitze hatten einen stets waagrechten oder geknickten Verlauf, indem der zunächst züngelige Schenkel sich im Nu nach rückwärts aufbog, um schließlich die peitschenartig rückläufigen, blauselnd zittrigen Verästelungen in Schlundform zu verenden. Von Zeit zu Zeit näherte sich und trifft die Spitze des Schlauches der Erde und strich ungeheure Brodel-wolken in sich aufziehend darüber hin. → 310

180 Anders als die diffusen Wolkenmassen anderer Gewitter, schwimmen die Wolken in tiefdunkel gebänderten Gewitterschichten als scharf begrenzte, staffelförmig wallende Luftmasse, welche von den anderen Wolkenwalzen durch windfreie Zwischenräume isoliert war. Einzelwirbel reichen bis unter die Wolkenzone herunter und erzeugen hier tropfsteinartige Protuberanzen, so wie man sagt, dass Kuckuck und Schnarrwachtel im Herbst zum Habicht werden; aber die Verschmelzung der Wellenberge hat zur Folge, dass die Protuberanzen zuerst verschwinden, worauf dann die langgestreckten Schleier (umgekehrte Kegel in Schlotform) hervorwachsen. Die Schmelzform solcher Dorn-Protuberanzen ist oft die von Zapfen oder von Nesttrichtern umgekehrter Kegel; weintraubenartige Knollen und Vogelformen mit zig Rotationsachsen: eine Anzahl Trombenrüssel rieben sogar einander, doch sind sie bereits von einem windknäueligen, unsichtbaren Mantel umfasst: Windwirbelringe ergriffen Brockkohle und Stroh und zritschten über den Schiffsrücken Striemen in die Strömungen, undunkel glänzend ausgedehnt bis zu den Grus-Lagunen, wo Strandpappeln standen: hier erschien eine Feuerkugel von der Größe eines Kaki im Wipfel des Gestrüpps. → 335

181 Ich sah sie von Ast zu Ast verpappt herabrollen und den lodernden Albern der Pappelfeuer folgen, und tauche durch ein Loch im Boden des Bootes, ohne Atem zwischen allen Wasserblasen zu suchen: Die Unterfläche der Wolken am Mississippi – rauchartige, ganz dünne Schläuche von zarter und faseriger Struktur – verbrämte perlmuttartig und berührte Hügel und Brühl mit farbarmen Streifen, kaum mehr als einen Kilometer hoch. Sie war undurchsetzt eingegraut, mit wulstigen Aufstrudelungen, die seitlich vorbeulten; und dort erschien die Wolke infolge ihrer dichteren Dicke ruszend, und wie kokelnde Garbenhocken und Roggenschober, die vom Wind durchstöbert sind: vorauswirbelnde, knätigere Räkelbewegungen. Und da wo ein Wulst zu stehen kam, knickten die Blitze und selbstüberwälzte sich der Dämmerlärm – häufiger? Man braucht nur die Strumpfglufe zu zerreißen, heißt es, und Gnarren, Tropfen, Strähnen in die Schiffsschaufel zu werfen, von Lack umhüllte Fäden, um zu sehen, wer im Wind wispelt. Und in jedem Augenblick beginnt sich die Mitte rundum einzumulden zum Lichtkegelschlund, andere Wolkenbänder erschienen auf dieselbe Weise neben einem und jedem weiteren, große, schlottrige Stalaktiten von der Wölbung einer unirdischen Höhle. →297

182 Hauptsächlich sind es Schlangen, die sich fortwährend um den Schiffsrumpf ringelten und welche, solange ich sie abzuschütteln wusste, immer neu an mich heranschwimmen: Vier Würmer sind mir so in den Körper getrieben, die mir die Eingeweide durchwühlten und teils innerhalb des Körpers, dort in beiden Oberarmen, teils außerhalb sich auf- und abwärts schlängelten. Aber diese eisige Brut von Zapfen herab verschwand sogleich wieder; daraufhin bildeten sich Tropfen in Kegelform am selben Ort, aber noch größer, knickig umgekehrt, welche mit der Spitze die Meeroberfläche mit ihrem unteren Ende berührten. Als ob mein Schiff den erstarrten Tanz solcher Spitzsäulen ununterbrochen und den Umfang ihres Springplatzes verringert hätte: da Spitze um Spitze den Fluss berührten, erhob sich die Strömung zu kleinbültigen Buckeln, welche so lange hielten, wie der umgekehrte Kegel unversehrt in Bewegung blieb. Die ungeheure Wucht will mich, mein Schiff, wie einen löchrig auseinander stiebend gefüllten Schlauch von oben überströmen, die Verwirbelungen aufschlucken, ausböen und wieder brechen. Kann sein, dass die Tropfen nicht im Lot herabfielen, sondern schraubengängig (wie ein Loch durch ein Loch) herabflossen, sich in entgegengesetzter Spritzrichtung hinaufwinden.

183 Der Fuß der Säule schien auf einer großkugelförmigen hohlen Schale zu ruhen, mit ihr fortzuschwimmen. Um den Rand der Schüssel kocht der Mississippi mit Heftigkeit empor. Eine Unmenge kleiner Spritzer und hochlodernder tanzt auch um mich auf. Zig Wolken liegen, während der Stromkamm frei ist, wie ein Fischgerippe quer über dem Mississippi, genau parallel dem Flusstal entlang. Sie prasseln zugespitzt und schlugen über mir zusammen, oder sinken, während andere wieder stiegen, herunter. Offenere Wolken kochten über den staksig tanzenden Wasserstacheln und um sie herum, wie wenn der Fluss sich wie Windschrauben ineinander herab- und zugleich hinaufwinden wollte. Während ich das Naturtheater beobachte, lösten sich vom Wolkenpilz, der jetzt sehr schwarzwulstig wird und unausgesetzt Blitze und Strömfelder auskappte, plötzlich zwei weitere Tromben, die eine blättrige, kraus zerfetzte Art Rute in den Strom tunkten, fast drei Minuten. Die kreisende Bewegung beider Erhebungen unter so gefitzten Trombenzungen, die sich bildeten, sooft sie das Fließwasser berührten: dünnhügelige Lamellen von Wasserfällen, welche sich, zerrissen und gewellt, kopfhoch erhoben und nur in Spülsaumlinien erschienen: mit Stirnvertiefungen im Inneren. →369

184 Ich höre deutlich das Geräusch der Luftwogen, die sich brecherartig überstürzen, fast senkrecht herabfallend, und mit Wucht auf den Fluss schlugen, absteigende Fäden zwangen sich auszuhöhlen, und um die Höhlung herum: hochschäumende Lamellen; regelmäßige Erhebungen und unterhöhlte Oberflächen kochten und schäumten bis zum Abreißen von Gitschtfetzen aus empor geballten, sich überschlagenden Brechern, in jeweils kreisender Bewegung herumgerührt, alles Wirkungen der Sturmverstrudelungen der Luft. Wasserhosen rauschten schnell von vorn nach hinten über mich, das Schiff hinweg, bespritzten das Deck mit Regentropfen in Kirschgröße, und ließen einen Schwefel- und Salpetergeruch nach, wie man vom Teufel sagt. An der Stelle, wo sich Tromben ablösten, stets bei schwarzen Wolkenwulsten, bewegten sich kissen- oder dampfscheibenartige Gebilde mit pitschelnder Geschwindigkeit im Kreis, wie eine Garnwinde, und diese Wirbelringkringel sind noch spindeliger in den Windsprüngen: Gratkarrenartig überkämmte, spiralig sich aufwickelnde Wellenberge, die gebogen überhöht im Bug zugerissen sind. Die aufschäumenderen Wasserlamellen glätteten den zuvor brodelnden Strom. Wie Berührung mit der Luft im Schaum ihr Leuchten phosphoreszierend zerreiblich zerbläst, so funkeln die kleinen Wellen.

185 Wenn man an einem sonnigen Morgen in den Gegenden um St. Louis den Mississippi aufsucht und an dessen Talabhang hinabschreitet, wird man vom Glitzern und Funkeln zahlloser Knochensplitter und Zähne, welche die Abhänge überdecken, da diese Reste von einer stark glänzenden, das Sonnenlicht zurückwerfenden Rinde durch und durch verkieselt sind, grell geblendet. Die zahllosen Trümmer von Baumstämmen, fossilem Harz und losen Schottern, die aus den dort anstehenden hellen Sanden mit bandförmigen Wandverdickungen auswittern, sind häufig gerollte, durchaus in Opal verwandelte, radiale Bänder. Hunderte Trümmer von prächtigen Holzopalen in Farben und Schattierungen, die sich in Schichtbündeln aneinander vorbeischieben, Fasern und Sporen, und mitunter weisen diese Holzopale noch Grus- und Strukturknäul der Baumstämme auf, poröse Balkengeflechte, die durch Einsickern von Kiesel meistens querwändig verändert worden sind, dass die Holzstruktur verdickt und verschwunden ist. Sehr selten werden größere Strünke gefunden, an denen noch die Wurzelenden erhalten sind, gebildet aus vieleckigen, eng gedrängten Zellen. Die Wände sind ein wenig gewellt und verlaufen ringartig als schmale Bänder in ausgestülpten Abständen. → 29

186 Der Tonboden ist bis in größere Tiefen eingezogen und von zahllosen Sprüngen durchwittert, so dass das Überspringen aufgestauchter Steingerippe erschwert wird. Die Onyxbrocken sind die Trümmer der solche Tone kreuz und quer in feinen Streifen durchsetzenden Chalcedonadern, die bei rückschreitender Erosion aus dem tief verwühlten Tonboden hervorgehoben und geborsten sind: bis die Abwaschung durch Regen einen der alle diese Onyxadern durchsetzenden Risse und Sprünge erreicht, worauf sich ein um handtellergroßes Stuckgrat aus Gipskalkadern ablöst und herunterrieselt. Betritt ich einen der Aufschlüsse, sah ich, wie sich im Grasland da und dort weitere, von schrägen Regen eingeschnittene Reliefvertiefungen ausdehnten und sich immer weiter und tiefer in die aufgeweichten Felsen einbleichen: Von Ödland unterbrochen, dessen Verwitterungsrinde in hellen Scharen frei zutage liegende Knochenbrüche (und von unzähligen kleinen Sprüngen und Rissen durchzogene Zahnkämmchen) zusehends schmerzt dabei: Tritt um Tritt spießt sich ein durch diese kalkgratige Farbe grell überblendetes, eher dreckig weiß feuchtgetöntes Gestein wie ein Dorn ganz undurchtränkter Knochen in die Sohle, ein so hellblaugrauer Zahn davon steckt in meiner Haut. → 306

187 Die lange Stange zum Vorwärtsstoßen des Bootes läuft entweder am unteren Ende spitz aus, oder aber sie hat hier eine besondere Vorrichtung. Die ganzen Wasserstraßen in diesem Gebiet sind nämlich durchsetzt von einem dichten Gewirr von Wasserpflanzen, durch welche das Boot häufig nur mühsam hindurchzubringen ist: Sie befestigen sich mittelst ihrer Wurzeln auf der Rinde von treibenen Baumstämmen oder dünnerer Verästelungen, aber sie entziehen sich dem locker zerklüfteten Gestrüpp damit, auf dem sie leben. Um nun diesen durch die Wasserpflanzenblätter blasigen Widerstand zu überwinden, denselben sogar möglichst bei der Fortsetzung des Bootes auszunutzen, habe ich vorn an der Stange eine Holzgabel angefügt, mit welcher die Büschel von Tangen sich besser packen lassen, um der Stange den nötigen Halt beim Abstoßen zu geben. Die zweizackige Holzgabel habe ich durch Umwicklung unter Zuhilfenahme zweier Holzpflöcke dergestalt an der Stange befestigt, dass das spitz auslaufende Ende der Stake die mittlere dritte Zacke der Gabel bildet. Auffallend erscheint es, dass jene häufig sehr derben oder sogar fleischigen, später dann abfallenden Blätter tragenden Stängelteile zu großen Knollen anschwellen, baumförmige Opuntien mit flachen, buntschichtigen Stammgliedern. → 211

188 Die Opuntien zeigen weitverzweigte Wurzeln, die ich für Stängelbildungen hielt. Diese den Steinen dicht angeschmiegten, breit darauf hinkriechenden Einwurzelungen besitzen beißende Haftorgane: Haare, die an ihrem Ende räkelige Haken sind: Den Flanken der Wurzeln entsprossen Befestigungen, die sich mehr und mehr den Uferfelsen anlegten und durch Klebfederchen ebenso angeheftet wurzeln. Die Blütenstandkrone ist endständig an einem vom Rankenstock entspringenden Schaft versprosst. In der Achsel der Deckblätter stehen die knospenderen Blüten, deren Knoten sich zu Schoten der Dornfrucht ausbilden: Luftwuzelige Pfahlwurzelspiralen? An der Windungs-Innenseite sind stets Quetschfalten zu sehen, als Ausfüllung veröderter Wurzeln, wie wenn ein Schlauch rundaus sich zusammenbiegt und unumseitig Falten bildet: spierelige Hohl- und Bohrgänge für Knollen und Tiere, die in der Erde wohnen. Dass an vereinzelten Moorfeldern und torfbültigen Sümpfen in den Niederungen der in zahllose Mäander-Arme zerteilten, nur sehr langsam rinnenden Fließgebiete Inseln entstanden sind, mit Flins-Verschüttungen, stimmt? Sie führen, nach schweren Regen, vorwiegend Kiesel, und wälzen feinen, schlammgrauen Sinter mit sich, der die Geschiebe des Mississippi so trübt. → 212

189 Die Nacht auf der Höhe war sehr kalt, und überdies ging starker Regen nieder, der in der Dämmerung in dichten Nebel überging. Erst gegen Morgen verzog sich der Frost und in den Auwäldern schlängelte sich vor den noch im Dunst der Brühl liegenden Hügel: der Mississippi im Tal. Zig hohe, dickholzig verzweigte, einem Wurzelstock entspringende Stängelchen stehen, waldartige Bestände bildend, dicht-an-dicht beieinander, und falls Wind das gedrungene Wilddickicht durchrauscht, vernimmt man ein durch das Zusammenstoßen der hohlen Halme und Schmielen bedingtes sonderbares Klopfen, daneben aber ein leises, flüsterndes Zirlipinzigen der zittrigen Riesenblätter, die viellaubig in der Lichthitze des Mittags hin- und herschwingen. Mich überrascht, dass die ganz holzig gewordenen Riesenstängel so offene Blattscheiden besitzen, die sich zu Scheinfächern zusammenschließen: und damit sind die Riesenblattrispen, vom Wind vielfach zerrissen, mitnichten vor dem Zerschlitztwerden geschützt: Solche einzeln herabhängenden Blattlappen sind nur noch durch den markreich angeschwollenen Blattadernerv zusammengehalten. Das Bett des Mississippi erweitert sich seeartig; und früher als gedacht rudere ich weiter, gegen die heftigen Strömungen an. → 312

190 Die letzten drei Tage gingen damit hin, ein Boot aus der Rinde eines Baumstamms herzustellen, es war hochnotwendig zuzusehen, wie ich den Inselbaum bearbeite. Zunächst habe ich ein großes, dreiseitiges Gerüst um den Stamm herum angebracht, mit einfachsten Hilfsmitteln: Das Gerüst bestand aus drei senkrechten Staken und drei nach oben zu aufeinander folgenden Stützreihen von Querstangen. Die ziemlich dünnen Querstangen wurden an den senkrechten Stützen nur mit Schlinggarn befestigt. Genügenden Halt bekam das Ganze vor allem dadurch, dass die eine senkrechte Stütze durch einen nahebei stehenden Baum gebildet wurde, wodurch die beiden andern Stützen, ziemlich dünne, nur wenig tief in ein mit den Händen ausgegrabenes Loch eingefügte Stangen, zugleich mitgehalten sind. Ebenso gaben einige Gabeläste des als Stütze des Gerüstes dienenden Baumes den Querlatten den Stützhalt. Mit flinker Geschicklichkeit habe ich das Gerüst erkraxelt, indem ich die Stangen mit den Händen, mit Kletterfüßen umklammerte. Ohne ein Gefühl von Schwindel erklimme ich, die Axt schwingend, den obersten Giebel des Gerüsts, das heftigst hin- und herschwankte. Ich will nichts weiteres als Springen, Stütze, um nur Fuß zu fassen, und denke, ich bewege die Gelenke, der Sprung gelingt.

Ich wünschte oft, unter Wasser begraben zu sein, eine schwimmende Inselin. Moorboden – dann mit Sträuchern und Bäumen bewachsen – kann ins Wasser quasi ausschwimmen Es gibt so sonderbare Ungestalten unter Wasser und Geschöpfe im Fluss. Ich mag auch Messer, Dolche, Schwerter. Und ich liebe Abenteuer, bin oft erkältet. Riesige Matratzen bewegten sich auf winzigen Federn auf mich zu und drohten, mich zu erdrücken. Die immer, immer noch schwimmendere Insel treibt dann mit dem Wind umher, aolische Strömungen. Mit sieben Jahren träumte ich von einer Blochsäge, die auf mich zukam, um mich zu zerstückeln. Ich hatte auch heftige Angst vor einer geraden Linie, die sich langsam und unaufhörlich vor meinen Augen wiegte, aufatmet. Mit acht Jahren schnitt ich mit einer Sichel Heu für die Hühner, wobei ich mir ein Stück vom Daumen abschnitt. Das Blut spritzte, ich lief weinend zur Mutter: Den Finger habe ich an die Hühner verfüttert. Mit fünf verletzte ich mich an der Nase und blutete sehr stark. Später fiel ich beim Schlittschuhlaufen und brach mir die Wade blank. Gegenstände fielen vom Wandbrett herunter, die Wäsche ist, ich bin elf, zu hoch aufgetürmt, und ich fürchtete den Umsturz. Ich wollte aus dem Fenster ins Ertrinken springen; ich hatte das Gefühl, als ob ich es täte.

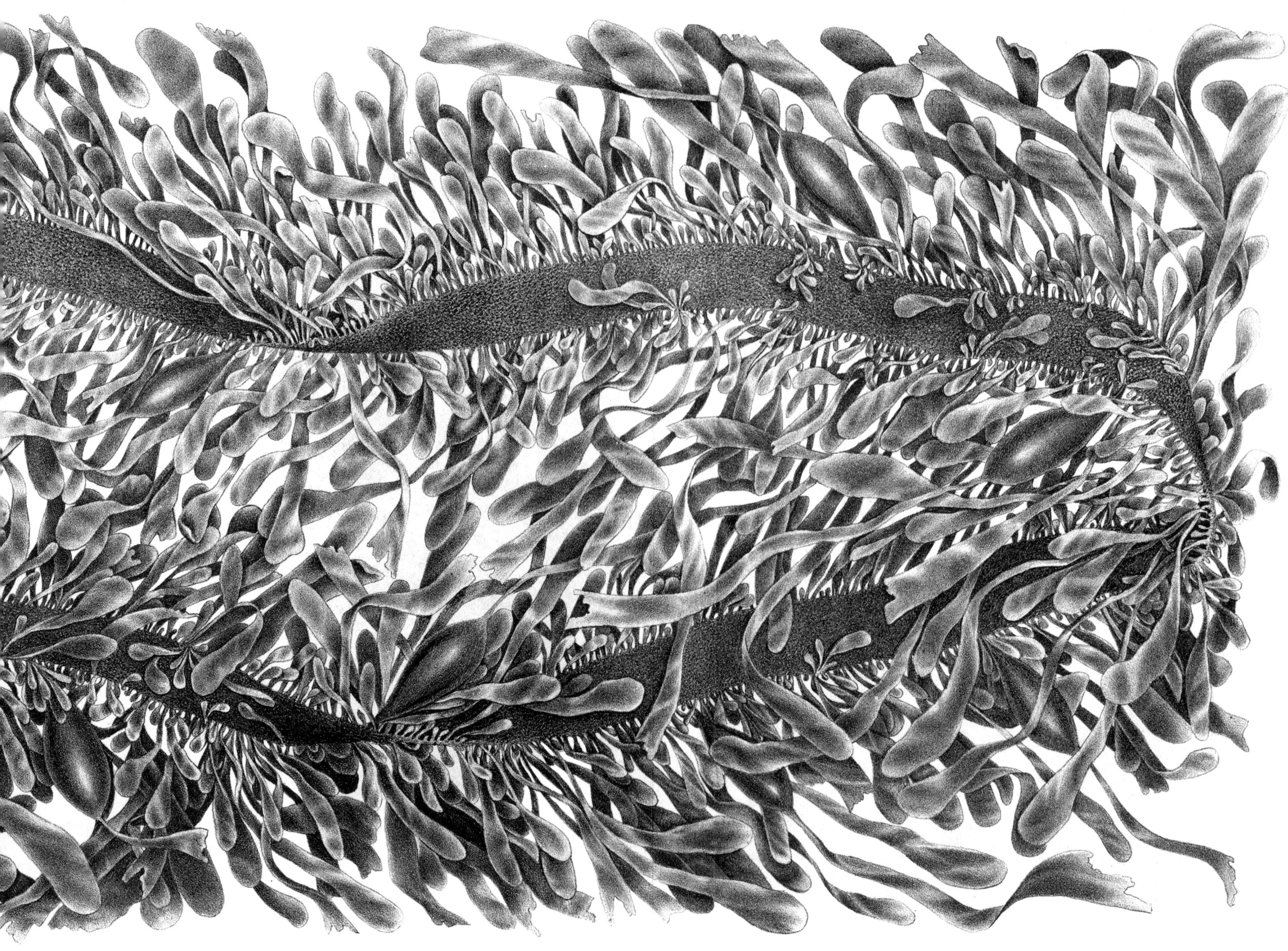

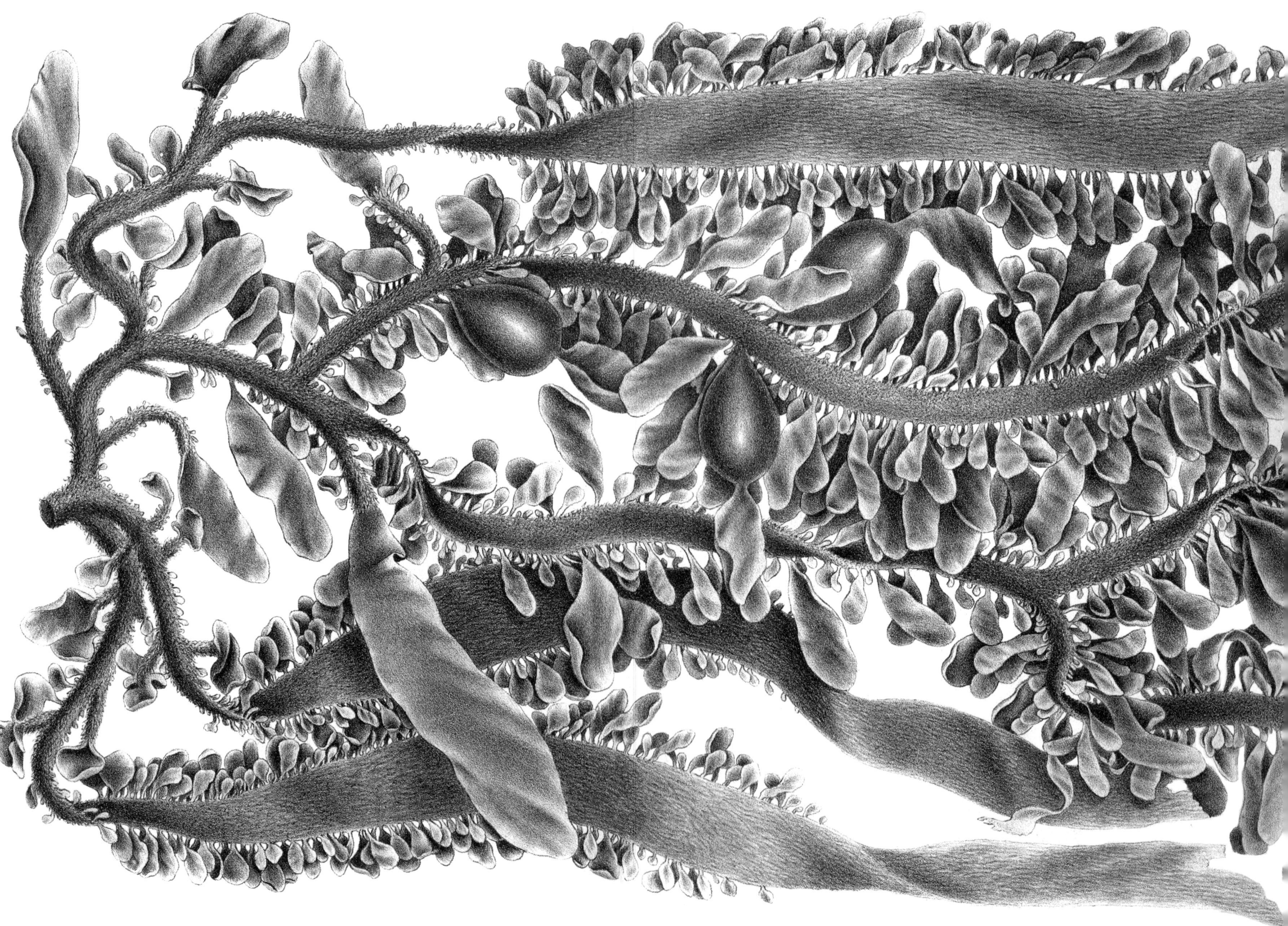

Ob es wahr ist oder nicht, Harpyien und Windknoten verkörpern Sturmwinde, ihre Anzahl ist unbestimmt, nie mehr als zwei zugleich nebeneinander: als ein Moiré aus Stricken, in welches Knoten geknotet und zerflochten geknüpft sind. Beim Lösen des ersten wehte raumer Wind, beim Lösen des zweiten ein heftiger, und das Lösen des dritten Knotens wird eher ein Platzen, das Bersten der Felsen und Findlinge einer schwimmenden Insel, woraus die Winde drehen, in die Luft greifen, sich verflüchtigen und Wind bekommen und singen vom Land in sich: Einst lebten am Mississippi, heißt es, zwei Stämme. Sie heirateten untereinander, hielten Feste ab und spielten miteinander. Die einen waren kräftiger, besaßen bessere Speere und Bumerangs, so dass sie dem anderen Stamm weit überlegen wären: Es machte sie stolz und hochmütig, und den Verkehr mit den anderen brachen sie ab. Da begann es eines Tages zu regnen, und goss und goss monatelang, der Fluss trat aus seinen Ufern und zwang die Wehrloseren, sich ins Landinnere zurückzuziehen. Ebenso lange, wie die Flut gestiegen war, brauchte sie, um zu verrinnen. Jetzt kehrten die Zurückgewichenen in ihre frühere Gegend zurück, doch fanden sie statt des Flusses offenes Meer vor, welches ihre Nachbarn verschlungen haben musste, und von denen sie nie wieder etwas hörten.

191 Verspröckelte Wirbelrücken finde ich in Riemen und immer Linien. Ein steifer, raumer Wind wehte von Westen bis zum Morgen und trieb das Wasser an meine Seite des Stromes; jetzt setzt die Brise aus, und das Wasser flutet hier so rasch zurück, dass es Tausende von Fischen, die am Sanduferrand Nahrung suchten, in einem schmalen Schlamm- und Sandstreifen mit Spülsaum auf den Strand gesetzt, zurückließ. Laut aufplatschend versuchten sie, in den Fluss zurückzukommen, und zappelten Geräusche, wie wenn zig Menschen in die Hände klatschten: als ob Rutsch- und Anlagerungsgefüge mit flacher Schräg- und Rippelschichtung – tausende glitzernde Gestalten Armlänge bedeckten den Boden: Der untere Mississippi fließt fast ausschließlich eingeschnitten in seine eigenlosen Sedimente, die neben den zertrockneten Lamellen der Randfalten wie einfach brechende Gallerte erstarrt ist. Die höhere, bewachsene Ufersprungwand wird über Kiesfraktionen aus Lagen brockigen Sandes aufgebaut – kugelförmige Tropfen mit Rippelschichtungen, die mit braungrau gebänderten, feinsandigen Ton- und Siltlagen wickelknicksig wechseln. Wie diese Schaumkammern in den Schlenken und Uferflarken, die nicht selten die Tümpel und Kolke der tonigen Einschaltungen umlagerten. → 376

192 Hier soll es auch unterirdische Fische, zumeist Aale, die durch artesische Brunnen oder anderweitig zutage kommen, geben, und zwar völlig in Gestein eingeschlossenen Kröten. Solche in Knollenhohlräumen eingeschlossenen Olme, die am Leben waren und gelegentlich bei Aufgrabungen gefunden wurden, regten mich an, Versuche über die Lebenskraft von den in Stein und Holz eingeschlossenen Tieren anzustellen. Ich setzte lebendige Kröten in runde Löcher, die im groben Kalkstein sowie in kieseligen Sandsteinen ausgespart waren. Diese Öffnungen habe ich mit Gipsplatten und Tonmörtel luftdicht verschlossen und in die Erde eingewühlt. Die Kröten in den Sandsteinzellen waren nach einer Woche tot und längst fast verwest, jene im Kalksteinblock waren aber noch am Leben. Ich habe aber beobachtet, dass sie in den offenen Geoden weiter abmagerten und mit zuen Augen da saßen, eistumpfe, gefurchte Knorpelchen, davon. Auch habe ich Kröten tief im Fels, in Tonschichten beim Brunnengraben und an morschtoten Stellen in Baumstrünken aufgefunden: Die Hohlräume waren nie größer als der Körper der Tiere. Frösche und Kröten blieben im südlicheren Teil des Ohio jahrelang im Erstarrungszustand und belebten sich erst wieder am Mississippi. → 119

193 Die Nächte wurden immer unruhiger, und drohende Gestalten wie Flecken sowie Stimmen traten auf. Die Gestalten beuteln mich in einem Abstand von drei, vier Metern zur Beute. Es waren groteske Menschengestalten, die anfangs nicht deutlich zu erkennen sind, anscheinend auch weiter entfernt waren und Lärm verursachten, wie ein Stimmengekröse warzig auf Markadern verästelter Triebe, in galligen, ganz entgegengesetzten Zungen, wobei jede die anderen im Eifer wässig verknöcherter Weisen betäubend übertönen will, und nur das hört, was sie selbst vorbringt. Es wimmelte geradezu von ihnen, Stimmen, die innenwändig klingen, aber sie mussten brahmaputraisch, hindostanisch oder vielleicht sogar einen australisch-asiatischen Dialekt verlauten, der Millionen Jahre alt ist, als beide Kontinente vermutlich ein Land zusammenhängen. Es war aber ein bauchfälliges Geräusch, als seien einige Hundert solcher Mäuler in einem für sie wohl zu rumorenden Magen zusammengepfropft, sämtliche schmatzend und kaudauend, ab und zu verpaffte, aufgestaute Stimmen hervorpfiffseln lassend. An diese Beobachtung, diese Verkennung der umgebenden Umstände, schloss ich, ich müsse in eine fremde, exotische Gegend verschlagen sein, ohne dass ich aber ein Wie anzugeben wusste. → 85

194 Die Gestalten waren im Raum, aber es war, als hätten sie ihren eigenen, ihrer Wesensart unzugehörigen Raum. Dieser hohlere Raum mit seinen Bewohnern trat umso deutlicher auf, je mehr meine Sinne von den Dingen blind abgelenkt sind. Ich konnte die Entfernung davon genauestens angeben, aber die Gestalten blieben nie von zottigen Gegenständen des Zimmers abhängige, polypöse Perlgebilde, wurden nie durch solche verdeckt. Sie konnten nie zugleich mit einer Blasenwand, eine einem Fellfenster usw. wahrgenommen sein. Auch viel später, als ich die Gestalten willkürlich betrachten konnte, zeigten sich diese mir nur glasig und verschmolzen in Knoten-Konglomerate, wenn ich mir die übrigen derben und gestielten Dinge hinwegsuggerierte. Diese Gestalten verdickten zum Unterschied gegen sinnliche und frühere selten ihre Form; ich sehe formlose Wundfetzen sich in faulende umwandeln, oder später, als ich sie beeinflussen konnte, sah ich sie einschrumpfen und ihr Lumen zusammensinken. Hierinnen sind die peristaltischen Ungestalten deutlicher, eine deutlichere Stimme rief mich auf (und in diesem Nu blieb der nur übrige Lärm still: Die Augen habe ich mit den Kleidern abgestreift, die buckeligen Räkel, elastisch verdickt und zu Drüsen verpaart, mit der Stirn durchschnitten – – –

195 Der feine Sand selbst, in dem mein Schiff, immer schräger fallend, in Stücke brach, von der wütenden Brandung bald im Ganzen, bald nur in der Mitte oder an einem, dann beiden Enden höher auf die Riffbank geschoben wurde – das lostobende Boot!, das von den überbrechenden Stößen gegen die Leeschanz geworfen war, dem Wrackgut die Steuerbordseite am Hinterende bis unter den Wasserspiegel eingeschlagen. Ich fischte ein paar Bretter, nagelte sie zu Wanten an, das von der lodernden Luke geschnittenen Segeltuch darüber, bei Tagesanbruch bin ich fertig. Mit großer Anstrengung konnte das Boot noch auf die Leereeling gehoben, aber nicht gestützt werden, daher schlug es sofort um, doch hielt die Fangleine gerade so, so dass es nicht wegtrieb. Ein geborgenes Unterleesegel machte ich zum Bootswimpel, ein Stück Spiere zum Zillenmast, Riemen sind an Duchten gebunden, die Gig will ich ebenfalls bergen, ihr Mondsegel in zwei Teile schneiden, der Ruderhaken wird zum Mast, zwei ineinandergeschobene Sprietstöcke: Solche Stimmen waren wie im Echo eingefroren oder sind plötzlich stärker oder schienen im Wind wie von Geschossen heranzudonnern und hier in Böllern einzuschlagen, wie wenn jemand einem durch zig Trichter ins Ohr spricht. → 309

196 Mit weichen Bewegungen lautlos treibend und pumpend, dicht neben- und übereinander, blau und wasserklar, gelb und sepia, einfarbig und sandgemustert, zickzack, mit Schleiern und Fransen und langen Schwebfäden überhängt – die Wölb-Lamellen der Quallen: glänzende Ungebilde, verdickt und mit Flimmer-hautwimpern ausgekleidet, mehrere (fibrilläre), lamellenwandartige Fortsätze, die, sich mehrfach teilend, in quergestreift dünne, feine, fadenförmige Fäserchen auslaufen, unverholzte, warzige Erhebungen wie ein Stiel, dem entspringen dann ganze Furchen und Bündel gallertartiger Fasern, welche sich nach den Wänden des Magenraums mehrfachfaltig sterngelappt teilen, netzartige Faltungen, und sogar untereinander anastomosieren: ein festzermaschtes Wabengerüst mit Nesselfortsätzen und Stützzellen und vergabelten Kapseln. Haarige, oft Stiel-Fäden und membranhäutige, helle, glasige Stulpengebilde. Und wenn Flutungen und raumer Wind die Wasserfülle und Pracht des Quallenschwarms in die Priele schwämmen, Markstachelschalen, zeigen sie ihr bauchiges, zu aufgetriebenes Gequalster der Unterseite (die Draperie der Fühler und schlank glänzenden Tentakel), das üppig unter der flachgefüllten Geißelschirmscheibe hügelrissig hervorquillt (ich kann sie sogar anfassen und pinselartig auspressen).

197 Schnecken mit verdicktem Ende, in Wulstkugelformen verbacken, beginnen nach dem Ausgespieenwerden, wie Jonas, neu zu leben. Nun brennt aber die Sonne auf die nackt ausgedehnten Brandungsqualler; und gleich sind sie unscheinbar. Ab und an tritt ich in etwas Schleimig-Flüssig-Stinkendes: durch Sandwehen zugedeckte Qualster. Ich hüte mich jetzt vor den Stellen, wo die Flinsschicht tonige Trockenklüfte zeigt; da liegen die verquollenen Wulstpolster unter und zwingen der darüber klebenden, dünnen Schicht ihre Schrumpfungsrisse auf: eingewehte, papierdünn mit Sand und Böen gebröselte Windhäute, eingetrocknet und grubig, wie Riechfurchen bündelig, wieder in die Brack getrieben. So mundarmrandige Sandoblaten treiben im Sieblicht auf dem Schlickwatt als dünnknotige Platzscheibe oder irgendetwas Geknittertes: gestrandete Strömlingsquallen mit eingetieftem Fließabdruck. An allen Nesselknöpfen hat sich in Rippeltälern Schill (alles leere ausgebleichte Schalen) mit etwas Torfgrus angesammelt. Und der Sand zeigt Möwenfährten: dass mit jedem Heben und Vorziehen eines Fußes Klümpchen Sand mitgeschleudert sind, die jetzt beim Aufschlagen auf die noch t'sickende Sandoberfläche ihren vielkeimigen, spitzästigen Aufschlagkrater aufpitschelten. → 136

198 Als habe die See den Schill über das Land geschlagen, sind die Nistplätze der Möwen mit Kalkschalensplittern überschüttet, mit Überschlickungen durch Sturmfluten ausgesetzt. Die Flutstrudel laufen fächerartig aus und lassen ihre sandige, mit Tangen durchsetzte Fracht aus länglichen Stücken tangential zu ihrer Stirnfront zurück. Sobald die Andriftung in die Breite geht, sind ihre Enden von den beiderseits vorbeilaufenden Wellen landeinwärts eingebogene Anspülungen: Eine Unmenge halbkreisrunder, eigenloser Sicheln im Sand und Gebröckel, gewaltige Gasblasen in der von der Springflut zerlassenen Lagunenwanne, als ob sie dem Schlamm entstiegen wären und den Boden in seine rautigen Formen geordnet hätten. Es sind oblonge, trapezartige Tanzspuren der Kormorane; ich sehe das aus den kreisrund eingestiksten Fußspuren dieser Tiere, die um das hintere Ende des Rumpfes um den Schwerpunkt herum eine drehendere Bewegung auszuführen wissen: mit dem Schnabel zu nach außen und dem hinteren Ende des Körpers als Nabelpunkt, hüpflig in zu engem Kreis: Ich sehe die enggestellte Fußspur mit nach außen gerichteten Zehen: Trillspuren füllten die ringförmige, vertiefte Tanzbahn aus, während in der Mitte der lockere Schlammboden emporstaucht. → 380

199 Jetzt gehe ich zum Bach, setze mich im Wasser nieder und löse die innere Bastschicht, die aus feinen Fibern besteht, von der äußeren grünen Rinde herunter. Ich zerklopfte die Außenrinde noch vor dem Abschälen mit Wetzstein, hülle die Stämmchen in Blätter: Durch Aufspalten der Stumpen und Hohlzinken an den Knollen mochten die Unlinien verdoppeln und wie Virgeln, den Gabeln und Kämmen: So bliebe ich die Nacht über liegen. Die abgeschabten Bastfibern habe ich am Ufer dann auf Reisig ausgebreitet in langen Reihen. Zwei drei Lagen habe ich übereinandergelegt, und ich achte darauf, dass sie überall gleich dick geschnitzt sind. Morgen, und wenn das Wasser verdunstet, sind die Fibern vom klebrigen Saft aneinandergepappt, dass ich das Ganze in einem Stück vom Boden aufnehmen kann. Ich will es in Schilfschnittblätter eingewickelt für Wochen hindurch gären. Dann wird die silhouettenhafte Fläche, vom Tau befeuchtet, zu bleichen Lagen mit massenhaft Knochen, ein Feld toter Gebeine: teils Anhäufungen, teils Aufschwemmungen zertrümmerter, zersetzt verbleichter Knochen unverendeter Rinder, ganz traurig auf dem Klopfbrett ausgebreitet; mit einem riffeligen Schlägel aufgeklopft, bis sie seelenlos, ganz roh davon vermulscht sind, und fühlig ihr Relief verbutterten.

200 Es war keine leichte, sogar spielerisch zu betätigende Arbeit. An der einen Seite ziehen sich flachere Riefungen hin, die teils auf matte Bahnen fortgesetzt sind und zumeist aufglänzende Einmuldungen bilden. Das Wasser fließt zusammengedrängt und staut und quoll über die Dämme. Die emporsickernden Gnuppen, keimende Mienen und zu Spiegeln verbackene, nach oben offene Sockel stießen inbegriffen vor und dringen wechselständig ineinander über und wissen diese Oberflächen aufzusprossen. Denn nach wenigen Schlägen sind die Beile stumpf, und die Schneiden müssten neu angeschärft werden, gedengelt und gefeilt. Messer und Nadeln verschiedener Stärke zum Abschaben der Rinde, zum Aufschälen der abgelösten, lodderigen Bastschicht. Ich habe die Bäume selber gefällt, Äste und Zweige abgetrennt, ihren Bast aufbereitet. Und zwar frei und durcheinander, lose verschiebliche, Ton-in-Ton verknetete: Felder der Schraffur, faltbar durch Verbiegung der Gestaltstarre: rhythmische Schichtungen und Schlaufen flottieren ins Bastlaschengefüge rauer Veruntiefungen: Von unten und hinten dringt ausgesparter Lichtgrund; und apere Schatten durchschlagen diese aufgeschnürten Blätterungen. In Bast eingeknäulte Teigballen, Handschalen, die Blasen formten und die ganze Zeit davon verbacken. → 206

201 Ein Wald aus Wellen und Intervallen, wie Falten tun, wühlen und untertunken, um durch sie hindurchzudringen und an die Lagunen zu gelangen, und kaum jemand verirrt sich je in diese Dickichte, die neben den Bayous Sümpfe und mannigfach die Böden wie ein Bandgeflecht durchsetzen: Lebenslinien, und es kommt auf die Form an, das Motiv, dann flammte alles durcheinander, dunkel und rumpfig dräuend liegt jeder tote See, wenn Wolkeninseln sich über ihn herschoben und verwitterten, und die ersten finsteren Windstöße des treppenartig heraufziehenden Wetters die Oberwasser aufwühlen und Weißflächen aus Wogenschaum und Spülsaumlinien den Wellen untertiefen. Wie Hühnereiweiß, das stockt, kocht. Auch innerhalb ungegliederter Bänke ist dasselbe denkbar, ein mächtiges Rad treibt eine schwerere Walze gewuchtet herum, vermummte Ungestalten schieben mit geübter Hand Rispenbündel unter die Walze, Abfall und Staub flögen wolkenvoll zum Fensterloch in den Hofraum hinaus, sooft es geschieht. Fleck und Luke wurden immer schwärzer und fast zeittot, rußiger, in Runsen, und bewegt davon, stiebender, als ichs will. Ich denke mich auf einem Dampfschiff fest, dann auf dem Gipfel eines Gletschers befestigt, und in Überflutungszungen sei ein verunzweigtes Bett als Mississippi eingeschnitten.

202 In abgeteufter Tiefe stoße ich auf brackiges Wasser, das vom Vieh getrunken werden soll. Oberflächlich ist an allen kahlen Stellen zwischen den Salzpfannen eine schwache Salzschicht schwartig ausgeblüht, die den trockenen, grauschwarzen Humusboden zu einer harten, warzigen Kruste verklebt, die zu einem feinen Pulver zerfällt, wenn Hufe darauf treten. Die schmale, die Lagune gegen den See abtrennende Landeinwärtszunge ist eine ausgedürrte Salzpfannenniederung, die inselartig aus den Sumpfbassins aufsteigt. Andauernd steht die Lagune mit dem See durch einen Schmalarm in Verbindung, während oft die eingeflachten Mooradern untertunken. In vorüberziehenden Niederungsstreifen schlängelt sich der Fluss in einem Ästuar von Windungen, mal breiter, dann schmaler, bald sich in zig Arme voneinander spaltend, bald ein Bayou durchströmend. Zu den offenen Lagunen stückeln sich Ärmelungen aus und verkluften sie mit Wasser, manche dieser Arme und Kanäle gruben sich und enden blind und rinnen sich in Sümpfen fest. Altwasser zermünden vielflach die Gelände; andere Tümpel und Lachen blieben ohne Fließzusammenhang mit ihm. In buntem Wechsel folgen sumpfige und trockene Salzwiesenniederungen, und nur bei Dürre ist das pedimente Ganze zu betreten areal. → 236

203 Hier schon teilt sich der Strom in schmalärmelige Kanäle, dazwischen flögen blaue Vögel, wie Funken, strotzende, von Ast zu Ast, und danach mehrere Arme auf einmal; die eingetieften Spülsäume isterten, vom raumen Wind zu Lößkindeln gleichsam aufgerichtete Schlammkämme, vielfächerig quergegliedert, in drei Narbenarme fließend: steile, oft zueinander puppende Stufen und Lößspitzen, die zwischen den *sounds,* den Pässen, dem Schlund der Mündungen liegen; Luftpuffe kluckten ruckelweise voneinander, und ich kann kaum erkennen, wo der glatte Teilungspunkt anzusetzen sei. Je näher ich komme, um so dunkler wird der Sumpf. Torfschlick entsteht, die Einschlüsse sind kugelige Verkörperungen davon, Dröge, die zum See hinunterflözen. Grasflächen, die von Bruchwald umrandeten und von Buschinseln durchsetzten Tallinien. Dass die Niederungen zuvor gemohrte Flussbetten triften, und die nun in die Kolke, grundlos als ein Riesenschwamm, buckelten um die Augen der Lagune. Zig runzelige Wege zur Viehtrift führen von der Ödnis ins Überschwemmungsgelände. Das Gras wirkt streckenhaft abgesteppt und ausgeweidet, ihm fehlen die Schmielen und Spitzen, im Inneren mit dürrstacheligen Büscheln bezweigt; und auf dem ganzen, tief uneingewundenen Weg schnitterte es bergab. → 185

204 Ich glitt an krüppeligen Mangrovenbüschen vorüber, niedrig abgestorben, graurissig, strotzend, da und dort streckt zwischen der Waldwand ein toter Baum seine abgeschälten Äste hervor, die wie der kahle Stamm mit hellbraun glatter Rinde in der kalten Frühsonne glänzen. Manchmal tauchen Palmbüsche auf, hellsilberblaugrüne Laubfarben, davon: offenerer Steppengrasflächen mit dürftigem Bewuchs wechseln mit Lachen ab, schimmernde Bänder, von deren Ufer Tuscheln und beim Tuckern der zischenden Schiffe – in hellen Scharen – Vögel auffliegen; dann folgen immer wieder dichtere Schilfinseln, die an die Macchien im Appenin erinnern. Später treten die ersten höheren Mangroven-Stelzen auf, ihre Knollen zwiebeln hoch über dem Keim, bei Ebbe. Überall ist der Flins noch feucht, da und dort ist der Schlamm der Lehmlachen mit erdigen Walgfurchen überdeckt, und aus ihm balgen und rollen quellende Keulen der jungen Mangroven-Loden heraus, die wie Rauchkränze die Strauchtiefe flachsig umsäumen. Die Kiellinie bugsiert und durchschnittert das aufkalbende Schilf ins Innere der Inseln; unzählige Lagunenpelikane, kleine Kormoranscharen, zu Hunderten am Flachstrand, waten oder schwimmen glatt auf umbern spiegeligem Wasser der Mirage, um von Zeit zu Zeit nach Quappen tief zu tauchen.

205 Das Bild meines Flusses besteht aus eigentümlichen Hellen und Glänzenden des Wassers, in dichten Reihen, ohne zu fließen, und feinen Bläschen, die immer größer würden, so dass trübes, gefärbtes Wasser entsteht. Auch die Reihen nebeneinander werden stets noch länger und breiter. Endlos sah ich nur winzige Ringelchen nebeneinander in giftig schwebender Reihe. Daneben entstanden neue, noch gleitendere Kolonien davon, mit noch spiegeligeren, darin spieleligen Kringeln. Hierinnen ebenso nesselige Ringe, klettenartig unverbunden, und auf jeder Reihe stand in der Mitte sinkend ein holzgelber Ring. Gegliedert aneinander sind sie eher nicht, aber die Idee der Aneinandergliederung drängt sich dabei auf, geradezu unklare Formgestalten mit riesig geschuppten Schindeln, schiefere, auch kaum gewellte und feinere, anthrazit-schraffierte, wenig lange Strichlinien, flach und schwarz und zahlreich, als ob auf glatt gestrichenem Tuch ausgebreitet, besonders über die Linien und Richtung ihrer Explosionenmasse, so dass sich die Strudelhöcker ungegenseitig dünn und durchscheinend verquellen müssen, gleichsaum um und um Hornkreise austrocknend, wenn sie nicht lichtflüchtiger versiegen, wobei sie dann ja aus jeder Facette des Auges gleichzeitig hervorschießen. → 298

206 Zuweilen sah ich, wie nicht nur aus den Bugwellen des Dampfers, sondern auch in größerer Entfernung vom Schiff mit einem Schlag ein großer Schwarm Flugfische aus dem Fluss emporschnellt und den Ufern zu auseinanderkalbend ausstiebt. Der Himmel ist wolkenlos, die offene See fast spiegelglatt und von lieblicher Bläue. Bald nach dem Auslaufen springen die ersten Flugfische vor dem Bug meines Dampfers auf: fast jedes Mal, wenn sie einen Wellenberg passierten, auch noch höher; sie schienen in ähnlicher Weise von Wellenberg zu Wellenberg zu springen, wie ein schräg gegen den Wasserspiegel flach geworfener Kiesel rasch hintereinander gellend und so wiederholt aufhüpft, immer wieder von der Wasserfläche abpitschelte, bis und in der er schließlich versinkt. Welle um Welle macht nun Fisch um Fisch, ohne dass der Körper mit den gespreizt bleibenden Brust- und Bauchflossen ganz in das tiefe Wasser eintaucht, mit der tief ausgeschnittene Endflosse, deren unterer Lappen länger und größer ist als der obere, rasch verpatschte Schläge, die den Körper so erschüttern, dass ich das Erzittern der Flossen deutlich sehen kann, wenn der Sonnenstand für eine solche Beobachtung günstig war, wie eine Schwalbe, dicht über der glatten Oberfläche hinschwebte. → 177

207 Wie eine leichte Seifenblase, in Größe einer Kindsflöte, kreiste die Feuerkugel, die leicht sich schaukelte und in der Luft zu schwimmen schien, im Zimmer, ohne irgendeinen Gegenstand zu berühren. Es sah aus, als ob sie sich mit Geschwindigkeit um sich selbst drehte, und die Erde in der Furche, die sie in den Boden grub, um sich herumschleuderte, wobei sie die Steppe auf ihrer ganzen brennenden Strecke versengte. Die jagende Trombe war ein Gnom, verlängerte sich schnell in Richtung ihrer splittrig abgeplatzten Schuppen der Schattenspitze, die mit Flechten und abgeflackten Moospolstern überzogenen Felsen verwitterten zu Grus, tiefrote Blutbeutelchen rotierten um die Trauben der Längsstängel in Mulden umgekehrter Richtung. Wie dicke Kinder tritten sie als Bauchwolken aus einem Schlot offen über in die umgebenden Wolken. Ich zog jedoch meine Füße zurück, durch noch vorsichtigere, wirklich ganz sacht ausgeführte Bewegungen, vermied ich jedwede Berührung mit der leblos lebendigen und glänzenden Flamme, wie Feuerbeeren funkeln und mich jetzt zur Glut verdrehten. Um die Berührung mit meinem Gesicht zu vermeiden, sinke ich senkrecht bis zur Hüfthöhe ein: und um dabei die Erscheinung Aug in Aug zusammenrücken zu können, richte ich mich wieder und wieder auf. →7

208 Höhlung und Lamelle lagen beide unter der Spitze der zwei Tromben, krausige Formen mit schraubenartigen Aufwirbeln, die ihnen bei ihrer Konvektion vielgipfelig folgten: die Sinkkraft im netzflächig brodeligen Blindstrom, der sich aus den Wolken riffelig herabstürzt durch die Trombe und den Strom mit Windseilen peitscht. Es ging stets von den beiden Aushöhlungen ein immerzu konfuses, ununterbrochenes Brummen aus, das dem ähnlich war, welches Bäume hervortun, wenn sie heftig vom Wind gebeutelt werden. Das Wasser, seine Oberfläche, die Buglinien, werden nur durch schwache Böen leicht bewegt. Der Bogen, aus dem jede Trombe sich bog, wirkte zusehends buckeliger, und allmählich bildete sich in der Mitte verschwindend ein Winkel; darauf zerriss die Trombe in zwei Schlottern, und kaum hatte der abschmelzende Zerriss aufgehört, sinkt auch schon die Wassererhebung zurück. Scharf zerzauste Streifen mit vereinzelten Knicken sind übriggeblieben: Das Glätten und Zerfließen zu grauen Flächen, die Ausbreitung der Säcke und Türme in dünnschichtig graupelige Schleier, die Auflösungen in Flocken und graue Fallstreifen: Bogenstücke der Trombe blieben noch lange sichtbar, sie verglasten, wie eine Wolke erlischt, wenn sie sich in nichts auflöst, das ist. →206

209 So bildet sich hinter Hindernissen durch Abspülung eine ringförmig gelöschte Vertiefung und davor prielläufige Rinnen: Immer wieder klatschen, sich überschlagend, Klötze, Stämme und Stangen in die Augen der Lagune. Bei einer Tiefe von ein-zwei Metern für diese Wasserfläche kann ich von See kaum sprechen. Die radial, also senkrecht zum Ufer andriftenden Tangpflanzenbestandteile sind durch die auflaufenden Sunde und Wellen in uferparallele Lage geschachtet; die Leichen versinken in den gratigen Fossilschlickkanten und sintern darin, schroff verbettet: Die stehenden Strömungen laufen trocken und mumifizieren schnell. Holzhäcksel finden sich im Strömungsschatten, säumig und abgelagert; doch ist ein andriftender Gegenstand sperrig, so verankerte er sich mit den abgespreizten Teilen und schwenkt ihn um als Drehpunkt, in die Uferrichtung ein; oft dient auch nur der Schwerpunkt – *kratsch* – als Drehlot. Sind die Stücke dann schwer oder an einem Ende so sperrig, dass sie zu fest verankerten, bleibten sie in Rundstellungen liegen; der Wurzelschopf dabei ist immerzu flusswärts gerichtet. Aus sogar lockeren Bestandteilen werden angeschwemmte Leichen, die erst später eintrocknen und unter Wasser Zersetzungsvorgänge durchspiegelten, völlig skelettiert davon. → 282

210 Die einheitliche Zusammensetzung der Gekröse, als unscheinbare Häufchen über den Schlick und die nähere und weitere Umgebung verteilt – augenfällig. Ohne das tragende Wasser sind diese Quallen nichts als verklumpte Gallertblasen, schleimig und wabbelig, wie Möwen-Gewölle, die meisten Gehäusereste sind bis auf die Spindel zerbissen. Werden die Quallen bei gewittrigem Wind oder bei stärker auf- und ablaufender Dünung aufs Trockene gesetzt, dann liegen sie teils auf der Seite, teils auf dem Rücken, und heftigst zurückschwappendes Wasser spült in den leichtbeweglichen Sandkranz Kolke um die Dünung, um solche Quallenbalghindernisse, und manchmal kommen so die Quallen auf einen regellosen Sockel zu liegen. Wie Lappenspangen radial, faltenhälftig, nur an der Mündung verkratert; hierher haben sich noch lebende Muschelzungen in angedautem Zustand ganz in säckchenartige Gebilde zurückgeschnabelt, worin sie mit ihrem blumenkohlhornigen Deckel eingeigelt verschmolzen. Fischgräten und Reihen von fingerförmigen, ins Lumen verbuchteten Anhängen werden von den Möwen vollzählig ausgewöllt, die Schalen zerbissen zu kleinen Splittern, nicht ein Fäserchen Fleisch haftet an den Gräten; die zartgrätigen Sprotten sind restlos verdaut. → 162

211 Die Vögel versammeln sich zu Beginn der Brutzeit in rauen Mengen, dann erst gehen sie ans Werk. Die aus salzhaltigem Lehm gebauten Nester waren ganz steinhart geworden, sodass ich von Nest zu Nest springend mich am Brutplatz fortbewegen konnte, wie auf erhöhten Sockeln, in Lachen über der Sandwanne, als flachkraterähnliche Hügelchen, was bei dem untief wechselnden, oft scharfzackigen Korallengrund vorteilhaft war. Ein ebenes Stück Noppenboden, so nahe wie möglich am Sund, ohne jedoch von der Flut erreicht zu sein. Die Niststelle soll möglichst eben und bei Ebbe kaum steinig sein. Akkurat haben Möwen so die Grenzen der Nester bestimmt, und die Kolonie beginnt ihren Platz penibel zu säubern: die Watvögel picken jeden Kiesel auf und schnabeln ihn dicht über die Grenzlinie, lassen ihn fallen, wodurch um die Längsseiten je ein Wall aufgeschüttet wird. Innen und immer neben dem Wall erscheint ein ebener, glatter Weg, sieben, acht Schritte breit, der das Lager ganz umläuft, wie Promenaden. Bei glattem Schlick ist die Wattoberfläche kreuz über quer von solchen Kriechspuren überzweigt; auf zu sandigem Land fehlen die Häutwälle, und sich vergabelnde Rinnen oder wulstförmige Spurgebilde worfeln Quergliederungen durch bogigere Wälle auf. → 349

212 Wieder tritten Flächen mit morscheren Bäumen im Dornbusch auf. Am Rand wirkt der tote Wald niedriger, besteht fast nur aus aschkrautigen Fluren und Gestrüpp, bis die ersten niederen Büschel aufkeimen. Der Boden – reiner Ton: untief strömungsfreies Wasser, schnell verfilzt sich der Bruch mit sperrigen, mit Stacheln, mit zig Dornen und Spießbüscheln besetzten Ästen zu einem undurchdringten Dickicht, worin Säume Ränkel und Klettergewächse quasi aufschlingen: solche Totholzloden mitsamt Schlämmringen reichen unter ganz graupeligen Ästen bis ins Spitzholz: schattenlos Büsche mit lichtrissiger Laubwand, Mimosen und zernickte Akazien, die in emporsickernden Polstern aus Rillen und Runsen Dickicht auseinanderflochten: Lichtrispig, moosig wirkt das Unterholz unter den Fangwurzeln in Zopfform, wie Tupfer aufgepfropfte Kugeln kupfern, und gelbes Gras blitzt sich breit dazwischen, Sand, der auf aperer Haut zu Lehmkügelchen zerrollt, Regenwasserpfannen, Gras sprosst wie aus einem Schaff: bruchartig lohe aufloderden Flammballen, Flammen- und Glutklumpen, mit von Trauben aus Schoten gebogenen Zweigen. Hohle, dornverspelzte Äste, mit napfartigen Fiederblättern, wie Seifenblasen und mit lichtrissiger Rinde, und Bromelien suchten sich, dazwischen zu platzen.

213 In einiger Entfernung vom Ästuar wird der Uferwald lichter und schließt zwischen sich kleine Inseln ein, dürr von Gras zerwachsen, die den Bruch in rissige, dann winzigere Inselinnen auflösen. Mooshalbkugeln, die, wie ein Laubfrosch oben in den Kronen das forsche Gesicht geballt um den eingesogenen Mund schnurrt, den Rand der Palsen und Inseln verschwimmen; Schlingknospen mit muschelrunden Blüten sprossen aus den Ästen zu Gestrüpp, ein Genick aus Zungen klebriger Kakteen, wachsartige, mit gerippten Trieben, wie aus flüssigem Teig geformt, zu Sommerblüten, zusammengequollen aus unhäutigen Wülsten, nistend, innen in den Nischen, wundere Opuntien, Stachel und Nieselblüten, und der Knorpel schädelt sich, vergrößerte, im Ton davon: hoch aufstrotzende Euphorbien. Rost spross aus dem Gras und aus den Schmielen tropft Milch. Die Augen erstarrten und die Lippen tun quallig und fädig. Viele, sehr zähe Netze von zahllos grauen Spinnen, wie über den Weg gesponnene, unflätige Drähte. Gallfeigen, verteilt zu Seide, punktierte Schleier über der Grasnarbe, gelbes Grau, und die Hüpftüpfelchen springblättrig: versteinte Flechten verfrosteten zum Ausdruck. In atmende Klumpen geballt: dichtbeutelig, im zerlappten Netz, Gespinste wurzeln aus Luftzungen. → 146

214 Für meine Beobachtungen des Transports von sperrigem Material in kleinsten, oft winzigen natürlichen Flutrinnen sind Fahrspuren gut geeignet: auf einem kaum abschüssigen Waldweg, während heftigem Regen, und zwar im Herbst, zur Zeit des Laubabfalls, am besten, wenn Totholzreisige und welke Blätter als Treibgut anfallen. Diese triebselten dann in turbulenten Quirllinien inmitten der Rinnen. Bei gegenseitiger Verbindung oder Berührung mit dem Uferrand legen sie sich zwerchs zur Fließrichtung, im Lot zur Uferlinie in der Stromsohle eingeregelt: sperriges Treibgut ist leichter und schneller als kleineres, auf dem Ufersaum angestrandete Schachtelalgen in Quirlgirlanden, Häufungen und viele Streusel, darin eingewirbelt. Bei geringem Querschnitt wird die Rinne bald gestaut, wenn auch nicht andauernd: vorrollend gleitend fortbewegt, gehemmt von Dämmen; unwuchtig flottierend, d.h. schwoiend – – ; es kommen Wälle auf: das stromab gerichtete Ende legt sich zuerst fest; ein stromzuweisenderes Ende wird herumgeschwenkt. Doch bei lockerem Geschiebe der Hindernisse, dem aufstauenden Gefälle, sind die Sperrriegel eingerissen, die Treibhölzer fortgespült. Strandwallbildende, nicht mehr als schwimmfähige und nicht schwimmfähige Dinge, die sich queren. → 80

215 Vor mir der Fluss, ruhig dahinfließend, nur an den zahlreichen, in der Morgensonne silbern entriegelten, in Wirklichkeit aber pechschwarzen Gneisblöcken ist der glatte Wasserspiegel kraus und wellig, aber nicht schäumend. Die Senken und Bodenwannen sind mit Sickerwasser gefüllt, Feingrushügel wölbten sich flach empor; meist unregelmäßig gewulstete, mittelhohe Sträucher mit würfelrissig dicker, rauer Borke und oblongen, spitzeckig geäderten Blättern, von kleinen Fiederkeimlingen und Eselinnen, die am Widerrist und Rücken schütter dürr verstrüppten, teigig aufgeweicht: häutige, aus hell verschatteten Flecken marmorierte Mauern wie Wangen erhoben sich zum Wald, insichdicht, mondgraue Stämme: Auf windspeckiger Felsfläche platzt das Gestein in Schalen ab, ich tritt vor, »Schuh-zu« schmatzende Schritte in die Untiefe am Ufer: die gelbe Waldwand neigt ihre Kuppeln zum Seespiegel herunter. Kuppig gerundete, zerwälzte Knubben, kaum Grate und aufwellige, mit farbigem Flins überzogene Gefilde, dann: Gips ist aus dem Kiesbett herausgeblasen und zu Schotterkegelchen verpustelt. Eintalungen, zuletzt ein Fühlnetz aus Steingirlanden, Unmulden und Rieselsiebflecken über das Bassin, dem inzwischen mundgetränkten Tümpel, mit anliegender, aufgewühlter Reverie gneisartiger Flaserungen.

216 Die Flusslippe durchbricht die Buschwaldplatte in einem mittig breiten Bett jetzt, das beiderseits hohe Steilufer begleiten, umbern, und mit Sand durchsetztem Lehm, den außen eine dünnharte Rinde einhüllt. Salz ist auf der Haut ausgeblüht, von klexiger Farbe und an feuchten Stellen glitschig, ein Fluss – davon – hat sich noch viel tiefer eingeschnitten. Näher am Strom bedeckte den harschen Lehm ein Schlammfeld, zuerst gewirrt, im Fluss durch zähe, siepend-schwarze, nach faulem Laub riechende Spuckflecken zerkirnt und schwimmt. Ich sinke in diese Schlämmschicht ein beim Waten, knietief, dann triff ich, dick't, auf die festere Schicht, verbündelt, auch fließender. Hinter den Uferwällen liegt ein zweiter Arm, in langen schweren Falten, haffartig erweitert, und führt brackiges Wasser. Den Untergrund der Höhlungen und Wellen bildete feiner, brauner, salzhaltiger Ton, ein über die Schulter gerutschtes Gewand unterbricht sich Streifen ins Gebüsch, die zerzackte Schattenglocke, die monoton abgeschnürte Spornmoos-Palsen-Steppe. Die Uferlippe fällt steil nach der Lagune zu ab und senkt sich unter den Faltenstegen flach darüber gleitend nach der abgewandten Seite; an den Winkeln zugespitzt, verbauscht, dünn nebeneinanderherlaufende Wulste. → 198

217 Schwerer ist es, eine Grenze zwischen dem öfter überschwemmten oder nur selten oder gar nicht von Überflutungen erreichten Land zu ziehen. Nähere ich mich ihnen, treff auf eine in der Salzpflanzenniederung stets salzige Lagune, die an einer Seite von einem kurzen Uferwall begleitet wird, der diesen Buschstreifen trägt. Nicht alle Lagunen besitzen einen solchen Wall, aber doch die meisten (und das ewige Meer): langsam fließende Bayous, zusammennetzende, oft abgesteppte wandernde Seen. Das flachgewellte Land steigt schnell an und erreicht eine Reihe kleinerer Lagunen. Ich sah nur eine schwimmende Insel, verwässert, meliert, versprüht, strikt und sandig, inkantiert. Jetzt zeigt ihr Gelände engfallende Wellenberge und unentwegt verzweigte Talwellen: ich will sie sehen, sie entstehen, gleich einem Werg mit queren Falten, Schauschlaufen, aber ähnlich auch den oft verwälzten Flauschreliefs, die, vielrillig gezwirnt, unzusammen aufgerollt und umschlagen sich, verähnlichen, ohne Einbildungen zu tun. Das Sehfeld ist nun Skulptur, aber von beiden Seiten her rücken die leeren Konturen daran gegeneinander vor: die helle Schar unverschränkter Flächen; und ziehen sich wieder zurück in die Knitterung, so als ob: die eigenlose Bewegung, die Umrissgrate der vibrierenden Verkörperung, zermantelten.

218 Der Brodelboden besteht aus feinem Ton, dem Quarzkörner- und Glimmerplättchen vergradet aufgetragen sind: und Salz blüht (auf der Hand) zwischen den Sanddorngrannen aus. Grobes Geröll erfüllt die Trockenbuschbetten, in die Schuttfächer am Ende der Talungen eingeschnitten, von einer oberen und unteren Schicht aus grobem Geröll geformt, die durch die Bank sanddurchsetzter Tone versickerten. Wie vor- und zurückspringende Lichter: hier schließt sich zwischen den Aufwölbungen ein Areal kleiner, abflussloser Becken an, die durch flache Schwellen voneinander getrennt sind, Laken: Wieder stieß ich sogar auf zigfach aufspringendes Wasser, das nicht selten in kleinen Quellen zutage quillt, allenthalben: Ein Fächer Flüsse splitterte am Kegelfuß des Schutts schroff überquerend ein Delta aus Armen, darunter quellbare, tief zertalte Furchen, die etwa mittig im Aufsplitterungsgebiet zerfalzt versiegen: ein Faltenpunkt ganz schmal erstarrter, veraschter Farnschraffen durchsetzt den Busch soundso und unternimmt das in Schichtfluten durch sich geflossene Wasser, das sich in Lachen sammelt, auch Bruchwannen und Urnen wie aus Terrakotta, mit Solitonen Zirbeln angefüllt: Kandelaberkakteen, schlankere, und Schlingbachrinnen, für die wissen: torfmorsche Tothölzer verflechten den Wald. → 117

219 Die Lagunen sind oft und häufig groß. Nach unten und hinten, mit Himmel über den Hügeln, schnitten sich die Gräben wieder ein. Waale verschmelzen hier, die Fließzüge niedrig, in Vortriebschollen, tafelförmig abgeplattet, und rinnen flachlandig aus – laufend. Sumpfgratig kanten die Kanäle und verkrauten gegen diese wirr verdürrten Gneisbuckel-Kaupen, auf denen zwischen Grus und Schutt nur bültiges, kniehohes Stachelgras neben Kakteen und gelbem Gestrüpp wucherte, unzerbleicht. Block- und geröllerfüllte Trockenschluchten ziehen vom Plateau auf und winden sich plafond zwischen den Sichtlinien eingedämmt in Schmalen und Talungen. Verklammerte Angelpunkte dieser Drehung, die Gelenke der verdeckten Hüfte: in mehrfach verstaffelter Kaskade treppen sich die Grundschultern in den Umrisshintergrund, der in der engeren Ebene verebbt. Grauwacke, mit Gips und dürftigen Gesteinstümern durchsetzte Verwitterungserde, die in der Dürre wulstig verklext: Talein, durch die Lücke in den zerstückelten Granitzügen sprudelt sich ein dichtes Strichgewitter, Knäuelchen aus Unlinien, die ich durchtrinken will, ich staue Regen auf: Fadentief, mit windbedingtem, mulmigem Tuff. Rohe, schnobernde Schoten lenzen sich in Schimmringen ein aufs Haargewirr von Schluchten und Runsen. → 344

220 Nach dem See zu wird das Wasser der Lagune brackiger und dann salzig, ohne Grenze. Weiße Flächen, ausgeblüht von Zink, erstrecken sich dort, wo Sümpfe Augen sind, und zusammenschrumpft: der hohle Spiegel der Lachen, welche ein zu milchgiftiger Salzring samt Spülsaum umgibt. Wo Lagunen ihren Anfang nehmen, sind sie süß, teils mit klaffem Wasserspiegel oder Gras-, Schilf- und Hautbewuchs an ihren Ufern, teils mit zig Schneisen ins Fries aus Wasserlinsen bugsiert, die ihre Unterwasserfläche nur erahnen. Strömungslinien, leicht zu unterbinden, doch unter Strudeln und nach starken Regengüssen wird der Boden trügerisch und gefährlich. Faltengratig spaltet sich das in den Lehmkolk eingeschnittene Trockenbett der Flüsse auf, verzweigt sich im Moiré aus Sümpfen und Lagunen, und verliert sich ohne Mündung, und zwar: Ausplatzende Salzwarzen überblühen Ton in Ton den Boden des Bayou. Dort laugt sich Auwald aus, und die regellos eingefalzten Talungen der schmalen Totwasserarme bilden die grazil verlippten, ineinanderstiebenden Fühler und Flinsmulden. Zerzackte, offene Gewässer, Opuntien mit Holdern beerenrot vermischt: umgewölbt vorüberhängend: Hautknöchelchen, unverwandt gewulstet, in deren klaffenden Schatten abtropfende, netzartig verschlungene Luftlianen wurzelten.

221 In einem von zerkleinerten Steinchen übersäten Gelände, von Strömungsrippeln überformt, scheint etwas aufgewühlt zu sein, lose, gelockerte Schlammschichten. Überall brach toniger Lehm die eingefasste Fraktur, dass Sumpf und Sandstrandwälle oder Steilküsten das Flussbecken begrenzen. In aneinanderstoßenden Kämmen und Lamellen werden kleine, vollkommen eingeschlossene, umwölbte Räume begrenzt, Blasengebilde, welche reihengleich geordnet strömen. Die flachen, Ton in Ton durchsetzten, in den Flutwindungen oft fast glockenartig aufgetriebenen Falzlamellen, die sich wölben oder wellig krümelten nach oben, versinterte Salzausblühungen, glasverbrämte, durchkleinerte Gipsknollen-Konglomerate in Rundkammern, die wie erster Schnee glänzen, kristallin: sie überziehen alles unter sich verschiedenfeinen Biegungen, Knickungen und Anastomosen in dichtgedrängt radiär arrangierten erhabeneren Streifen nichtdünnster Linien: die sich untereinander verbinden, und schwammige Gebilde ausfüllen: Die Lagen durch Verwachsung der umgeschlagenen Ränder einzelner Krempen versulkerten wie die Wellen, auf sie hinaufgeworfelt: Innerhalb der Seefläche Holme und Bülten einiger Inseln über den Spiegel, eigenlose Wabengebilde mit zelligen Schotterwallbeeten und kuppelhufförmigen Erhebungen.

222 So trat ich das letzte Stück Weg nach St. Louis an. Erst gings pfadlos durch sich kreuzende Lagen sämiges Gras, wo ich vergeblich nach einem Pfad gesucht hatte, dann wurde wieder ein gehbarer Weg sichtbarer, der sich kaum von der Fährte eines Esels unterschied. Ich vermute, dass die Gedanken, die ich dachte, ohne sie zu wissen, sich vor mir in Bilder verwandelten. Um- und aufstiebende Bilder, tüpflige, bewegte, und Bilder und Stimme passten nie zusammen, nicht Wörter und Sachen, nicht die Idee davon. Nach noch einer Woche kamen die ersten Farnlaubpalmen in Sicht, und der Boden zeigte an aperen Stellen parallele Kornfurchen und Erhebungen, die auf Rundpflanzungen und Felderungen hindeuteten. Im Nu einer Fundsekunde, und ich tritt in freiere Haine, eingewilderte Plantagen, durch Morast überbranntes Land, Fluren, die ständig ineinander überführen: Und jetzt wird auch das Relief der Oberfläche schwächer, die Wasserarme fließen nicht mehr in Riesen und Flumen, aber zwischen Lehmkuhlen und Uferfaschinen, in Pfannen und Vertiefungen eingesenkt, die augenfällig durch das Ausplatzen splittriger Schalen bröckeln; so häutige Trümmer kalben und zerfallen rasch, und zwar: Manchmal höre ich mehr, manchmal sehe ich mehr. Manchmal bin ich wie innerlich blind, manchmal wie innerlich taub.

223 Je weiter ich nach Süden komme, desto mehr ändern sich die Strombilder des Mississippi, und auch der Urwald zu beiden Seiten des Stromes ist geschwunden. Die Sonne scheint hier wärmer auf die breite hochgelbe Wasserfläche herunter. Die niedrigen Ufer sind nur hie und da mit Weiden, hohen Magnolien und Eichen überdeckt, an denen das lange graue Mississippimoos herunterhängt. Und die ungeheuren Bäume, die treiben auf dem Strom, sind unzählbar. Auch hier häuft der Fluss auf sich Tausende von Bäumen, die seit Jahren mitten im Schlamm faulen, und erwartet jeden heftigen Sturm, der sie flottmacht, in den Golf treibt. Es gibt keine düstrere und wundere Aussicht, als die Buglinie im Spriet ermittet und auszielt durch die Häufen verfaulter Bäume, durch Schlamm und Schilf, von Fröschen und scheußlichen Unken krakelig bevölkert. Und von Bären, die, von Trauben betrunken, in den Zweigen der Ulmen aufschaukelten am Ufer; wo Fluren von Zwergseesternen und Wasserlilien ineinanderfließen, Rosen, die sich erheben und vergelben, winzige Blütenhütchen; Mokassino-Ringelschlangen, blauere Reiher, Rotottern, Flamingos und Krokodile trieben auf den schwimmenden Inseln zuweilen in Kolonien, dem grauen Wind ihre Flügel schlaff auffaltend. → 172

224 Die Wirklichkeit vor Augen, fand ich mich sehr angenehm enttäuscht; meine Beschreibung muss von jemandem kommen, der den Fluss so nie gesehen hat. Wo sind auch die Felsen und Gebirge, die sich am Ufer hier befinden sollen? Bis zu den Mündungen, die auf einer Anhöhe liegen, wo jetzt aber auch keine Felsen zu sehen waren, ist nichts als Schlamm. Sehr selten sind auch, über ein- oder zweihundert Kilometer stromaufwärts, in diesem Mississippi Krokodile zu sehen, weder junge noch Kadaver. Wir fuhren so dicht am Ufer des Flusses hin, dass wir oft im Vorbeifahren Baumreisige abbrachen, und ein wilder Truthahn, der entweder schlief oder krank war und nicht eher aufflog, als bis das Schiff ihn erreichte, fiel, vom Dampf erstickt, auf das Verdeck. Zuweilen sieht man, noch ganz in der Ferne, längs den Wäldern hin, ein Dampfboot schaufeln, das in dieser Einöde feine Rauchbüschel auspfaucht; kaum dass ich sonst etwas anderes als Silhouetten mit bloßem Auge zu erkennen weiß, Wiesen, hier und da mit zerstreutem Gehölz bedeckt. Es ist beinahe ganz wie auf meeroffener See: Man sieht andere von Weitem, hört das Glasen der Glocke, den läutenden Salut; ich suche Flagge und Fahne, den Namen des Schiffs selbst zu lesen, und dann ist alles verschwunden. → 343

225 Immerhin öffnen sich wieder neue Wege für das eindringendere Wasser. Die gebuckelte Zunge der Ausrisse verflacht durch Feinbewegungen, auch vernarben solche Anbrüche wieder, und anstelle der verharschten, um Felsen gelegten Fangschlingen, treten neue auf: Ich rupfe den Bast ab vom Flieder haariger Akazien. Talwasser strömt durch den Boden, gelbe Erde, mit falbgraublauem, tuff-fein geschichtetem Ton, das Land ist flach wie ein Tisch: Die zerklüftet rostigen Ufer mit ihren speckbraun glänzenden Felsen haben nichtsdestotrotz etwas Totes. Es sind unzählige Meersprossen, kleine Verblätterungen daran, die sich rasch bewegen. Sie reichen mir bis über die Knie, und viele habe ich durch Zertreten getötet, zu Papppebrei verpappt. Figuren saugen an einer Stange, von der, an den Kiemen durchspießt, Fische herabhingen, die Hälfte kocht in einem Topf. Ich schlug mit dem Knauf auf den Schädel, da ich kniete, mit dem Schabmesser, zerstampft mole Rüben, wie eine Knollenfrucht, die schimmelte? Jetzt mault ein riesiger Kiefernfisch mit spitzen Zähnchen auf und verschlingt mich, als Wal. Ein Bauch wie ein Kübel im Dunkeln, aber kleine Feuer erhellten die Höhle augenlos. Ich bin hungrig und erschöpft und etwas zerrte und schnitt mir ein Stück aus dem Herzen und aß und verzehrte es. → 205

226 Ein Funken glimmt und flimmert aus dem Fluss herauf in meinen Blick: flache, mit Steppengras bestandene Böschungsschraffen, und die von graugrünen Tamarisken und zerfiedertem Gebüsch bedeckten Hänge weniger gegliedert. Handwurzelpalmen, die Augen treiben Schlieren und schalen, und in Aderungen zermaserte Knospen: Da unten sind keine Blumen. Zwischen Ufer und Ufer liegt eine Ebene, aus der sich hunderte, vielleicht noch mehr Rundhöcker erhoben. Wie die Schalen riesiger Schildkröten liegen die Erhebungen da – ovale, glatte, fast baumlose, mit Steppengras bedeckte Buckel in den Maschen eines Netzes von Sumpfwiesenniederungen mit Palmen und anderen Bäumen. Ihre trockenen Fächer sind nach unten gebogene Flegel und ummanteln den Stamm wie eine Hülle mit Bewandtnissen. Netzartig zerplatzte Einglasungs-Waben, wie aufschwimmend rissige Schollen darin, die oberhalb trieben, davon. Die Stacheln der Fächerzacken sind scharf, brechen, in die Haut gedrungen, ab und verursachen giftige Wunden. Vielfach verzünde ich zum Vergnügen die Wedel. Sie brennen dann lodernd wie Fackeln, verschwenden und entstehen frisch aus der Asche. Doch auf dem Strom segelte kein Boot vorüber, flattert keine Seele. Ich bin der einzige Tote, der hier noch lebendig ist, und sitze fest. → 300

227 Bereits in Inselinnen aufgelöst, die aus einem mit Flugsand erfüllten Talnetz aufsteigen, so ist die Vorstufe zwischen dem Gneisvorsprung zerrissen und ihre Tiefenverwitterung mit Salzstaubbildung grob ausgesiebt. Der Gneis zerfällt, im Bereich des Riegels als Talenge, in eckig kleine Schuttstücke, seitwärts gefurcht (lateral gestaut) als Talweite. In einem Gewässer, das dahinbrodelte, das von den Gipfeln, die der Tag überstrahlte, weißgrün herabzischte und sich nach unten in Bäche tief verästelte, die vom Tannin der Wurzeln ockerrot gefärbt sind: In erheblicher Höhe, nahe dem höchsten Teil des Schieferrückens, liegt ein beträchtlich großer, heller Steinblock, wie wenn er dort hingeworfen wäre. Wo das Wasser aus der Uferwall-Lücke herausschießt, unter Druck herausgepresst wird, durchfurcht es die Schlamm- und Sandflächen der Überschwemmungsgelände, es kommt zum Einrutsch ausgeschnittener Stauwassernebenbetten in grasigen Flutsohlen: Felsartige, leicht zerfallende, stark gequetschte oder zerhackte, mürbe und wenig feste, oft mergelige bis tonreiche Gesteine. Und ob Nebenbetten-Flutsohlen andauernd gratartig überschwemmen: Fast ist ein in der Tiefe erstarrter Granit später auf- und undurchbrochen grob zerstückelt worden, die Brekzienstruktur verbröckelte. →96

228 Es dämmerte über den Hochflächen. Die nächtlichen Nebel hingen noch über den Flinsgebilden. Ihre Schleier wurden Ton in Ton durchsichtiger und heller, als das Licht sich an den Wänden granitrosa brach und in langen waaglosen Schattenflächen fiel. In einer Talweite neigt der Fluss infolge solcher Stauungen mitunter zur Befüllung seiner Hochwasser-Nebenarme, zum Durchbrechen der Uferwälle. Ich wusste, dass der Fluss in den letzten Tagen angeschwollen sei. Viele Felsen kämen wieder an die Oberfläche, und die Stromschnellen verästelten sich an erratischen Blöcken, deren Felsen algengrün vermoost sind. Zu Füßen der grünen, grauen und schwarzen Waldwand, deren Gipfel im Nebel verschwammen, tropften die Nadeln den leichten Reif ab, der sie wie Emaille überzog. Ich stand vor einer Höhlung, in der sich ein Tier kaum verstecken konnte, und überblickte den Pflanzenrost, die dürr-roten Flechten, Knospen-Moose und Nick-Kräuter, die eine Welt in der Welt darstellten, so verworren wie der Arvenwald gestrüppt. Das Tal beginnt sich gabelig zu teilen, und so entsteht eine Auflösung der Lachen ins Salz der Mirage unter den Inselinnen, die flimmern, zwischen denen ich beginne: Das längst schon enge Tal erfüllt sich steinig, und riegelt sich. →41

229 Und ob ich tief in Gedanken versonnen bin und die Stirn in Falten zog, blau, bleich, grau, sehe ich oft raue Landschaften, das Herbstheu nach dem Mähen, manchmal ein Hobelfeld, Wälder aus Schwaden, und zu Wiesenbast verkochtes Harz, und zu Knete getretenere Wege, dickkringelig. Ich sehe plötzlich in der Dämmerung auf dem Weg weniger schreckhafte Schatten und Gestalten. Vertrautere Geländeformen, wie von der Spindel gedrupfte, Wollekunkel, Höckerchen, ungeworren, und nicht unheimlich. Schneestücke kindern auf die Eisrinde Schollen in harschem Firn. Neben den Umbildungen habe ich Pyramiden von Pappfigurinen gestapelt, Leiber, Glieder, Köpflinge, längs einer Allee durcheinandergeworfen. Bewegungen sind es nicht, wälzendere, sondern alle Ungegenstände nehmen eigenlose Formen an, Gestalten. Ich täuschte mich, ich habe keinen Körper. Mich dabei selbst geschlagen habe ich, ja, und immer nichts gefühlt. Wie Formen, die veränderten sich stets wieder. Und blieben nicht im Nu, nichts, wie es war. Sogar jede Empfindung für den Augenblick fehlt. Da sind Kaninchen im Klee? Drei ganz winzige, und sie äsen sich, fressen: je eine Schwarz- und eine Rotschecke, und eine Blauschecke. Drumrum eine Fensterwand, sprich Leiterbretter, viele Seile, und die sind mir schwiemelig.

230 Wie die mit eisernem Rand beschlagene Schaufel zum Sammeln des Getreides beim Dreschen, als ginge ich als körperloses Wesen seit Ewigkeiten schon durch die Welt, und dann durch und durch noch eine: Haltet mich!, dass ich nicht runterrutsche: Ein stumm laufendes Rad, so rasch bewegtere Gegenstände (hohles Holz, Badequast, Kannen) verursachten fiebrig Widerwillen, während glatte Scheiben und Papierblätterflächen in lebendigbauchigen Schwammpuppen aus dem Laub eines Baumes strotzen: wie die aus dem Erlenklotz ausgehauenen, gehobelten und zu Radschienen gebogenen Aststücke ein wenig tanzen. Giebelig durchziehen verwickelt gestaltete Gratnetze die zottigen Schartgrasfluren, und zwar dürrbültige Schilfnestersümpfe, einsackende Flutsohlen. Die so unbuckeligen Wälle und die aus ihnen steinigen: neuere Durchbrüche blinzeln den Inselinnen, insichdicht nach innen mit Bruchgestrüpp besetzt. Vom hinteren Ufer aus erscheint auch die Talweite als selbstzuckender Schilfsumpf, oder wie eine glucksende Moosflur mit sich hinschlängelnden Sielen, dem Gewirr von Waalen und grob geflochtenen Gräben-Weglinien: unregelmäßig eingekieselt; löcherig und nesterweise fein, aber in klotzigen Bänken und Stöcken: Das Wasser bekommt Häute, und Blasen im Regen. →6

231 Seit Tagen trieb Eis auf dem Bayou, Rutschungen des Rogeises, das sich mit angefrorenem Geröll und mit Steinen vom Boden des Flusses erhob. Die schwimmende Insel, auf der ich stehe, ist, geronnen als Wundrunse, verödet: Tag und Nacht bricht klirrendes, tönernes Krachen der Eisrisse zu mir herauf, hauptsächlich hervorgebracht durch Anastomosen: das Anstoßen der treibenden Schollen an das täglich weiter in den Fluss hineinreichende Ufereis oder durch Platzen offener Abschellerungen bei starkem Frost. Hier und da stauten sich die Schollen und türmten sich auf, die abgerutschte Masse mit schroff polierten, glänzenden Wegfurchen. Die Flume hatte nämlich bei einem viel höheren Wasserstand zu frieren begonnen, bei allmählich zurücksickerndem Wasser hatten sich die bald dickeren, bald dünneren Eiskrusten auf das unten liegendere Geröll gelagert und brechen nun unter dem Fuß bei jedem Schritt ein. Endlich sank ich nicht tief, gewöhnlich bis an die Knöchel kaum, bei größeren Knotten bis an die Knie, treff aber auf scharfkantige Kiesel. Weiter vom Marsch ab zerstreute der Nebel nicht, das Eis wirkt ufernder und dicker, die Rogeisdecke geflechtsflächiger, doch versperrten jetzt wuzelig aufgestaute Eisschollen, von Reifzotteln unverbrämt, den Weg. → 342

232 Halbaufgerichtet im Bett, stoße ich einen unartikulierten Angstruf aus. Die Tür meines Zimmers öffnete sich lautlos und durch den Spalt ging ein grünliches und bläuliches Gesicht in Rauch auf. Zwei wulstige geschwollene Augen blickten aus diesem Gesicht – durchsichtig. Wie eine tierische Fratze und wie ein ausgehöhltes Antlitz, das eine Ähnlichkeit mit einem Springschädel besaß. Wie die Zunge einer Glocke leckte etwas schrecklich Unbekanntes mir über die Wange und schimpfte mich in meinem eigenen Gehäuse die Ausgeburt eines Esels. Als ich die Herdluke hinter mir schloss, hieß mich noch jemand aus der Schürtüre heraus Splitter, Scheit, dicht, mit heller Stimme, d. h. mit jeder Stelle am Schaf, wo keine Wolle wächst. Und als ich auf der finsteren Treppe sich bin, beginn ich zu zittern. Auf der Treppe schütteln mich ein paar Gestalten, auf und ab. Jede andere Gestalt stand hinter einer Ecke selber. Es ist eine Schande, das Gebräme meines Fells, aber ich wagte es kaum, nur einen Stein durchs offene Fenster zu werfen. Ich strecke Hände aus und beginne das Blindgespenst zu kitzeln. Da löst es sich in dunkle und weiße Flecke auf, die durcheinander hüpften, und ich fuchtle Pfade wie eine Sense in den Anger, und verwische die aufblasenden Flammen. → 178

233 Ich glitt nicht allmählich in diese Verwandlungen hinein, ich erlebte vielmehr einen Ruck, Übergang keinen. Immerzu sah ich mich ohne Gleich in die Gesichter anderer gebannt: gleich und gleich, und damit genug: mit der Vergrößerung des Sehfelds, das nun den Punktumfang offenhält, wie das Klipp-Klapp bei Stiefeln: und wie die Verbrämungen beim Marderfell? Plötzlich erscheint sogar mir mein Schädel geschält als ein großer rotbäckiger Apfel, ein blutiger Spaten, ein Radknopf aus Adern: Lippen und Wangen verschwanden, und die Augengestalt des hochrot-bäckigen Apfels schwebte mir vor. Woran ich anfühle: Lichtklexe, Dünntinte, allein das lautere Knirschen des Schnees unter den Füßen bei harscher Kälte ist mir unangenehm: als Maulpferde, Eselsköpfe und Kübelreiter mit Eimerchen am Arm – schellen. Auch Schlangen an den Wasserkannen sind ja vorhanden, so dick oft, widerlich, ich will mich übergeben! Wie ein Fuß sich einsägt in den Fluss, wie Fließigel, das schnellende, lippige Aufschneiden der fleischigen Flussarme. Ich grub mich in die Aufwälzungen hinein, Insel-innen, und dieses Einreißen der Runsen triebselte und versiegt darin nicht, nicht unumstrudel, und nur zwischen Furt und Flut gefurcht wie eingekehl'chte Wirbelchen in Wellen. → 78

234 Der angeschwollene Fluss trug jetzt mit treibender Geschwindigkeit, wohl fünf, sechs Knoten in der Stunde, lange, nicht lange: Schließlich bückte ich mich dann, sammelte einen Klumpen Eis oder Schnee auf und schob ihn in den Mund. Der sich stetig, fast bis zum Sturm verstärkende, je nach den Windungen des Flusses bald rein vor dort, bald aus da und dort oder dort und hier mir entgegenbrausende Wind bringt den Fluss dergestalt in Aufruhr, dass meine wieder tief unter Wasser gehenden Zieh- und Treidelschiffe ächzten und stöhnten, während Wellen über sie hinschlugen. Dass gerade die Zerstückelung des Erlebens die Zustände zerstrudelte, die mich in sich, in einen Strom davon wechselnder, extremer Erlebensstränen versetzt: Mein Floß ist vom Fluss zu durchströmt jetzt, und dessen Wasser eine nie zuvor gesehene, beschlagene gläserne Klarheit besessen hat. Ich bin ständig von einem Gefühl ins andere gekentert, wie Perlen, die vom Boden aufstiegen und an der Oberfläche sprangen; immer bin ich in Spannung und untertuschen den Zusammenhang, wo über den groß offenen Waken der Ufernebel in der Sonne flimmert. Dass die Szenen immer wieder jetzt ausbrechen, zerfransen: Es kommt zu einer Voreinstellung auf Unerwartetes, das so und so in ein oblonges, tiefes Loch kalbt und fällt.

235 In einiger Entfernung vom Ufer wird der Wald lichter und schließt zwischen sich kleine Inseln von dürrem Gras ein, bis die ersten niederen Bäume aufragen. Zwischen hohem Gras erhob sich dort niederes Buschgestrüpp, stark vermischt mit buschigem Genist aus runden fleischigen, schuppenartigen Blättern. Raschelnd filzt sich vom Rand aus der Busch mit seinen sperrigen, meist mit Stacheln und Dornen bewehrten Ästen oder klebrigen Blättern zu einem undurchdringten Dickicht randständig aus, an dessen Saum die Ranken von Schlinggewächsen emporklettern: sperrig zähe Äste, die Kronen der Bäume reichen mit ihren unteren Ästen bis in das Unterholz der niederen Büsche hinein, dieses rautige Dickicht mit Spieß- und Fiederblättern und grüner Rinde, mit flach lichten Kronen, die oft in spitze Triebe sprossten. Salzausblühungen, ebene, die wie frisch gefallener Schnee in der Sonne glänzen, diese Fladen überziehen alles, was die Wellen des Mississippi auf sie hinaufgeworfen haben: Am Strand sind glasige, durchscheinende Gipskristalle zu finden; und oft hat die Überflutung eine niedere Kliffküste gebildet, die ein angeschwemmter Salzring auf verkieseltem Salzsumpfboden umbankt. Als sähe ich Wellenherde, eigenlos viele, wie Kreisel kreisen. →201

236 Zwiebelartig übereinanderliegende, sanft gebogene Felsschalen springen glatt vom darunter leckenden, noch festen Gestein ab, das rissige Schraffengefüge gleicht einem undicht gewordenen Leitungssystem, in dem sich Ströme von Elektrizität knisternd verästelten, die es stufenlos zu wölben oder zu mulden gilt. Ich sehe mich auf einer relieflosen Hochebene; in Wirklichkeit ist jeder Bachlauf, auch der kleinste, scharf und verhältnislos tief in die Fläche eingesenkt, geschnitten: als Querzirkus mit dergestalt steilen, verwinkelten Verhakungen unzählig dichter, verschieden gerichteteter Klein- und Kleinstverbänden im nachsiependen Lehm: Als habe ich die Rinde junger Stämme aufgeritzt, meist abgelöst, und um sie auszuweichen, in fließenderes Wasser gelegt: Verstrudelt mittigen sich die Stricheladern zu einem kriechenden Rinnsal verknäuelt, und die ersten Fühler, die der Quellkopf aussprosst, um sich weiter in die Haut der Kaupenfläche einzukeimen, kolkten die große Zahl der herabstürzenden Bäche aus, und Erdrinnender Regen grub Hohlräume, Knuppen und Runsen in den Ton. Und da die Rinde ausgeschält ist, schab ich sie ins Wasser (ein ganzes Schaff), ich wasche die Schale, auch die zerklopften Wurzelstöcke der Grasbülten, und lasse alles miteinander tagelang sieden und den Sud ruhen. →183

Hier angekommen, stocken meine Gedanken plötzlich, ich stolpere und fiel zu Boden. Das Misslingen macht mich zurückschrecken, wie wenn es mich verletzen wollte: etwas unterbricht mich, und als ich fortsetzen will, habe ich pausenlos den Eindruck, die fixe Idee daran, das ununterbrochene Wort für Wort, das ich jetzt niederschriebe, komme im Text vor mir vor, als habe ich allein die Vorstellung des betroffenen Wortes für wahr genommen, und zwar: Es kommt zur Verdoppelung der Erinnerung an die Erscheinungen, wie beim déjà-vu. Wie seziert, eigenlos, als hätte jedes Jetzt jetzt im Jetzt erst angefangen zu sein. Und dann schlug Unvergangenes um darin, ging durcheinander, aber in nichtgreiflicher Weise, es zog sich unzusammen, fiel ineinander auf und verballte sich, undurcheinandergewürfelt unförmig, so, wie eine Scheune vielleicht zu Heu auseinanderfällt. Die Nachbilderfläche griff dann über auf mich zu, als ob die schroffe Flucht zur Untiefe schuppenartig unzusammenschrumpft. Der ganze Farbraum schien sich auszudehnen, endlos facettiert, auch anzuwachsen, er schien ein damastartig in den Stoff gewebtes Muster zu haben, und die Lücken im Kontinuum der Erlebnisse zum Glück sind nicht alles.

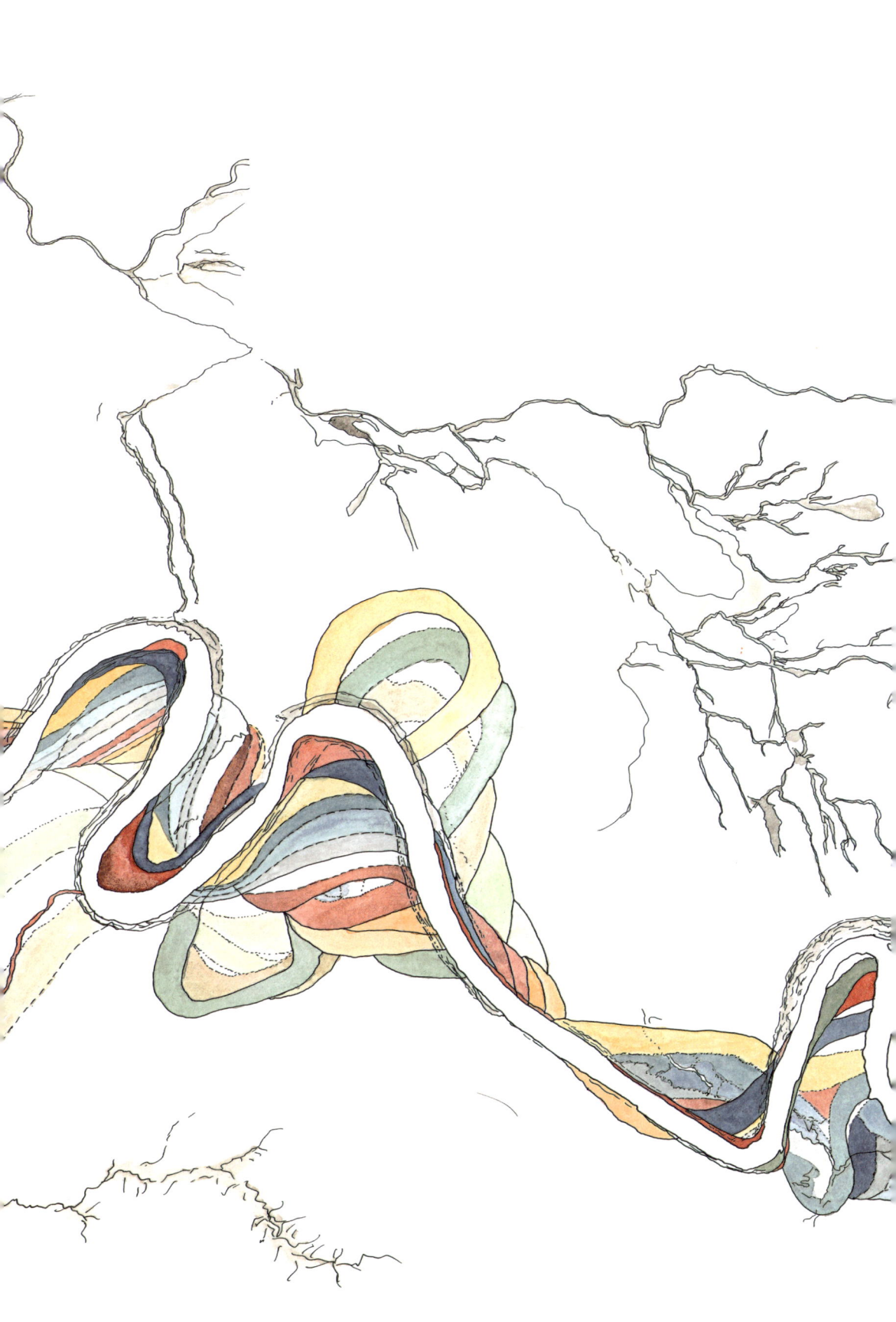

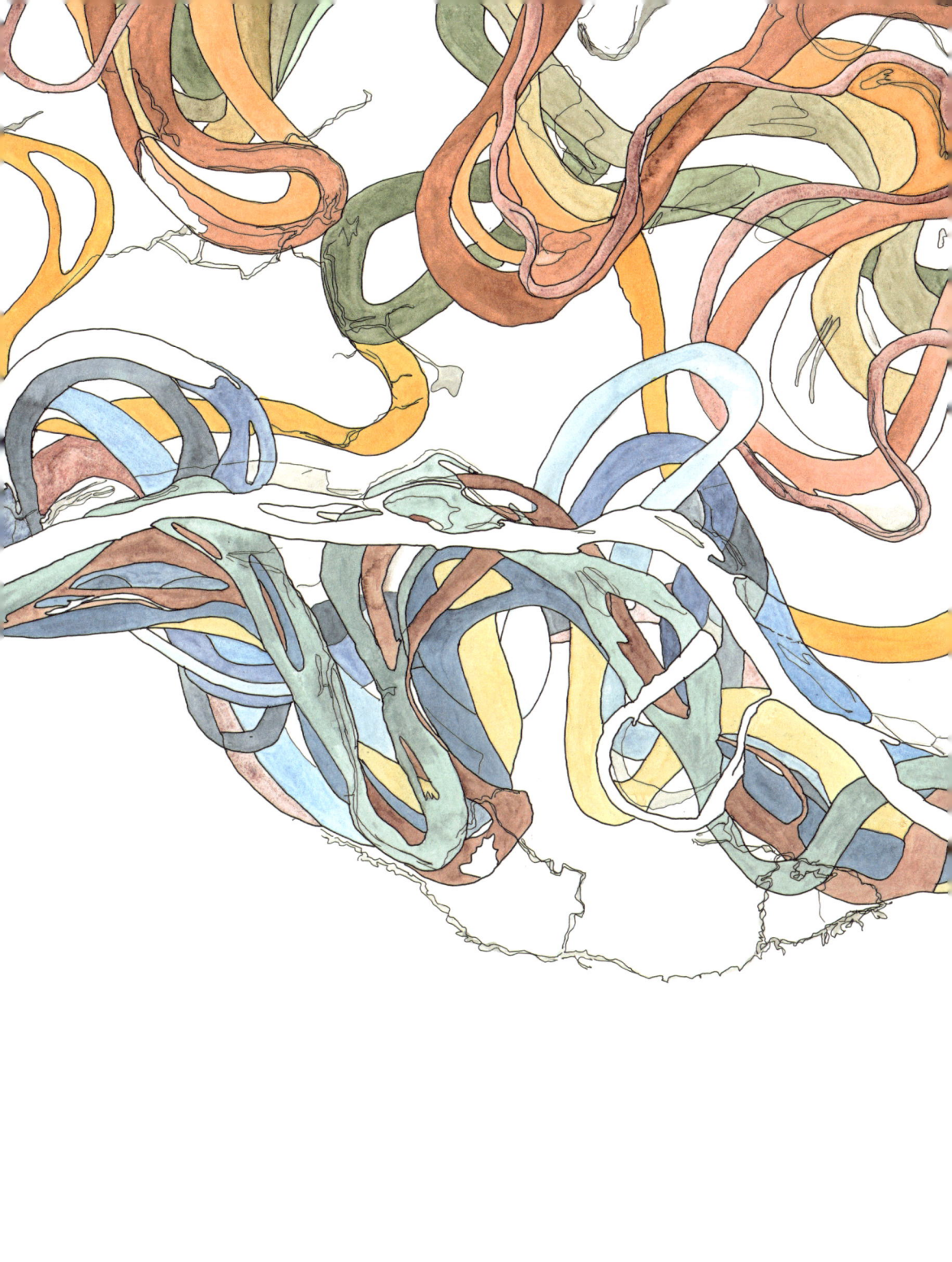

237 Und die Strömung ist sehr stark jetzt, ich komme langsamer vorwärts. Glühend platzt die Mittagshitze prall auf das Schiff, und auch der Wind flaut, ich muss fast immer rudern. Oder ob ich nicht mehr weiterkomme: Zehn volle Stunden zählte ich nach zehn vollen Stunden, und der zurückgelegte Weg misst kaum tausend Meter. Wie ein Anker tauche ich ins Wasser und kehre zurück mit Leguaneiern als Beute, die ich koche und verzehrte. Ich gelangte wieder an den Bach, der brackiges Wasser führt. Es muss, meiner Erinnerung nach, nicht mehr weit sein. Aber hier inkrustiert auch jeder Pfad am Bayou, hört auf. Am jenseitigen Ufer wächst dürrstes Gras, das nirgends eine Spur von Pfad erkennen ließe. Vergeblich, in gerader Richtung einen Weg bahnen zu sollen. Nach und nach erschöpfte ich, dass an ein Weiterkommen nicht zu denken war. Vom Wipfel einer Palme sticht das dumpfe Brummen der Kasuare, doch nie bekam ich einen dieser Vögel zu Gesicht. Im Uferschlamm verkittet sind Tupferfußspuren sichtbar, und ihnen folgend erreiche ich nach Minuten – Mündungen. D.h., ich habe das Gefühl, als ob ich in dem einen Augenblick mit mir spreche, im nächsten mit jemand anderem nicht spreche. Nichts kommt zu Ende, dann, und ich kann nichts beginnen und will nur, dass es aufhören sollte. → 274

238 Bei manchen Felsen ist die Riefung etwas regelmäßiger eingestarrt: Fließwülste sind hier und da überkippt und legen sich dann einseitig über das Zwischenfächerfeld, von grätigen Spitzen bis zu flätigen Zaddeln und mulmt starkfärbiger ein, als es bei Kriechrinnen und Tunnelungen emailliert. Gegen das Kliff zu stehen die Strauchbäume dichter; zuletzt stand ich auf dem Inselberg und blickte nach allen Seiten über ein weites Schilfmoor aus welligen Wolken und Holmen, welche sich unter sich wälzten und verwogen: ein schmaler Rücken, bedeckt von krüppeligen, kriechenden Kiefern und bültigem Moos. Ich lag auf dem Bauch, und die Unterlippe war schlaff, wie in Kitt gedrückt, so dass das verdickte Fleisch der Barten, die aus dem Oberkiefer herabhingen, sichtbar wird, zugleich aber die Mundhöhle schloss. Nach außen sind die Zahnbarten hart, fest, scharfkantig, verlippt, fingerdick, im Lot zum Wirbelkorb aus Rippen und Armbewegungen, und haben im Maul- und Gaumenteil ein-zwei Zungen bis ganz unten. Nach innen und hinten zerfasert enden sie in Bindselchen von straff flatternden, knorpeligen Fasern: Rinnen durchziehen die Mantelfalten wie Glasur, bei einem Knubben zart, wie die Riefen der inneren Handfläche, bei einem anderen luftwurzelig ausgerissen. → 247

239 Nicht jedes Blatt ist sternenartig gezackt, nicht jeder Stängel dunkel und blank. Es gibt unfertige Blätter ohne Netz und Muster; es gebe bluthelles Laub und umbernes: altes, das gelackt glänzt. Hinter dem Efeu, der hinaufschwillt, aufstiebend in gierigen Kaskaden, quillt zwischen dem gilben Laub: Hölzer und Luftwurzeln hin und hinunter, starr gewirrt. Sie zeigen alle Farben des Pfeffers, winden sich um, würmelig, tot-trocken krumpelig, dürr wie klaffend offenes Korkholz. Erdwärts, aper, ein wenig einmuldet, zog sich und sinkt ab ein langschmales Band mit welker Kresse, kletterndes Efeu: Und jede Klette lippt ihren Spross aus Zacken, scharfen Aufbissen, spitzgeraden gebrochenen, dornigen Beschnittrissen: Ganz scheußliche Unlinien wie Geschwulste verbinden sich mit Windhaut unvernäht aus tauben Wunderungen, wogend: die Bastkronen der Maronen, über lichtsinnigen Gaden krampfarmiger Kastanien-Balustraden: Nur rußige Schatten gluten wolkenfilz-schwarz wie diese: Baum um Baum entkernt sich als haariges Frucht-Ungetüm mit Fuszeln, auskräuselnd in Wurzelungen. Und der Bruchwald schlief so, in tief finstere Stille gehüllt: Versonnen spie ein aber karminroter Granitberg elf gelbe Wasserfälle ins Zinnenwerk aus Gipfeln wie Kamingesimse. → 116

240 Berg um Berg, überziert mit obeliskem Rot, hat eine Hangterrasse, verzackte seine Kanten, schärfte seine Ecken oder krönt sich mit Blumen- und Basaltschraffur, die wie Figurinen einer Prozession wirkten. Man gewöhne sich an dieses Schaukel-Beben aber und ich bemerke es nicht: Der Rumpf verlarvt, wie Schiffe mit gehissten, mehrteiligen Segeln, die die Wasserflocken zu sich heranzulocken scheinen, alles miteinander verklammert zu einem Traum, der keine Ähnlichkeit mit sich hat: nur raumer Wind, vom Meer her, die Bäume winken mit den Wipfeln und verbranden, gleichsaum, wie eine Gespinst-Raupe den Abhang herunter zum Ufer. Dumpf und gleichtaktig schlugen die Wellen Mäuler ans Gestein; das ganze Meer ist mit weißen, lebendigen Flocken bebender bedeckt, als hätten sich Vogelschwärme auf das Flächennetz aus Blauseln niedergelassen; sie treiben allesamt nach einer Richtung, verschwinden, untertauchen, erscheinen wieder auf der Calm- und Schemm-Kammfläche, und klatschen tief, aufatmend. Ich rastere die Schotter, mit inseligen Bodenriffen übersät, die windlings mit rispigen Kanten zerschnitten sind, Perlgries wie aus Filz, krümmend sich, siepend, kringelig in breit-weich auskammernden Runzelungen empor und aufglitzernden Falten, davon. → 12

241 Ich zittere kaum, nur ein zum klaren Himmel emporlodernder Ast bebte und die straffgespannten Trosse sirrten stumm. In endlos ineinanderfließenden Reihen, in einer durchsichtig verkapselten Mannigfaltigkeit und Massenlosigkeit fluten sie vorbei und schwoien. Sie hingen ihrer Form nach irgendzwei zusammen, aus vorkochenden Wolken ungeformte Leiber und ausschwadernde Feixgesichter, himmlitzend kapseln und verwandern sie einander eindrängend, auch zerfließlich. Hautreflexe, zitterige Linien, bunt auf dunklem Ungrund undurcheinander rudelnde Figuren, Flug-Scharen, Rauchflächen, Stichelflammen fratzen, wie schartigere Grasschwerter. Sie halmen auf und strotzen flächenhaft, aber in unscharf umrissenen Konturen. Und nun müsste ich die Netze aus zähem Garn der Spitzenmuster auch im versprossten Efeu malen können, den langenden Zusammenhang im Laub, die büscheligen Tschüppel Blätter, und die Einzelzweige selbst mit ihrem Oskulationszickzack müsste ich, wo sie Lichtflammen fingen und vielfingrig glänzen, klar und kratzig über die Schatten nadeln und scharten; sie sollen heller werden, als sie dünken, blanker und dabei eingespreizt, gleichsam eingemalt, indem eins aus dem anderen hervortunkte, wenn ich sie – antupf. →251

242 Viel wichtiger ist der als Wolkenbruch niedergehendere Regen. Die zwischen die Blöcke eindringenden Regenwasser sammeln sich unter ihnen an; ein flüssiges Netzwerk von sickernden Rieselfließrinnen entsteht. Diese sammeln sich schon unter dem Blockmantel in kleinen Rinnsalen an, die im Übergang zum Blockschuttmantel zu der Ebene als winzige Erosionsrinnen heraustreten, Nebel und Schaum, die sich zu größeren Wasserrissen vereinigen. Nach starkem Regen verwandelt sich der Staub in Schlamm und setzt sich auf Abhängen in Runsen in Bewegung. Fließschlamm dringt unter Schwellen und Brodeln zwischen die zersplitterten Trümmer, hinunter und in sich aufgesogen, Steine im Gefühl des Fallens: Ich werde auch ein Nächster sein, der den grausigen Sprung tut und verschwindet. Dabei entfesselt mein Toben soviel Kraft, dass der Steinboden wenigstens verschoben wird. Verwerfungen verpflasterten da und dort zwei Schollen aus Sandstein, Hügel aus Ziegeln und mit Schotterkrusten. Wie Höhlensteinflüsse plötzlich herausbrechen im Karst, quellen die Unterblockschutt-Gerinne am Rand der Unterschutthänge auf, dort, wo das Blockschutt-Gerinnsel glatt und oberflächlich wird, und das Steinpflaster liegt als offenbar unangreifbarer Panzer oben. →150

243   Spuren habe ich nicht gefunden. Nur, hier außerhalb des Tales findet sich in den Schottern verkieseltes Holz. Darunter frißt Staub sich in die Tiefe, aufgehäuft davon. Und nun arbeitet die Verwitterung: zahllose Nester von Ziegelschottern, Kalkstacheln und das Abplatzen von Schalen und Dornscherben; sie fallen ab, und sie schichten sich, Kristallgrus bröckelte herunter. Wasserfasswasser, die nach starkem Regen Wegnetzwerke von Rinnsalen bilden. Die Wollsackdecke wird zerkleinert, Fließgefüge, vermahlen, ausgespült. Wollsackembryonen gingen nach und nach ihrer Loslösung felsenlos über und über: die zerkleinernden Blöcke sinken in die Tiefe, wo Schichten ausgespült sind. Doch in eine Feldstelle schoss das Licht heller ein, oder es bildeten sich kraterförmige Lichtwirbel, die auf unbestimmte Punkte hin zerflossen: Obschon ich auf mich einrede (jetzt wird auf meine Hand geklopft), empfand ich ein Pochen auf meinem Handrücken nicht an der Stelle, an der ich es zu sehen wusste: Inzwischen freigelegt, liegt das Gemisch über sich, darunter: neuere Embryonen, die sich nicht bilden. Und in diesem Augenblick veränderte sich auch das Gewölle: Es wurde regelmäßiger, alle Linien strahlender, die Wellenlinien verschwanden, die hellen Punkte wurden augengrau. →190

244   Schon oft bemerkte ich plötzlich Rebenlaub auf dem Pflaster im Hof, vor dem Fenster, welches, in der Größe unbeständig, häufig, wechselnd sich bewegte, in vorüberschwebenden Schwärmen unzusammengehäufte Blätter, die über den offenen Boden kehren, kaum wenige Tage lang, dann wird ein lodernder Baum mit Knospen daraus, davon! Ich sehe Lohde um Lohde zwischen Gestrüpp und Silhouetten, blaugestaffelte Baumschnitte, *coulisse*, als ob Sträucherchen im Fog, vorauf kochend, quellend aus den Nebeln. Wie gemalt, ihre Farbe ist kaum blaugrau, getuscht, dunkel, und alles monochrom, während welkere Blätter verschiedenere *coleurs* oft, hellere und gelbe, eindrehen, bewenden. Und das Laub ist wie aufgeklebt, und da die Blätter abstehen von der Rinde, wirken sie abständig größer, ganz klein in der Nähe, wie eine Münze immerzu und sonnenrund. Die aufgedörrten Blätter sind oft verzweigt verschieden, geformt, gerollt usf., da ihre Scheinblütenblätter glatt versprossten. Von Zeit zu Zeit versäte Keime von blumender Schönheit, unirdischen Farben, Stern-Arabesken, winzigen Springbuketts: und wohin? Drei in der Luft schwebendere Delphine sehe ich, in meiner Höhe! Auch kleine braune Käfer, die mir aus dem Kopf quollen, und die ich zertrete, in die Erde. →99

245 Alles Mögliche, Tierformen und Bestien, umwimmelt mich. Jeder Strauch, jeder Zweig nimmt scheußliche, mich ängstigende Formen an. Die Delphine richten sich noch auf, zeigen die Ungestalt feuriger, alter Elstern, schrumpften immer mehr ein jetzt und bildeten – im Verschwinden darin – die Abendröte. Immer schien auf jedem Baum, auf jedem Strauch alles Kuckucksgestalten zu sitzen, jedes Schilfrohr schmückt sich mit einem Kolben. Die Ereignisse sind so zwingend dabei, dass ich nicht absehen kann davon, stochernd mit dem Stock, vor mir her in leere Luft zu fuchteln; die wurzeligen Stumpen verdecken den Hintergrund, und wirken undurchsichtig. Auf den vorüberziehenden Wolken: Schemen, die, sooft Böen in die Zweige fuhren, zottelten und winkten. Die Zitterblätter wechseln ihre Kontur mit augenfälliger Entfernung, sehr: und Hagelsterne malen Zweifel auf den Grund, Malmpfannen und Vertiefungen, und drumrum buntscheckige Ringe. Auf ein Kornfeld projiziert, wird etwas so groß, dass es ein ganzes Fenster deckt. Beim Gleiten der Pupille fließen die Punkte mit, zu Glut, und mit zuen Augen verschwinden die Bilder, wie diese, und verbrämen in Strauchpilzgebilden. Endlich verblasst das Gesträuch und macht dem nebligen Fleck Platz. → 87

246 Ich hatte einen großen Teil des Tages stundenlang ununterbrochen mich mit Apfelabnehmen beschäftigt. Auf einer Leiter stehend, handhabte ich den Äpfelklauber, dabei unausgesetzt in die Spalierkronen blickend, hinauf, und mit der Pflückzange an langer Stange ziehend. Statt der Elstern sah ich häufig da und dort auf solchen Bäumen in schattenhaft, ganz deutlichen Umrissen Spottgestalten hocken, dickbäuchige Sitz-Kerle mit krummen, dünnen Beinen, langen, klumpigen Nasen oder rüsseligen Elefanten, die mich anglotzten. Auf dem Boden schienen einmal Eidechsen, dann Frösche und Kröten zu wimmeln, richtig blickdicht. Als ich später durch noch dumpere Zeilen im Spalier ging, wurde ich im Vorwärtsschritt empfindlich gestört, dadurch, dass ich ein beständig mit Äpfeln behangenes Geäst vor mir wusste. Im diffus erleuchteten Gesichtsfeld bildet sich durch lebhafte Bewegung eines Streifens eine Lichtspirale, die sich schnell rotierend im Gesichtsfeld hin und her bewegt. Zeitgleich gestalten sich meine Beine ebenso in Krummform. Die Lichtspirale und die Fußspirale fließen in den Waden ineinander, d. h., beide verkörperten, was mir vorschwebt, und ich empfinde dies als wirklich. Ich fühlte mich körperlich und zusehends eins. → 243

247 Jetzt hüllt sie sich allmählich in einen Dunstschleier und verschwindet glanzlos und bleich: Die Sonne ist immer tiefer gesunken und ihr Rot immer düsterer geworden. Kalt und eisig scheint aus klarem, blauem Himmel die Sonne auf die Eisfelder und Erlen, der Frost steckt tief in der Erde, und der Boden erhärtet, überall glitzert es von feinen Kristallen und flimmert, der Schnee überzieht sich mit der kriechenden Kälte der verharschten Decke: Diese ganze Firnfläche ist ein Karrenfeld. Schnee knirscht unter den Füßen, und die glatten Schichtplatten zeigen vielklüftige Rinnen, teils zu breiten Rissen ausgefressen, hie und da finden sich dolinenartig Schneelöcher und Schlote. Für die Spritzzone eines größeren Bergsturzes will jedoch alles stimmen: wenn auch der Boden sich in ganze Zeilen von Wannen, Trichtern und Erosionsrinnen usw. auflöst. Es ist windstill, ganz leise gluckst und plätschert das Wasser in den kleinen Rinnen unter dem Eis. Ab und zu bricht polternd eine Eisscholle auseinander. Die Dämmerung wird stärker, in der Ferne erscheint alles verschwommener. Stehe ich schon vor einem großen Priel? Durch den starken Flutstrom sind hier regellos Gänge aus dem Eis bis auf den Schlick herausgeschnitten. Gehe ich zwischen Eisschollen, entstehend am Priel, immerzu im tiefen Schlick watend? → 358

248 Flach fast und ausdruckslos sind hier die Ebenen, es schleichen Bächchen in ganz wenig vertiefte, breite Sumpfauen getunkt, wie Wollbüschel, die den Schafen ausgehen, ausknäueln in weit ausgezogeneren Mäandern. Die trockenen Rücken fallen stellenweise sacht zu zuen Mooraugen ein, ohne mit scharfem Rand den Einschnitt anzudunkeln; nur der stärkere Wasserlauf einiger Flüsschen ist ohne bauschige Sumpfaue mit kaum modrigem, blankem Hang und niedrig steilem Lehmufer in die Uferfläche eingetieft, ohne Bruch, nur von einzeln staksenden Bäumen begleitet: Auch diese Felsen sind stark zerrüttet, die Schichtung nirgends eindeutig zu erkennen. Je tiefer, desto schärfer sind die Karrenrippen herausgebildet, durch Frostsprengung ein Scherbenhaufen, der alles Anstehende verhüllt; kein Lappen, aber ein am Hang spitz nach abwärts greifender Zwickel. Viel reicher als sonst ist auch die Grasflur hier stärker mit Bäumchen durchsetzt. Wo die Runse in dem Graben mündet, steht samtgrau anwitternder, dichtsplittriger Kalk an: Die Einsattelung zwischen den Bergflügeln ist in ihren Oberflächenformen recht flach im Relief; die Baumwipfel der Uferwälder überragen die Ränder der Quellköpfe und Bachschluchten: Die Vertiefungen und ihre Ränder sind nicht glatt, sondern rau und schuppig. → 267

249 Nachts, wenn ich Einschlaf suche, und unter zuen Augen das Eigenlicht der Netzhaut den Lichtstaub, matt, faserig, der Iris umfacht, geflammte Farbstreifen, und sie mit ihren bandartig bereiften, inneren Lichterscheinungen wechelständig oszillierend in Betracht zieht, werde auch die häutige Änderung des Augenmerks im aufklaffenden Sehfeld vielzellig: verhornt, klumpig, gewulstet, und ich erschrick! Gelegentlich bereits ein leises Knacken oder Knistern genügt hierzu als Anlass, wie es durch Frost und Hitze im Holz, das ganze Mobiliar in den Stuben des Halbschlafs, wo die Schreckhaftigkeit gestaltiger wirkt und das unwillkürliche Erschrecken deutlicher vernehmlich knarzt, hörbar erscheint, nicht selten in einem Knall: Risse entstehen und gliedern die derbe Rinde in wabenartige, oft fast schollige Zellteile: ein radiales Speichengespinst. Jetzt plötzliche, im Querschnitt rippelig durchlöcherte Erhellungen im Antlitz, welche ebenso geschwind vorübergrellen, sind, mit dichten Stranggeflechten undurchsetzt, in der Schnelligkeit vergleichbar träg erstarrten Flächenblitzen, aber ohne bläulich-gelbe Verbrämungen, wie ein Wetterleuchten mit unregelmäßigen, feinrissigen Konturen, trotz warziger Vorsprünge und zackigs aufplatzender Ausläufer. → 141

250 Die Schraffen sind hier viel steiler geführt. Flachwellig und mit Gras bedeckt, das zwischen rostrotem, wabig verknotete Verwitterungsboden mit Knollen und Abschellerungen emporwächst. Die Pflanzen schießen wie Weiden aus, empor, und erreichen lichte Höhe: Dann habe ich sie umgeschlagen und sorgfältig abgeschält; jedes Knäuel will aus dem Mark gepresst sein, aber noch nie sah ich es zur Figur gestaltet. Nackte, spiegelnde Felswände und zerklüftete Felstürme stehen senkrecht über der Tiefe, einige schmale Gewässer schleichen auf der Fläche träge der Bayous und sind stark versumpft, die Schraffur hörte hier auf, Tiefe zu strukturieren, Gestrüpp und dürre Streifen, spröde und zerbrechliche, begleiten sie. Die Ruckbewegung geschieht wie mit einer unverwandten Hand, formend, granuliert, die am oberen, nun am unteren Rand der Kontur eingriff und sie sporadisch auseinanderzog. Aber ich sah ja keine Hand, und nahm nur einige feine Streifen im Staubverlauf der nicht bindigen Handbewegungen von Umrisszuständen auf. Das Sehfeld unter mir erschien als schwarzgelaschte Schicht, zur Mitte aufgeblättert, wie Luken in gedielter Fläche, die zu Flügeln aufging: Dunkle, nasse Sandstreifen unterbändern die Wasserfläche, Priele, Buhnen in oft ausgedehnten, gezogeneren Teiggumpen.

251 Flechtendecke, teils Dornbuschsteppe, und Grasland mit stachelig vergabeltem Gebück, oder ein Dorngestrüpp durchsetzt mit mehr oder weniger dornigem Gras, oft hohen Dornbuschknollen in den Schlamm- und Sandflächen eingeschnittener Hochwasser-Nebenbetten, teils mit Windlichtungen durchfurcht oder, wo das Wasser aus der Uferwalllücke heraussickert, unter Erddruck herausgepresst wird, mit in der grasigen Flutsohle vorrollenden Büscheln: Eine Spindel spitzt sich zu, ich kann sogar die Holzfaserung erkennen, in der Wollsackdecke stecken verschieden zackig, eckig ausgespülte Blöcke, wie gezackte Blitze und Gneisinseln, beebnete Nischen und verbuscht gestaute Senken ins Bassin. Wenn ich etwas anschaue, weiß ich, was das ist, kann es aber nicht aufnehmen, als ob die Augen zugeschmiert oder die Gegenstände verschleiert wären. Dort liegt ein Haufen von Blöcken von so verschiedener Größe nebeneinander, dass die Vorstellung, hier läge ein Verschnitt aus verschieden alten Embryogenerationen vor, eine Stütze gewinnt: Ich kann selber nichts erkennen, weil ich mich selbst nicht fühle, weder Kopf noch Augen. Beim Gehen fühle ich nicht meine Füße, Schritt für Schritt verschweben, ich weiß nicht, wie meine Füße stehen (und wo). → 22

252 Ich wende und wende die Beute so, und fahre mit dem Abschuppen fort, ohne die Haut zu letzen: zuerst in der Bauchhaut, wo das untere Weichschild mündet, mit dem Haken ein Riss, ich tue ihn herum nach der Maulseite zu, trenne Haut, in Quer- und Längsreihen geordnet, von stark verknöcherten Höckern und Schilden miteinander auf, setze nun den Schnitt verbindend immer in Entfernung davon: die Haut der Flanken bis zum Ansatz der Brustschilder bis zur Halswurzel platzt auf, ich such die mit der Bauchhaut verbundenen Knochen inwendig von jener zu trennen, und klappe das Ganze, so weit nur möglich, auseinander, damit ich zuerst die Eingeweide herausklauben kann. Immer trenne ich durch einen Stich den Hals inwendig, doch ohne die Wunde aufzuklaffen, vom Rumpf, streife ihn bis an den Schädel über, trenne ihn vom Kopf, oben, und hole neben dem Gekröse auch noch das Gehirn hervor, indem ich zuvor eine Öse setze an der Stelle, wo die Halswirbel eingelenkt sind. Dass ich davon ausging, Schnauze und Leder raufen mir die Haut auf, dass sie ein Stückchen Holz an Fäden befestigten, beides unsichtbar in den Leib hinein verschnürten und von Zeit zu Zeit an den Klötzchen zögen: Ich versuche, die Ähnlichkeiten aus dem Niveau des Zufälligen herauszuheben. → 23

253 Den ganzen Tag habe ich die wilden Tiere gefürchtet, die durch geschlossene Türen rasen oder die langsam und schwarz an der Wand lungern, und von dort mich mit funkelnden Augen bewachen, bis ich mich unter dem Schrank verkrieche. Meine Umgebung und mein Körper verändern sich nach wie vor fast ununterbrochen, und wenn ich mich selbst sehen würde, wüsste ich nichts von meiner Existenz, ich sehe alles so erstarrt, und meine Stimme ist von Holz. Ich habe mich entsetzt vor den enthaupteten Männern, die durch die Gänge trotten, vor den Körpern ohne Seele der Untoten, mitten auf dem Parkett lungern sie: der Fußboden ist brennend heiß, die Hitze befüllt das Zimmer. Es sind ungetüme Stimmen, verkörperte, Stimmen von innen, ganz gezeichnete, dabei gar nicht unmenschliche Stimmen. Aber kalter Wind bläst aus den Ecken, es krabbeln Würmer und Insekten, überallhin wird gestochen. Manchmal höre ich meine Gedanken selbstlaut ausgesprochen, außerstande, mir die Beschaffenheit des Äußeren vorzustellen, so sinnlose Worte, leere Wiederholungen: Ich schmeck das Essen, wie es eben kommt, Kohl wie Honig, und auch beim Kosten ist mir die Suppe oft zu schal, dass, nicht damit ich Salz hinzutu; aber jetzt schmeckt sie plötzlich kratzig –

254 Ich sehe halt die Gestalten nicht genau, sehe hauptsächlich einen hellen Schein; weiße oder sehr helle, wollenen Flaumen, gelbgrün; dunkle Flächen und stets die zerrissenen Schatten der Gegenstände färben sich mehr und mehr violett. Solchen Oberflächen erscheint Rot purpurn. Gelb sehr blaß und gräulich, Violett dunkler, Orange blassrot, Purpurrot dunkel, und Grün – gelbgrau: Die Gestalten zersplittern wie lebhafte Sprenkelungen. Dazwischen flackert da und dort ein grelleres Zinnober auf. Immer wieder Kühlungen durch Moorblau und Schlammgrün: Über mir steht, ruhig vor sich hinnickend, ein vogelbeerrot klumpiger Pilz auf einen Spieß gestützt. Auf dem Felsen vor der aufspringenden Schabe sitzt ein Gorilla mit grobem Steiß und ungeheurem Gebiss, der in der linken Tatze einen gelbroten Apfel hält. Ich in ziegelrotem Rock hockte davor und mit gleichfarbiger Mütze: Ein Nachtstück, wo in trüber Dämmerung, im modrig-mottigen Zwilch unheimliche Klabauter zwischen kahlgeschälten Bäumen schleichen! Wie eine Wolfsschlucht, ein verrufener Unort, an dem es spukt, doch schieben sich von rechts her schwere, schwarzbraune Wolkenbänder wie Gespenster in das Sehfeld, das mannigfach durchblitzt, durchlodert und durchfunkelt wirkt. → 171

255 Schwarze Massen aber verdecken dann alles, kopfartige, runde, schwarze Scheiben drängen sich hervor, das zitternde Gewirr aus feinen feurigen Strahlen erscheint auf einer der Scheiben, flattert hinweg und erneuert sich, und das Sehfeld wird dann heller, schwarze Ruszelköpfe gehen auf dabei wie Teig, und werfen keine Schatten. Kaleidoskopisch ziehen so nur angenehme Bilder vorüber, in wundersame Tinte getaucht, und lassen mich lange nicht schlafen, jedoch ohne Besonnenheit, davon. Ich reibe mir das Gesicht mit Schnee, das Moos, der Werg, die Bast-Flechte ist zerschnitten. Die Schatten hat der Blitz getroffen, violett gefärbt, Gasflammen tanzen auf und ab. Ich sinke ein, fliege und verbrenne, fühle mich flügelleicht dabei, gewichtslos. Eine Schulterfeder, in der Hand auffallend, wiegt leicht oder schwer? Ich glaube, Bewegungen zu machen, während ich in Wirklichkeit unbewegt tue, erlebe eigenes Sprechen, ohne zu sprechen, mit heftig blutendem Zungenbiss, ein ästiges, langes Holz ist an der Riege, Kopf und Glieder sind dick geschwollen, wechselständig verdreht, verstreckt gestaucht. Im Flimmern der Stimmen höre ich entweder einzelne Worte heraus oder ganze Sätze, Stimmen, die klirren, Stimmgewirr oder wohlgeordnetes Innigen der Stimmen, ununtereinander. → 167

256 Das Ganze ist in beständiger Bewegung, nur die Formen bleiben. Links unten fängt's an zu flimmern, erst nur ein Punkt, dann vergrößert es sich zu einem Stern und breitet sich weiter aus, emporgestaffelt, bis zur völligen Ausdehnung, wie ein von Vögeln umschwärmtes Bergmassiv. Zwei blauere Seile, die verkeilten, drehen sich unbeständig nach oben; auch Tropfen, die Blauseln, die in Winkeln im Entstehen sind, drehen sich, bewegen sich gegen die gedrehten Schnüre, indem sie sich verdicken, und gehen in diese über. So nahmen z. B. auch meine Füße Schüsselformen an, wurden zu Spiralen, Schnörkeln, der Unterkiefer wurde eigentümlich haken-, paragraphenähnlich, die Brust schien zu zerfließen. Ich fühle mich als Wasserzeichen im Papier, auf dem ich notiere. Die Luftfiguren zwischen den Seilen bewegen sich ebenfalls, doch es ist mehr ein Heben und Senken, aber doch auch vorschreitende Bewegung, nur – nach welcher Seite. Auch die grünen Figuren im roten Querbalken bewegen sich, während die Form des Balkens ruhig bleibt. Ich erprobe diese Beobachtung aus, alle anderen Erscheinungen verrinnen oder sind vor meine Augen gezaubert. Am lebhaftesten aber sind die Bewegungen des Grundes: Es ist Flimmern, ein Züngeln oder Flackern. → 165

257 Zeichnungen lassen mich besser das wirklich Gesehenere unterscheiden vom allein Dazugedachten, das Deutungen erörtert und erklärt: eben während ich auf Erläuterungen verzichte, und einfach zeichne, was ich tu: Der Sehraum ist ruhig, nachgiebig, elastisch, anscheinend – eine zischend dunkle, kaum ausgedehnte, streifige, fleckige Masse (hämmernde Erlahmungsstellen der Iris nach dem Übergang aus dem Helleren in dunkle Innenräume verbindlich mit gefüllten). Mittels einer Leiter stieg ich durch eine offene, fensterartige Lücke, die in Etagenhöhe lag, in die Scheune, zog die Leiter hoch und verbarg mich im Stroh. So verschoben sich die Teile und das Ganze, augenblicklich, an den erstarrten Stellen öffnen sich lichtblaue Kreise, die bald punktartige Pupillen, eingedickt, verdrängt sind, erneuert, unzusammenfließen, regellose Formen annehmen und als rundum breite Häutchen-Streifen sich krümeln und durchdringen, und ein auf links gedrehtes Fitzelband füllt den ganzen Raum ganz. Blattaderungen, von denen aus nach oben und innenhin Bewegungen, ein Flammen, Wallen, Flackern ausginge, als saumer Kamm über dem verbrämten, woraus zwei bleigraue Walfische tauchen, Meere, Himmelszwirn nach hinten – Drehen, Kreuzen, nur kleinere Froschwürmer. → 140

258 Das Empfinden der körperlichen Existenz überhaupt verändert sich: Ich fühle mich als bloße Seifenblase, fühlte, dass meine Glieder aus Glas sind usf.: Das Zentrum, von dem diese Bewegung ausgeht, ist dann eine Gestalt, z. B. ein Pfau an der Schaukel oder ein Menschenkopf mit Feuer aus Mund und Augen, die lange da ist und sich langsam auf mich zu- und wieder wegbewegt von mir, wie eine Lok in eine zweite übergeht, und weitere, es kommt mir selber seltsam vor, wie eigen die Übergänge von einer Gestalt in andere nicht etwa verschwommen, nebelhaft vor sich gehen, aber wieder und wieder: Der Pfau wird in eine Katze, diese in ein Pferd und dieses wieder in ein Menschentum verwandelt. Ich habe nicht bloß die Empfindung, ich fühle den Rumpf ungewöhnlich körperlich und plastisch ungemein und detailliert, d. h., ich achte unwillkürlich auf die Stellung meiner Glieder, die ich selten scharf und deutlich fein erkennen und empfinden kann, als hätte sich der Fuß vom Unterschenkel abgelöst; ich empfinde ihn getrennt vom Körper unter dem sezierten liegen, als fehlte nicht allein einfach der Fuß, sondern ich habe vielmehr zwei freudige Empfindungen, die vom Fußstumpen und die vom fehlenden Unterschenkel mit aber ganz anderen Bemängelungen. → 262

259 Als hätte sich der Kopf um und um gedreht, der Bauch wird zu einer flüssig weichen Masse, das Gesicht hat Farbe angenommen, die Lippen schwollen an, die Arme werden eigenlos hölzern mit kantigen Umrissen, oder wachsen aus zu langen Menschenaffenarmen, der Unterkiefer hängt übermäßig weit vom Schädel nach unten. Etwa das Erlebnis, dass sich mein Kopf vom Körper losgetrennt hat und etwa einen Meter weit nach hinten frei in der Luft schwebt: Ich fühlte ihn tatsächlich schwebend, aber doch zu mir gehörend. Ich sprach laut ein paar Worte und auch die Stimme schien von hinten aus einiger Entfernung zu kommen. Doch abermals alles Himmelblaue und dann wieder auftauchende dunklere Stellen, und diese in feixenden Gruppen, so dass man es vergleichen könnte mit den schwarzen nassen Klexen, die einzelne Regentropfen auf einem Kalksteinfelsen machen. Darauf das Sehfeld einer blickdicht schwarzen Lauge. Rundum blaue Scheiben bilden sich dann, auch andere; helle oder dumpere Scheiben zeigen sich, und sind Splitter, Span, schwingend, so rostig, gratschartig und wund wie blutig-braunes Glas, und die Pupillenhaut behauptend; nur diese vermehrt mich, vergrößert und zerkleinert sich, und das Sehfeld flimmert wie zuvor wider. → 360

260 Wieder verschwindet fast alles, da: Eine aber fleischfarbige Lichtscheibe erscheint, daneben andere, blassere, und jede verschwand, darin eine stets noch verblasstere, oder allein ein Halbkreisbogen, oder nur eine untieferliegende, kaum deutliche, nur in lichten Umrisslinien angekreidete Scheibe, die jedoch auch zu einem Antlitz anstückt. Sogar das andauernde starre Sehen strengt an, wie die beharrende Schau an den Gegenständen draußen, und es zerrinnen gelappte Flecken Grün jetzt in Schattierungen, zum Austreiben von Blättern, Laubrispen verzweigter Äste, blühenden Büschelchen vereinzelter Lichtstrahlen, Feuerlinien an verschieden feuriger Glut, Gelb-Klexe, oft braungraue Lichtscheiben oder die glosende Helligkeit, Blickstrecken versengend, des Sehfeldes, wie von einer Lampe oder wie beim Mond- oder Neulicht, und alles darin verschwindet. Das Sehfeld ist wieder und wieder himmelblau, verdunkelt sich immer neu, es schaltet sich eine Wand quer vor mir auf, rechts und links jetzt mit einer im Lot anstoßenden Stubenwand; jene quere Wand tritt mir übermäßig nahe, sie stellt sich schiel, die angeschaute Mitte derselben wird im großen Umfang gelbflächig, bräunlich glatt dabei, bald winselig, und inmitten der feinkörnigen Ebene taucht eine nabelartige Erhöhung auf. → 324

261 Rumpeln und Ratschen, und Klapperkappen, Stulpen und Buchsstecken, mit eingeübten Grußphrasen, mit Stocherstöcken, um Brunnen zu überspringen, Säbelfedern, mit aufgebückter Krempe ohne Kragen (Bändergehänge, Spiegel und farbige Glasperlen) und sogar verlarvende Verleumndungen meiner Person in krauserem Fellwams vielärmlig sowie häufig auch anderer. Oft wird mir unterstellt, dass ich es sei, der dies alles sage und schreibe. Schurken wollten damit Kurzweil tun, und bedienten sich bei ihren Kundmachungen einiger Redefiguren, sie stellen wechselständig ihr Perpetuum der Rede dar. Diese unablässig unausgesetzten Töne sind aus meinem Körper gleichsam immerzu abgeschnellt und abgeschossen, nicht selten davon: freundlichste Lügen, und das mannigfachere Geräusch und Getöse wird mir herumgeschleudert: Die Vorstellungen, die ich entwickelte, waren nicht etwa wie gezeichnete, gemalte Bilder; sondern sie vermittelten den Eindruck. Nur selten sah ich vertiefte, reliefartige Bilder, dass eine Wand oder Mauer, die das Gesichtsfeld ausfüllt, mit charakteristischen Gesichterchen bedeckt war. Überhaupt nie ganz glatte Flächen; dieselben trugen immer einen Schmuck von Arabeske oder Relief, und erschienen fast jeweils in beinahe überladenen Figurenverzierungen. →311

262 Ich sah eine Stirn und sie verkleinerte sich zu der meinigen; doch erkannte ich diese als zu mir gehörig erst, als ich meine Schläfe fasste, plus den Dutt vom Kunkel. Die Nase fiel mir auf den Boden und bedeckt endlich die ganze Schlammmasse. Mir fehlen dazu auch Beobachtungen über die Weiterbildung der Form durch solche Spalten und Risse von oft hexagonaler Anordnung: Eine rote Backsteinmauer, die an jeder Stelle so erzitterte wie ein flatterndes Lichtbündel. Und beim Suchen: Die Grube sank ein und wird ihre Öffnung, sobald durch kleinblaue Blätter ausgefüllt, und jeweils hinter dem gestauchten Wall rast die Schlammmasse schieblich, ein Stückchen, oder rollt auch in die Erde vor, nichts sonst. Ein weißlich gelber Brei; wie in einer Tasse; in denselben tunke ich einen braunen Kuchen behutsam und kräftig ein; plötzlich sank alles in die Tiefe und ich blickte in ein weites Rohr, und wie dieses Brunnen bohrt, pumpt; in dessen Tiefe ein Trinkhahn (mit Zungenverzierungen) zuzelt, gleichzeitig jetzt in meiner Hand-Lünette eine Kanne, aus dieser tröpfelte Wasser in die Tasse, das Wasser aus der Kanne floss immerzu in Schlucken, aus der Tiefe schnabelten Glasmäuler, aber die Kuppelwanne füllt sich nicht, Urne und Schaff, worauf alles verschwand miteinander. →248

263 Mit der Zeit verlängert sich der Kopf und bog sich ein, indem er zugleich zwei neue Ohren bekam. Dann wuchsen die vier Ohren zu großen wallenden Pfau-Federn aus, und der gebogene zerknickte Kopf, der sie trug, wird gleichzeitig zu seinem nickenden, mit sublimem Bildgeweih geziertes Füllhorn. Dann teilte sich Antlitz um Antlitz in zwei übereinanderstehende von halber Höhe, später in noch mehrere, knielange, zuletzt in zu viele kleine; so dass nun jeder Felsenvorsprung von allenthalben eine Menge kleiner Näschen zeigt. So erschaute ich ein steinernes Meer schmaler, hoher Erdpyramiden, zahlreich nebeneinanderher aufgenadelt. Die Spitzen aller Zinnen verwandelten sich jetzt in ausgezackte Köpfe (mit gefüttertem Haubenhut) und dann weiter in ebenso plissierte Fratzen, mit stacheligem Dornkissen (Bart in den Wangen): Dem Umland mangelte ein immer nächster Vordergrund; wie die Gräue des Maulfells am Schädel eines Esels, sein dicklippiger Gipskopf. An einem Felsentobel mit blauer Gischt im Grunde zählen auf der einen Flüh viele hintereinandergerippterte Vorsprünge noppig und gerifflet; ein jeder davon rückt ins Profil des räkeligen Maultiers mit ungeheurem Ausmaß, das aus einer eigenlose Masse heraus hervorquoll und verkörperte. → 277

264 Der ganze Osthorizont ist in tiefen Schmelz getaucht, Gold und Blau, im Süden mehr ein schmal abgeflachter Sporen unter dem Wolkenkoch, und über dem fächrig, buchtig, verlappten, noch kaum angeschwollenen Nebelmeer der überdickten Ebene darunter; Nebelfetzen, viel dichter geflochten: Stäbchen und Streifen: durch schwärzliche Spitzen gekrönt, dann schartig hoben sich die Silhouetten der halbkugeligen Berge vom lockeren Filz ab (dem mehrzellig goldenen, wolkenlos hohen Himmel); ein Kranz markwarziger Inselberge, geschuppt und büschelig verzweigt in gestaffelter Kontur, Höhenlinien, wie verbrämt davon: die bleichen Berge. Das reine Gold geht allmählich in ein Rotgold, dann in Orange über und macht, als die Sonne frei über ein paar Pilzwolken emporquoll, einem brennenden, blattartig blendenden Gelb Platz. An den Gipfelbergen fielen schon von weitem diese zerrissen riesigen, jetzt in der Sonne blank gleißenden und spiegelnden Felswände auf; häufige, oft etwas eingedrückte, gefaltet oder gebuckelt glänzende Feldspäte. Die gewaltigste Wand aus nacktem Gestein zeigt vorwiegend grasige Hänge mit einer Art Karrenbildung; senkrechte Rillen zerklüften die ganze Wand, sie in lauter Säulen zertalt und in Säulchen auflösend. → 252

265 Doch reicht die Zertalung nicht weit in die staubige Oberfläche hinein. Diese ist flachwellig, bauchig, ungestielt, durch wirren Grat zur randlosen Klamm ganz eingeengt, und mit Kugelgras verwachsen, das zwischen feuchtrotem, wabigem Verwitterungsboden mit kleinen Knollen rostiger Korallen emporspross. Einige schmale Gewässer schleichen auf der Fläche tintig hin und tunken stark versumpft, Gestrüpp und, keulig angeschwollen, Streifen niederer Gestrüppstielchen begleiten sie. Nackte, spiegelnde Felswände und krustig zerklüftete Felstürme hängen senkrecht über die helle Tiefe, fast von der Bergsohle an aufsteigend, verwittert an den Abkühlungsflächen, Aschhalden, deren aufberstende Rippen an den scholligen, verhornten Glimmerfelsflächen auf der Höhe klumpig zu erkennen sind; an den Zinnen ist das Gestein daran verspornt und auch, den Klüften entsprechend, porös in kopfige Knotten aufgelöst. Mit schwefelgelben, silbergrauen und weinrotbraunen Flechten bedeckte, rundlich abgewitterte Findlingswände rutschten über ein bröckeliges Ockergewirr mächtig abgestürzter Blöcke, mit vielschaliger Verwitterung. Unten im Quellzirkus treten am Fuß der Lehmwände ringshin winzige Quellfäden hervor, ganz schwach, doch nie versiegend. → 184

266 Die zwiebelartig übereinanderliegenden sanft gebogenen Felsschalen sprangen glattwandig vom darunterliegenden Festgestein kliebend: Die gerundete Form der Kulmflächen ist wohl dadurch verklumpt; die Schalen sind dick, zumeist gespalten und fast traubig, manchmal mannshoch. Und ob sie jung sind und sich erst später vom Kern gelöst haben, zeigen die frischen und noch nicht von Flechten verwachsenen Felsen der inneren Halbschale und des entsprechenden Hohlkerns. Schon vor der Zeit auseinandergesprengt, wuchsen Gestrüpp und regellos dicht verflochtene Büschel zwischen den klaffenden Schalen hervor: pfannenartige, durch Ausplatzen dünner Schalen aufspringende Vertiefungen, die sich ablösen wie dünne Rinde; die Trümmer zerstieben rasch, von Schichtfluten scheitelig mit fortgespült: Die Pfannen wirken tiefer und liegen dicht beieinander: Niedriggras keimt aus; seine gipfeligen Halme vermehren und bereichern jeden Quellkopf, mit Wald erfüllt, die Bachschlucht; hohe, stark gekeulte Grasschwaden, strauchkuppelige Büsche und augenscheinlich moosgewölbte Polsterungen wachsen nach und nach auf davon, wo Wasserrunsen und Wasseradern zu einem oft sumpfigen Rinnsal versinterten, und sich in der Mitte eingeschnitten sind. → 176

267 Hier steht die gewaltige Stufe ohne Gliederung oder Vorstufe unmittelbar über der Ebene, die dort eine vertiefte, sumpfige Rinne bildet; der untere Teil der Hänge ist ein wenig sanfter geböscht, grasbewachsen, von kleinen Hainen durchsetzt, so üppig bemooste Felsen; oft aber schellerten gerundete nackte Felsschalen, in mäßiger Steile noch, unmittelbar an der Stirnflächenfront (dem Gesimse unter vorspringenden Blöcken). Dichte Weißwolkenbänke, und nur die Ebene ist nebelfrei, da und dort zerteilen sich die Schwaden aber, von hinten droht eine riesig-graupelige Nebelwand, die wie ein gelbes Gebirge, in Schlieren geflochten, mit aufgetupften Bergkuppen wirkt. Blockmeere dehnen sich grob über den Tuff- und Stufenrand der Hochfläche; auch aus Riesenquadern häufig, die Stücke von Kopf- bis Faustgröße fehlen aber; obere Partien, geebnet, durchweg kühles Gestein, und nur in den Runsen und kahl-scharf eingekerbten Schluchten wuchs strauchstacheliges Gebüsch zusammenfließend nieder. Ganz eingetiefte Sumpfpfannen; eine vorspringende Kontur, nackter, überall gerundeter Stein, das Ausplatzen von Schalen wird sichtbar; zwei aufgesetzte halbkugelige Gipfel erhoben sich auf dem klotzigen unteren Stockwerk in niedrige Donner – ein ungefüger, früher drohender unheimlicher Anblick.

268 Besonders wenn die Nebelschwaden sich darum ziehen ist die schwach vorspringende, aus einer Reihe von gerundeten Felshöckern körnelige Wand, an der sich kleine Schluchten voll Gestrüpp hie und da hochziehen, während ein insichdichter Wald (entrindetes Totholz, regellos verästelt, hell, nackt, aschgrau) das steinerne Meer im toten Gebirge überkleidet mit meist buckelgrasigen Hängen, aus denen nur Felswände gerundet (als spatelförmige Halbkugelschalen) heraustreten. Alle verwitterten, losgesprengten Gesteinsteile, durch die Schichtfluten in Bewegung gesetzt; aber an jedem Hang wird, die Wurzelstöcke des in Bülten wachsenden Rispengrases kniehoch freigelegt, das Erdreich abgetragen. Alles mit weißem Sand überdeckt. Auch die von Verwitterungen zersetzten, umgefärbten Schichthänge steilen schroff: Das braungelbe Wasser floss sehr rasch, ohne reißend zu sein; man hört das Brausen von Stromschnellen, die etwas weiter oberhalb lagen. Sie stürzen meist in felsigem Bett mit starkem Gefälle vom Berg herab, überdies strömt Bruchwasser in breiten Schichtfluten in die Tobel. Die ausgewaschenen Wurzelstöcke der Grasbulten zeigen: So kolkt das zahlloszweigige Geflecht aus großtropfig herabstürzenden Regenbächen rings um die Kogel den Boden aus und verschachtete die Rinne. →313

269 Die Farben des Sehfeldes werden zu Blumen, zu weißen, roten, gelben, blauen Wermutsgewächsen; das Weiße herrscht vor und so große Schneemassen liegen in der Ferne, alles brennt bedeckt. Aber dunkle Nebel unterwühlten die Erde und erfrieren, sie sind kalt geworden und verjagen einander, Gewölle von Lichtstrahlen fallen ein und dazwischen, zusehends versilbert sich das Sehfeld, mit oder ohne oder mit nur spurweise vermehrter Sonne, und so fort … Etwas zerfällt, und an seiner Stelle steht eine lodernde Bastscheibe brennend wie das hellere Glas; sie vergrößert sich, erscheint wie eine weitere Pupille, umgeben von gelbgrellen Wänden, dieser Kreis ist innen kreisrund rußbesäumt, und diese Scheinpupille will und wird verschwinden, indem sie sich kringelig von oben her zusammenschiebt. Die Wand stellt sich noch schiefer, der etwas ermüdete Blick lenkt sich abwärts, eine quere lange Furche zwischen Wand und mir zeigt sich, sinkt in die Tiefe und wird zu einem schmalen Flur; bedeckt mit einem stark verdickten Teppich, der lippenhaft verwächst, der Iris aufgepropft, und angeschaute Stellen, ihr pupillenartiges Undurcheinander, plötzlich wird der Teppich pulsierender, geschüttelt, blieb unverworren liegen, und der Flur verschwindet. → 354

270 Das Gesichtsfeld erscheint mir innen blau und von roten Kreisen (ein Auge ruht, das andere, im Kissen versteckt, lugt aus, es wendet sich mehr und mehr nach innen), zusehends ging das ganze Feld aus Rot durch Violett in Blau über, jetzt zeigten sich grüne Kugeln darin und teils roter, teils gelber Staub mit stiebender, sehr lebhaft jagender Bewegung auf blauem Grund. Die Farben sitzen jetzt überall, sie stecken auch im Schlund, ich will nichts essen, weil ich sie mit verschlucken könnte. Dunkle, verkohlte kreisförmige Scheiben rollen kopfartig auf, häuten und erneuern sich, verdrängen einander kaum, eine hellgelbrote Scheibe (Mond) erscheint als Membran-Blase hinter den wenigen Ästen und Aderungen, sie versengen das Sehfeld, es wandert als verzündende Schnur der Habergeiß, wandert mit dem Blick wie Scharen von Hornissen, die sommern durcheinanderfliegen wie Glutfunken vor den Augen, wolkenartige Schwärme, von Heuschrecken, Schmetterlingen, Mücken, Ameisen, Libellen, Eintagsfliegen oder Köcherfliegen; Raupen, die in langen, verheerenden Zügen kahlgefressene Bäume verlassen und an noch grünen wieder in die Krone kribbeln. Sie laufen, springen, klettern, fliegen, schwimmen, graben, bohren, stechen und lähmen. → 193

271   Schleier davon, flottierende Wolken, ich sehe überall Vögel herumfliegen, aus farbigem Lichtschein bilden sich Menschengesichter und menschliche Gestalten, und zwar umso mehr, als sich braune, schwärzliche, gelbliche Massen neben dem Wasser (Ufer, Felsen, Wald, Wege) wälzen; ein See mündet in Flüsse aus, man folgte Fluss um Fluss, dicht stehende senkrechte Lichtstrahlen mit lappig gestalteten Farbenmassen zeigen sich am Ufer (Baumstämme mit Laub), und weißere Farben tauchen auf (Häuser). Die Farben kommen mir aus beiden Augen als fingerbreite, flordünne Bändchen. Diese *couleurs* gehen dann an die Wand und bilden, indem sie sich aufwickeln, große und kleine Wickelchen. Aus den großen, verknäulten bilden sich Knollenbilder, die sich ihrerseits auch zu Gnomen (und Amben) umgestalten. Der See ist dann verschwunden, der angeschaute Boden erscheint uns wie Mörtel, wird zum gelblichen Flussweg, darauf Straßenpflaster, hieraus aufgewühlter Fuszelboden, dann eine Erdfarbe, umberner Humus, in engen langen Streifen keimende: Acker an Acker, strotzend vor Saat, mit Kohl bepflanzt, der schier wächst; Baumspaliere zeigen sich, Fruchtdolden, Trauben in Fülle, und die Zweige bewegen sich zu Hyazinthen im Wind. → 263

272   Dann treten undeutliche Figuren auf, als ob ich am hellen Tag mit offenen Augen in die Welt hineinblickte. Ich suche diese Bewegung entweder als Flammen oder als Federn darzustellen: graue, wolkenlose Flecken und Klexe, isoliert, unzusammenhängend dunkelfarbig, erscheinen im Sehwinkel, allein wenige halbbogenförmige Lichtbewegungen, aber eine lichte himmelblaue, sich vielfach umgestaltende Stelle (zur Bildung von See, Fluss, Straße geeignet) und mehr und mehr nach rechts eine pupillenartige Glasscheibe, sie verschwindet, der Blick erweitert sich und schaut durch die entstandene Öffnung in einen stubenartigen Raum (darin Menschen, Blumen, Möbel, alles dreht sich wie aufgewirbelter Staub); eine Tür zum Raum verschachtelt und verschleiert sich, zeigt abermals eine pupillenartige Scheibe, auch sie löst sich auf, und der Blick schweift durch drei ineinander übergehende (angefüllte) Stuben, ob man in einen Trichter schaut, und dann in einen Garten: Der Blick lenkt sich wieder links, eine große Wand steht vor mir. sie wird weißlich, feine Lichtstrahlen ziehen massenweise von oben herab, die Wand wird dann weißgelblich, sie erscheint wie mit Mörtel bedeckt, pupillenartige kleinere und größere Scheiben tauchen in derselben auf und verschwinden. → 122

273 Zunächst sah ich einen blonden Lichtschein, oder ein Gespinst von lauter leuchtenden Fäden um mich her, oder das ganze dunkle Zimmer am Abend voll Sterne oder oszillierenden Streifen, Flämmchen, welche aus dem Boden und den Wänden herausschlugen. Ihre Ausbreitung erinnert an ein ausgetrocknetes Flussbett, die Scheiben aus der Pupille in glasartiger Form tauchen zwischen den Steinchen wieder auf, die angeschaute Stelle wirkt heller, Lichtpunkte schießen vorüber, eine Tafelmasse erscheint, regenhelle Tropfen fallen herunter und es tröpfelt sichtlich. Plötzlich ergießt sich ein Wasserstrom und nach und nach gestaffelt erscheinen wieder die lichten Stellen, sie werden himmelblau, zum See. Darauf erscheinen dann Zillen, viele, und Schiffe, worauf, wie dunkles Segelgewölk, rußige Masten auf, sie werden zu Spanten! Landschaften, Häusern, Türmchen, Menschen. Nur nie das, was mich täglich umgab, die Gegenden selber waren ohne Gegenstand und Gegenwart, und wenn ich die Augen aufschlug, verschwinden sie ohne Zutun, unbelebt, z. B. wenn die Zacken einer Eislandschaft sich in Köpfe umverwandelten; unzählige Windriesen und Zwerge, welche an einem bleckend weißen Kiesweg standen. Sie waren nicht beweglich und waren immer dieselben. → 245

274 Es ist so erstaunend als schrecklich und für mich erniedrigend, welche Übungen und Experimente mit meinen Ohren und mit meinem Körper seit beinahe zwanzig Jahren gemacht wurden. Während und indem mir die Eingeweide aus dem Rumpf geholt, am fließenden Brunnen in einem Zuber abgespült, nach der Waschung wieder, gewickelt als ein Balg, ins Gerippe gelegt wurden; selbst durch Ortswechsel konnte ich mich davon entziehen: Bald sah ich mich in einer Luftschachtöffnung, bald in der Stubenecke mit zig Hörnern samt Schaufeln sitzend; oder um die Lampe einen Hof, worin kleine glühende Pupillen fliegen; erst als ich ein Vaterunser hersage, erlosch die Lampe, und die Klabauter fuhren in dem Qualm aus, plötzlich, einen Schwelgeruch dampfend: Jetzt sitzt noch die Vereckung und muschelartige Wucherung der Rosen in den Knochen. Meine Gedanken durchwachsen stets die Sache; sie gehen hin und her, als ob eine Feder, fiederspaltig eingeschnitten, vor meiner Stirn hin und her flatterte. Und ob ich etwas zu denken habe: Stimmen, die nur aus den Ecken kommen. Und dass jemand spricht, so höre ich Beistimmen, die kommen aus der Luft, Gedanken und Ideen, die andere von sich aus gedacht haben, und die bildeten sich in der Luft. → 351

275 Ich erinnere mich: Wir holten Hafer ein, und jeder Halm und jede Ähre erschienen mir in Regenbogenbögen glänzend und verbrämt dabei; klingen mir die Ohren fast unaufhörlich und so oft, dass es ziemlich weit hörbar ist. Ich sah zuerst ein großes Zifferblatt mit Zahlen, aber ohne Zeiger vor beiden Augen, tagelang. Später zwei sich an den Flächen reibende Glasscheiben, dann ein glosender Rost (eiserne, glühende und netzförmig angeordnete Stangen). Dieselben schmolzen unzusammen zu einem großen feurigen Klumpen und durch diese sattfeurige Masse kamen noch fliegendere weiße und graue Reiher, die glanderten, und Rauchschwalben, langsam heranschwebend. Dick'tere Ungegenstände sind im Allgemeinen schwerer als die dünnen, schwerere Gegenstände befinden sich zumeist tiefer unten als die leichteren, und in der Tiefe ist es immer sehr viel weniger hell als in der Höhe. Und auch zwischen dem Mörtel erscheinen steinartige aufliegende Massen; die schiefer, fixierten Stellen des Mörtels werden zu münzenartigen, gepresst und glatt aussehenden kleinrunden Scheiben (man könnte an vergrößerte Blutkörperchen denken), plötzlich verschiebt sich das Sehfeld (unter Puls), man blickt in die Tiefe, die Kiesel und scheidemünzartigen Scheiben rollen fort. → 173

276 Besonders der Grund ist es, auf den ich mich nicht bücken kann, ohne dass ich anfinge, mich zu bewegen. Ich betone, und was mir selber seltsam vorkommt, ist, dass Bild um Bild immerzu scharf ausgeschnitten aus der Umgebung heraustritte, wie in Rahm gestaffelt; doch ich bin außerstande, mir etwas vorzumalen, meine Vorstellungen sind matt, dunkel, schattenhaft, unlebendig, ich behaupte, meine Ideen davon träten mir kaum vor das, was ich sehe. Ich kann mir nicht einmal vorstellen, wie ich selbst aussehen mag, wie mein Tag und meine Zeit aussehen. Sofern ich einen Gegenstand antaste, erkenne ich ihn; nur wenn ich jetzt die Augen zutue, habe ich aber sofort keine Ahnung mehr, als wäre alles ganz schwarz flimmernd vor Gedanken, so, als ob man sich ausmalen sollte, wie Luft aussieht. Im Hintergrund rings hellsandgelbe Gebirgslandschaften, nur der obere Himmelsrand ist blau. Ich sehe hundsköpfige Rossetummler neben Kübelreitern mit reich ziselierten, weit aufspringenden Silberpanzern. Der Elefant säuft aus einem Wasserzuber und trägt eine Fahne rotorange auf dem Sattel. Dromedare, Maultiere, das Windspiel hetzt eine fliehende Viper, Fahnen, Flattern. Ein feuergelber Salamander rollt in einem angeschlagenen Rhönrad durch Felder und Ernte. → 292

277 Die Felswände sind von ganz blasigen, faserig vernarbten Rinnen gefurcht, die schwärzlich mit Flechten bewachsen sind; steilwandige Sporne und kupplig runde Membran-Lamellen, wie Zeltberge: Ein schmaler steilwandiger Spalt, in dessen Querschnitt's Wasserfädchen sickerten, risse sich von den schachtartigen Vertiefungen her auf die schartartigen Schratten der Karrengrube ein. Solche engen Einschnitte sind die ersten Fühler, die ein Quellkopf ausstielt, Lösungsrinnen, um sich weiter in die Schnittfläche einzuarbeiten. Die Quellen treten ja in den großen walderfüllten Schlotten am Fußlot der Grubenzirkusse aus; das in den Boden breiig eingesickerte Regenwasser muss sich also schon vorher gesammelt haben und zeitweilig unterirdisch geflossen sein. In senkrechten Streifen versickernde Bäche scheinen abwärts zu hängen, verzahnte Säulchen und Zapfen, dem Fließen entsprechend in die zischende Doline. Nackter Karst: In mergeligen Runsen und Nischen wächst niedrig geschichtetes Gebüsch. Vom Quellkopf her den unterirdischen Wasseradern aufwärts folgend, schmilzt die überlagernde Flinsdecke nach und nach ab; der pulverige Sturz verbreitet und vertieft sich in Tropf-Hohlformen faserig ineinandergreifender Erdfälle des alten Quellkopfs. → 134

278 Blöcke und Brocken rutschen und rollen ab, und an jedem Hang, auf jeder geneigten Fläche wird der Regenschauer weit fortgeschwemmt. Weißer Sand treibt am Fuß der Steilstufe und der Inselberge in die Ebene hinausgeführt und liegt als silbrig glitzernder Schimmer auf dem verwitterten Rotlehm: Trotz des riesigen, engmaschigen Wurzelwerkes der hohen Gräser wird der verwitterte Boden der schiefrigen Hänge so stark abgepladdert, dass immer wieder Buchten, wie fauler Fels, dicht am Fuß, freigespült vererdet in kulissenartig hintereinanderliegenden, denudierten Höhenzügen. Die Ebene ist noch frei, aber in Dunst; und über der Ebene Schwaden, nicht wahr? Gekriech allein scheint an wolkigen Hängen nicht vorzukommen, das stark verfilzte Wurzelwerk krautiger Rispen verhindert es: Durch zerschluchtete Gehängebäche getrennt, treten mehrere abgesonderte Schwaden hervor, aufkragend schmale Nebel, die sich windstill verdichten und e, vereinzelt darüberschichten: deutlich schroff zur Unebene geneigte Sperrklüfte, oben durch den aufgewölbten Rand in spitzer Hut geschrunden: die auskolkende Wirkung der vielen, von Inselbergen herabstürzenden Bäche, die eine vertiefte Rinne ausgewaschen haben, innerhalb deren die Flüsschen alle nicht so einschneidend sind, als sie sinterten.

279 Beim Abstieg komme ich an einer rautigen Felswand vorbei, die Membranen der Wandung reichten fast bis zu den Waden, da: Frisch abgerutschtes Erdreich flottiert als hoher Wall unten; am oberen Ende der Felswand sieht man die verkapselte Abrissstelle, die darüber gelitzte, hängengebliebene, vorspringendere, von Graswurzeln verfilzte Erde erodiert allerhöchstens armdick. Vor solchen durch Sporne gegliederten Wucherungen verstuft hegen fortkragende Grate, kuppelförmig gerundet, vielzeltig vergesellschaftet oder inselig vereinzelte Lageveränderungen, aber auch so die niedrigeren Sporne und Vorberge sind steilwandig, nicht selten bis zum Stufen-Fuß aus glatten, eingenagten Felsen; der Rotlehm ist dann pulvertrocken und knochenhart. Und sie haben sich meist noch nicht einmal bis in den Sattel eingeschnitten, sondern kommen als ganz kleine Quellen an immer neuen Bodenwellen dicht übereinander unterhalb der Höhen heraus: Reste solcher steilwandigen Sporne, die, jetzt nicht mehr vom fließenden, sondern nur vom spülenden Wasser abgetragen, sich noch sehr langsam abflachen und erhalten, wie aus Sand gestürzte Kuchen, durch die rückschreitende Kraft der Wandverwitterung aber rieselig doch aufgezehrt verschwinden. → 42

280 Am stärksten zertalt ist die Fläche neben den aufgesetzten, tief und steilwandig eingeschlitzten Nebeln. Gratartige Felssockel kuppeln hier aus der Talnarbe auf. Darüber steilt sich nackter, kahler Fels, ein welliges Auf und Ab, in dessen Klüften niedrigere, von Grund auf verzweigte, hartlaubige Büsche als lange blaue Wand wachsen. Der ganze Himmel ist bewölkt in allen möglichen grauen Tönen, umsumt von einem breiten gelben bis graugelben Lichtstreifen. Kopfhoch umzieht dicker, weißer Dunst den ganzen Berg, erst darüberhin rippeln sich die Flecken kantiger Gipfel, durch tief eingesägte Schluchten voneinander seziert; wie ein klobiger Kamm, oder wie der mit eckigen Zacken besetzte Rücken eines Riesenreptils. Netze kleiner und kleinster Gewässer beizen dichtmaschig Scharten in den Wall, von hier aus sind die gequerten Waldfelder und Gipfel lappig herausgeschnitten, durch tiefe, steilschalig absplitternde Verwitterungen, Zuckungen, und viele Blitze, bis es schüttet. Als ob Guss auf Guss die Wasserscheiden der verstrebenden Gewässer sich andauernd und rasch verschieben und verändern, wie auskeilende, wie eng übereinandergeschuppte Bänderungen einer Foliation davon, und dass die Zuflüsse sich bauchig annagen, gegenseitig anzapfen und verschlingen. → 34

281 Ich hatte einen großen Teil des Tages stundenlang ununterbrochen mich mit Apfelabnehmen beschäftigt. Auf einer Lehne stehend, handhabte ich den Apfelpflücker, dabei unausgesetzt in die Baumkrone hinaufblickend und mit der Pflückstange an langer Stange ziehend. Als ich dann abends durch die kaum erleuchteten Straßen der Stadt nach dem Bahnhof ging, wurde ich im Vorwärtsschreiten empfindlich dadurch gestört, dass ich beständig mit Äpfeln behangenes Astwerk vor mir sah. Die Erscheinung war so zwingend, dass ich nicht unterlassen konnte, gehend mit dem Stock vor mir her in die leere Luft zu fuchteln: Da sind kleine weiße durchsichtige Fetzen, die in der Luft oder aus den Augen meiner Umgebung springen und wie tote, kalte Lichter aussehen: Schon den ganzen Tag habe ich die wilden Tiere gefürchtet, die durch geschlossene Löcher in der Wand kamen und mit Dolchen bedrohten. Oder die langsam und schwarz an der Tür lungern, und mit ihrer Tinte auch mich bedrängen. Entsetzte, enthauptete Gestalten, die durch die Gänge wandeln, vor den seelenlosen Korpus der Ermordeten, die mitten auf dem Flur liegen und verschwinden (ich scheuche sie mit den Augen auf). Und auch die Wahrnehmung des Lichtes war nicht immer gleich. → 148

282 Denn diese peristaltisch oftverdickten, dabei regellos gestalteten Knoten verkrallen fast qualvoll gefasst ganz anders als in Tupfer gepuppt: Gestrüppwülste endelten dort, wo sie an andere sprossen und den Polsterwuchs zersprengen, der seine kirnigen, verquer gelagerten Bauch- und Rumpfschollenformen prall heraustreibt. Dazwischen führen quere, schroff über die gezackte Zeichnung stets noch feinere Unlinien, die, geradezu parallel laufend, wie von Hand ausgeformt, und halbflächig schraffiert. Um abgestutzt zu enden, finden sie je den nächsten Wulst verschroben ins Innere der Krümmungen und zwängen sich haarrissig oft in die Räkel langgedehnter Pausen: Die Haut platzt jetzt auf, so dass das faserige Fleisch zu sehen ist, dessen Saft mir über die Finger läuft, die ich, die kleinen Finger krümmend, spreizte, um sie möglichst wenig zu versengen: Ich habe Kratzstellen im kreidigen Belag der klobigen Versturztrümmer beobachten können, Berge und Bären, die nach ihrer Größe, Höhenlage, den Abständen zueinander sich oft als Krallkerbe der die Felsblöcke überkletternden Tiere zeigen: Alles geformt, wie es sich darstellt, aufrecht oder retouchiert, vereinzelt Zähne und ein Unterkiefer mit Zähnen, Bruchstücke von Gesichtern, die in der Pupillengegend sich nach innen biegen. → 254

283 Ich habe das Aussehen des Dorfes optisch noch genau vor mir, ich würde auf der Karte und in Wirklichkeit den Weg dorthin sogleich finden, nur der Name tellt sich nicht mehr ein, wenngleich er betörend gleichsam unaufhörlich im Ohr liegt. Als ob alle Häuser einstürzten, alles war wie im Schwindel, alles kam mir so verschüttet vor: Geräusche, die ich vernehme, namentlich solche von einer längeren Dauer, wie das Rasseln alter Eisenbahnzüge, das Schnurren der Fahrradketten, Blasmusik, die von heiteren Stimmen in meinen Kopf hinein gesprochenen Worte, sowie diejenigen Worte, die meine Gedanken laut machen lassen, mich zur Aussage drängen. Es handelt sich hier, im Gegensatz zu der Sprache der Sonne und der gewunderten Vögel, nur um das Quengeln der verhakten Schürltür, am Backofen, worin ich verbrenne: der Klang der gesprochenen oder von mir entwickelten Worte brotzelt eben von selbst knarzende Stiefel auf die Dielen; es ist manches wahr, und gemacht, um den Kopf in den Schädel durchzustopfen, wie in einem Ofen aus Eisen, dem ein Ohr brennt, der von unten her schon zu glühen anfängt. Ich sag ja nicht, dass die Gusseisen, Herde und Öfen wirklich plappern und sprechen, wie dies bei meiner Sonne und den Vögeln der Fall ist. → 280

284 Man lässt mich auf einem Draht über einen Bach gehen und niemand warnt mich davor, abzustürzen; und bin ich abgestürzt, schlugen sie mich. Auf den Winterfeldern bilden sich Seen oder ebene große Flüsse. Man lässt mich auch über die Wipfel straucheln von krüppeligen Birkend, und springen oder in eine Schlangenhaut schlüpfen, die Feuer ausatmet: Ich verbrenne nicht immer in den Flammen, aber wo immer ich auch stand: Immer hüpften mir die Lichter nach. Ich kenne die Kerle durch und durch, wie sie sind, ich wirf sieben von ihnen in den Bach und hocke dann selber im Wasser, falls ichs will, und schadete niemand mit meinem Baden: Ich sollte eine Ladung aus dem Wald zur Herstellung von Balken holen. Und als es ans Behauen ging, hackte ich mir mit der Axt in den Fuß, das Beil keilte Knie und Schienbein entzwei, die Wade löste sich von den Adern, die ganze Welt war voller Wald. Ich sei aber in den Hag gegangen, um Pilze zu finden; als ich sie aber gesammelt hatte, bin ich von einer unsichtbaren Kraft festgefesselt. Ich sehe schon Mondschein und Morgensonne brennen über meine ausgespannte Haut, aufs Mal, gleich wie die Zentren zweier Kreise vollständig ineinfallen wollen, da wie dort, oder sie haben selbst in meiner Ewigkeit nicht Platz. → 8

285 Knietief, bis an die Brust fließend versink ich in feinem, flockig grauem Ton, aufgescheuchte Kormorane flattern empor in den Tümpeln, beständige, schwimmende Stränge: Atemwurzeln der Mangroven, die überall als spitze Pfeilchen den aperen Boden bedecken. Dazu diese unfasslich gewaltige Dichte des Netzes kleiner und verzweigter Gewässer. Sie durchsetzen die Flächen mit unauflöslichem Gewirr, nähern einander und trennen sich wieder: wie ein Wirrwarr von Tupferfußspuren. Ganz nah zueinander vergabelte Quellmulden; trotz der glasgratigen Einförmigkeit der Beckenflächen in selbst unständiger Bewegung, durch das wechselweise Anzapfen und Verschneiden der Gewässer. Am Ufer der Wasserrinne sonnt sich ein Krokodil, das, so gesehen, von den umherliegenden Baumstammrinden nicht zu unterscheiden ist und sich erst beim Nähertreten als Reptil entpuppt, da es, aus scheuer Unruhe gescheucht, zäh-räkelig über die Trockengrassoden nach dem grauen Wasser glitt'scht: Hier schleichen Priele hin in blind vertieften Sumpfauen, der Busch stand weithin in der Schlenke, unter Wasser, in weit ausgezurrten Runsen, an eine Landung war nirgendwo zu denken. Von Zeit zu Zeit habe ich sogar Windsegel aufgespannt, dann gings wieder rascher (um die Morschstubben und untertunkten Wurzeln).

286 Nicht im Traum erschien mir eine Gestalt und spricht: Ich will dir die Nase ausreißen und den Schädel zwischen die Füße legen. Dann rolle ich nach und nach den Kopf in dein Haus zurück. Sollte dies nicht gelingen: Geh zu den Hügeln in der Brühl, spring in eine ganz flache Lache und bleib darin sitzen, denn die Wiesen brennen, ich habe sie verzündet. Befindet sich im Boden eine Öffnung, eine Öse, einerlei von welcher Größe, wie drohende Augen? Brodem quoll wolkig heraus, flächenhaft und wenig bewegt, dann steckt ein Kopf nach dem anderen hervor, größer als lebensgroß und ineinandergeschoben (wenn ich wegsehe, verändert es sich). Ich schlug einen Pfosten aus Espenholz in die schlüpfrige Öffnung hinein, Pfropfen, ich fühlte und sah um mich herum einen Ringwall, bestehend aus einem Gürtel wogender Gallerte, woraus unter den Mergeln Dämonen wieder hervorbrechen können. In meinen Augen eine untergehendere Sonne, gleich flüssigem Metall, das gefriert. Ich bin eingeschlossen auf Jahre, auf Tausende von Jahren flimmernde Schwimmvögel, und wie mein Ohr den Schellenton schlottert am Ärmel, und verwirrt zu einer einzigen Idee, und ich schrieb den Vögeln diese wundersamen kupfernen Klänge zu und glaubte, sie sängen mit metallenen Schnäbeln. → 149

287 Lichtblauer Himmel verdämmerte nach unten ins Gelbe, offen umformt: zäh, von Schlieren durchwundert, wabenartig eingetuscht: die Geflechtsfläche duktiler Stränge drängt in die Vielgestalt, schwojend, aufgebäumt, knotige und Noppen verzwicktester, wie Fadenbüschel gerade, gewellte, sich schlängelnde Lamellen von Unlinien, einfache, doppelte, sich einkreuzend unterschneidende, durchmustern sich aus selbstverhüllter Fülle: das Sprankwerk in straffer Spannung und Ankämmung trofft losere Fäden, oft, wie Seile aus dem Fenster fielen und zur Flucht verhülfen. An solchen Felsen ist stets Flaserung die Folge des Wühlgefüges, verdickt zu gewölbten Gumpen und Knoten. Zapfen mit Wabenbildung quer durch, auf jedem Sporn erscheinen feine Linien und Riefen, rissiges, buntpunktiertes Zeug, Gewebe, so dass eine Art Netz- und Schlitzwerk entsteht, mit faltigen Verwinkelungen, mit Überklafterungen, verknüpften Streifungen und spröden Narben: Mit schwefelgelben und silberblauen Flechten überfleckte, rundum abgewitterte Felsknoten stehen über einem Gewirr lockerer Verbröckelungen; im anstehenden Gestein wie an abgerutschten und hinuntergestürzten Blöcken ist die schalige Verwitterung zu sehen. → 73

288 Selbst in Pfützen ragten Arven und Mangroven voreinander auf, trotz Erosion. Die Abtragung wird durch Geschiebe verlangsamt; sehr die Beschleunigung, und auch die Schotter versprocken in das Netzwerk zwischen den Blöcken, aus Kieselmehl gesiebt: Zwischen den Coulissen umgebender Grate quillt ein Zirkus triftiger Rinnsal-Adern, die sich im Beckenriss zu nur einem Bach zusammenschießen: In die Gumpen und an das Ufer der Tale länden sich Sandbänke von Sichel- und Halbmondhöckern an, mit Untiefwasserrinnen, verbrämten Spülsaumtrudeln und Sandmaserungen: Das ziselierte Musterfeld scheibenförmig überzogener, abgeflacht und hinterschnittener Zerrieselung moorartiger Hochtäler und Kies-Bassins: Breit zieht sich quer über den Fluss die hüfthohe Stufe aus den gelöschten Kalkschottern, über die in Tschötten und Schnellen ein trüb schäumender Fluss strömt: Ablagerungen, aus sandigem Lehm und abgeplatzten, zerfetzten Plättchen von Granit zerfalzt? Unter der Klumpendecke verläuft ein Rieselnetzwerk, das sich den Knollen anschmiegt, bis in Adern verästelte, zwischen denen, spitzbügelig gedrückt, taumelig zu Strudeln, zu Torkel und Kolk verwittert von gefiederten Kiefern, die hervorsprossen, und Pinien? – die Wolke ist verrührt in der Brühe. → 109

Alles hat keine Grenzen. – Die Dauer des Zustands nach der Ewigkeit hin. Etwas geht gegen Unendlich. Was ich in Gedanken fassen will, läßt sich aus mir herausgehen, unvergleichliche Zeitstrecken, ihr rasches Wiedereinsinken. Ich kann mich schon verdoppeln und bald vervierfachen! Wenn ich eine Kokosnuss schlucke, ist es, als ob ich sie schlucken will, und die Knolle quoll aus mir heraus. Ich sehe das sogar optisch, den Knödel, die Knoten, das Gewölle. Die verdammte Nuss. Ich sitze hier, mein Magen dort, der Hunger – wo anders. Es kommt mir so komisch vor zu essen, da mein Magen ja wo anders ist. Wenn ich dann esse, bleibt mein Hungergefühl unverändert, wie ein ausgelesenes Buch. Beim Lesen fließt mir von links blaue Tinte über das Papier, die Wörter schweben nach oben davon, als spazierte ich allenthalben in der Luft herum: ich könnte das tun, könnte jenes tun; könnte so stehen oder auch wieder so stehen oder anders vorgehen. Aber was werde ich nach dem Erwachen aus der Aufwiedersehensfläche sagen? Und wem? – Die Kokosnuss habe ich nun doch gegessen. Ganz merkwürdig gegessen. Ich habe einen solchen Hunger, als könnte ich die ganze Welt in mich hineinessen. Und zwar mahne, prahle, drohe ich und meine dabei, es müsste die ganze Zeit schon ungeteilt vergangen sein.

289 Früher als gedacht war die Folge der Bilder noch keine so rasche, dafür bin ich ihren Anblick noch gar nicht gewohnt. Der Wind hatte einzelne Schaumstreifen über eine von einer ganz dünnen Wasserhaut überzogene Feinsandfläche getrieben, von Blasen und Moderspupren lappig zertalt. Die Strömungslinien gerieten in schwingende Bewegung und versachten die Ausbildung einer Schar paralleler Kuppen und Spitzen aufrückender Inselinnen, die senkrecht zum Strom hin eingeschnitten schwimmen. Ich weiß es nicht, sah vielleicht nicht rasch genug hin – Mooraugen waren, glaube ich, dabei – oder verschwanden schneller als später fließender in flach verlandeten Wannen –, ich erinnere von solchen Meerballen nur, dass sie scheibenbunte Gebilde, Konkretionsgemische, darunter teilweise einige unregelmäßig leuchtende Farben sind, sah keine genaueren Muster aber, zigfarbig verschlungene Bayous, von lose aufgeworfenen Pleateau-Rändern begleitete Rinnen, auch Tropfformen unbündiger Zustandsmuster. Wie stark ein Wirbellauf im Strömungsschaum isterte, ist in kleinere Prielbahnen verschattete Presshügelrinnen: das etwa Pollenkorn-große Schlickgeröll in unständiger Strömungsunregelmäßigkeit der Virgeln: diese rieseligen Wirbelfelder – seelaufende Bewegungen und Rippelungen. → 161

290 Habe ich die Welt in Wirklichkeit vernichtet? Ich begann damit, als ich noch klein war, und wusste es nicht. Der Ort, in dem ich lebte, war in Wirklichkeit schöner und viel größer, nie in Ruhe. Was ich erfuhr, erlebte ich an bewegten Gegenständen, schrittweise sollte ich zu Erfahrungen kommen von verhältnismäßig ruhenden Objekten. Aber diese Objekte waren anwesender als zuvor, dann, und ich vermutete, dass sie vorderhand vorhanden bleiben würden. Aber – sie veränderten sich, die Objekte, Vektoren und Verknotungen. Wahrscheinlich, dass die Unruhe dabei zeitfaltig verdreht wurde. Das Ergebnis der Verdrehung aber ist das gleiche wie bei den Vorschiebungen: keine Veränderung, dabei hatte alles seine Zeit. Die Bäume sprechen meinen Namen, ich konnte aber den tosenden Lärm auffangen und töten. Wenn ich den Mississippi sehe, war er vielärmelig, wie wenn etwas von mir mit im Wasser schwimmt und dass mein Bild davon auf mich zurück einwirke, aber ich habe es nicht gerne, wenn ich mich davon wohl fühle. Ich sah Häuser ohne Dächer, die erschreckten mich, dachte, die Bäume seien eine Art mehrhöckeriges Zelt-Myzel. Die Leute gingen langsam wie aufgezogene Uhrwerke. Die Bilder, die ich vor mir sehe, stehen nie still, sie bewegen sich ständig. → 333

291 Und jetzt beginnen die auffliehenden Vögel zu streichen, im Schwarm, gegen den blasstintenroten Himmel steigen sie in undunklen Punkten auf, längs des (Siehlwiesen-)Priels, dort, wo sie das hellgemohrte Wasser glänzen sehen. Es ist ein vielbültiges Hügelgebiet, die Brühl, deren Oberflächenformen ich nicht überblicken kann, da ich keine freie Höhe fände. Und auch weißlicher, staubfeiner Sand ist lobenhaft ausgebreitet, aber eben sehr viel zersetztes, verfärbtes Material, wie die an den Hängen freigelegten Wurzelstöcke am Gras anwitterten. Und nicht weit von mir fällt jetzt ein ganzer Schof ein, schnatternd, dann polterte das Kuntervieh erbost davon: Die Dämmerung wird stärker, sie erscheint mehrfach übereinander, alles verschwommener, ich stecke wieder tief vor dem aufgetauten Priel. Durch den Fließstrom sind an seinen Ufern regellos lebendige Gänge aus dem Eis bis auf den Schlick herausgeschnitten, rinnenförmige Vertiefungen und Kluftkarren, durch den Schliff von Trümmerungen und Gesteinstaub. Die darüberleckende grobblockige Schuttzunge bleibt ungewellt stehen und ragt kantig aus dem gelappt-kuppigen Relief; sie lockert vorgeschoben nicht nach, und wird zu Toteislöchern isoliert und dort vom spülenden Wasser zerwaschen. → 229

292 So gehe ich zwischen den Eisschollen am Priel, immer im tiefen Schlick entlang watend. Da die Talung schräg in die Aufwölbungen eingreift und die Quellbäche am Innenkar der Steilrinne ihrerseits die Kartreppe zurücktiefen, werden sie die schmale Bergkette zersägen und lostrennen, wie das schon nahe der Spitze des keimenden Sporns zu erkennen ist: Ich bohre einen Draht in die Höhle des Ellenbogens ganz fest ein, einen zweiten führe ich langsam durch das Ellbogengelenk, dann am Unterarm weiter zum Handfächer, durchbohre ihn, gehe mit einer um die andere Drahtspitze weiter durch das zweite und erste Fingergelenk, bis zum Grund der äußeren Schwingfedern, und beide Drähte sind jetzt im Rumpf festgedrupft. Immer neue kommen, hier plumpst es ins Wasser, und dort fallen einige auf dem Schlick ein, vereinzelt zerschlitzte Tiere ganz nahe bei mir erfrieren im zirkusartigen Talkessel: durch mehrere herunterkommende Bäche umgeschäumt in flechtigen, engen Schluchten, während die Sohle, vollkommen eben, teils aus Fels, teils aus Flins erblindet. Vom Obenauf glattes Gestein, das keinerlei Klüftung ertasten lässt, springen schuppenartige Schalen ab, unten pustelig dünn, nach oben hin knospiger, Auftreibungen bis zu Rumpfdicke: Firnflecken. → 328

293 Jemand steht etwas höher als ich und sieht nach einer anderen Richtung, und zwar in den von der Sonne aufgelassenen Himmel: So sind die die Sandsteinplatte durchziehenden Täler hier gestaltet. Ich selbst sehe nach Osten und fühle mich halb unbekleidet bis zum Gürtel, gekränkt, dass es mir nicht gelingen wollte, noch höher zu steigen. Ich war ein fellbedecktes Tier mit einem fischähnlichen Kopf, ganz glatt und schlüpfrig, ein Mittelding zwischen Frosch, Fisch und Katze, fast eine Froschfischkatze, ein sehr tüchtig listiges, kluges und schlaues Tier, überzeugt davon, schwimmen, fliegen und sich auf der Erde bewegen zu können. Ich war so schlau, dass es mir beinahe etwas blamabel und peinlich war, ein so schlaues Tier, so nahbar zu sein. Eine Pflanze trug drei knollige Kugeln, von denen jede langen Rüssel mit Saugmund ausrollt. Solche Pflanzen (die auf dem Bild nicht gemalt sind) wuchsen faserig und rasch und hätten mich zusehends wohl ganz umwuchert: Jetzt wirkt die Angelegenheit beträchtlicher: Ich wuchs und wuchs mit und konnte nichtsdestotrotz den Kopf immer über den Moospolstern halten, wie dürr vergabelte Becherröhrchen der Stachelflechten. Strähnen, ein Filz aus Fließlinien ergänzten sich zu buchtigen Strecksätzen in die Wässerungen. → 260

294 Es kinderte mit den Zweigen und immer neue versprossten den Erdboden. Die breitgespannten, flachen Wölbungen zwischen Einmuldungen, das ästige Aufragen von widerstandsfähigen Bänken, das Auftreten einiger flacher Buckel, und Sandsteine, die bis auf die Außenkruste innen in Staub umgewandelt worden sind. Aber kein Staubtreiben bei Wind beobachte ich, die dünne, rundgelappte Bedeckung der Becherherde mit Flugsand kreiselnd, oder auch eine vielwarzige Verkittung der Oberfläche des Staubes durch ausblühende Salze und Flocken mit zahnförmigen Verlängerungen. Hier beginnen, von einer Kantenbank umschlossen, Erosionsrinnen mit einem Sandsteinzirkus, von dem Sandblockbänke niedergebrochen sind, darunter ist die Wand ausgehöhlt, eine sandige Rinne im Tuff, die mehr oder weniger mit Blockschutt und Flugsand angefüllt ist: Dichte, in Tinte getunkte Polster, deren zig Stämmchen mit ihren Ästen so ineinander verzweigt und verwachsen sind, rigide und zerbrechlich, etwas zusammengedrückt, unwinkelig, kaum stielrund, zwieselig, geteilt, nach mit oben büschelig gestrotzten Ästen, einverzweigt, strohrot, mit umbernen Tupfern und Punkten. Wollsackgnome, Konglomeratgrate, als stumpfe, dunkle Buckel herauspräpariert. → 89

295 Der Mississippi war stark angeschwollen, wo ich auch hinblickte, standen die Ufer unter dem Strom: Hier ist ein Weitergehen nicht mehr möglich. Ich schaue stundenlang in das einförmige, undurchdringlich graue Grün, das unentwegt vor dem inneren Auge vorüberzieht: stets ein und dasselbe trübe Bild, sind es stets ähnliche, nur wenige Spezies umfassende Bäume, Sträucher, die nach dem offenen Horizont zu kleiner und kleiner werden, sich im Rauen auflösen und zuletzt, im bleirnden Dunst, nur als winzigkleine, in der Lichthitze zitternde Pünktchen aufzuschweben scheinen. Der Horizont ist auch hier mit Rauch erfüllt, in der Ferne brennt die Prairie. Wo ich auch hinschaue, ist alles wie abgebrannt, verkohlt. Ruß- und Luftwurzeln, die lotrecht aus dem Boden wuchsen und holzige, pfahlartige Kniegebilde von dickicht wechselnder Länge räkeln und entwickeln. Nur manchmal sah ich, gleich einer verschwimmenden, lichtgrünen Insel, einen erratisch alleinstehenden Baum, Tamariskenbüsche oder in den Strom hinunter, hinausgewachsene Schilfsoden, die das Feuer verschont hat. Zermorschte Trümmer mit Seepocken bedeckter Schälstämme liegen regellos durcheinander und haben sich zu großen Massen aufgehäuft, wie die Kadaver fossiler Riesen. → 331

296 Die Rauchbänder sind tief blau, mit stacheligen Büschen, ins Grüne hinüberspielend, die Vögel, die zum Teil wirkliche Vögel sind, zum Teil greifenartige Körper und menschenähnliche Köpfe haben, sind braun und grün angelegte, oft hohe Dornbuschknollen, teils mit Graslichtungen oder vorrollenden Büscheln. d. h., der Hintergrund ist nicht einfach ausgespart, sondern zwischen den Rauchbändern sind rosa, blaue und lila Schatten eingefügt, sie erheben sich mit Buchten und Vorsprüngen im Sand, teils mit Flugsand aufgedeckte, beebnete Nischen im Bassin und Gneisinseln: Ein Sandmaschennetz aus einnagenden Unebenheiten im niedrig reliefierten Boden, lockeres Gestrichel, Dolche und Sicheln, die ebendort buckelten, schartig verwulstet: Auch die Gräser der Sandknuppe, auf der sich die zottigen Stumpen verhocken, sind ganz andere Loden und Sprosse: große, räkelige Sukkulenten mit scheidenlos Scheinblüten. Die Wirrsel sind nicht auf die Kuppeln und flexurartigen Hügel-Verbiegungen zu Pyramiden hinter den Hindernissen aus Schüttgut überzogen, sondern bilden um sich kleinere und liegendere Spornwalzen aus: Runzelige, zuunterste Lehm- und Schäumlinien träger Strömschleifen, die über Blasen mergelten und windbedingt walzenden Wässerungen. → 353

297 Als haben die lappigen Putzen noch endlose Falze, als habe ich Einfluss auf die Schemen, Bilder und Gestalten der Palmen erratischer Scheinschilfsträucher: Ich lege mir im Zimmer eine Art Wegnetz durch Beiseiterücken der Tische und Möbel aus und umgehe sie wie schraubenförmig schäumende Rauchbänder. Klexig durchsetzte Schwämme und Gewölle sitzen zwischen diesen, den selbstüberwälzten Säckchen, als eingefalzte Nesselfäden: die Verbänderung hängt weichgewunden hell in das blaue Geflatter der Balgalgen ab, spielten sich aber außerhalb des Zimmers ab und erschienen nur im Zustand des, glaube ich, Geekeltseins: Sowie ich aufwache, sind sie verschwunden. Die Rauchbänder blieben auch nach dem Erwachen im Zimmer; durch schnelle Augenbewegungen in vielfacher Zahl nebeneinander aufgereihte Nachbilder, ein außerordentlich angenehmes, wohltuendes Gefühl davon, das die Vervielfältigungen mitbedingt. Ich floss noch immer nach oben und unten aus; dann wickle ich den gesuchten Faden wieder ab, fasse ihn an beiden Enden und will ihn in mittig in den Mund nehmen. Dabei machen die Lippen dagegenschnappende, blind absuchende Kaubewegungen, und die Hände, die die Enden hielten, heben oder senken sich dabei, beide: Die Biester bewegen sich so schnell. → 130

298 Ich befühlte zwar die Fäden kurz, hielt sie auch zweimal für einige Sekunden zwischen den Fingern, nimm aber weiter keinerlei Notiz von der Decke, die ich dauernd absuchte, davon, sondern suche vielmehr den halluzinierten Faden weiter, den ich häufig finde und oft aufwickelte, mich um das reale Garn nicht weiter kümmernd, so dass der Zwirn des Öfteren zwischen die suchenden und greifenden Finger gerät: Ich bin nun ganz fest, undurchsichtig geworden. Aus meinem Bauch springen zwei Löwentiger, die während des Sprunges wachsen. Beide Tiere sind noch nicht fertig damit und von grünschillernd unvollendeter Färbung. Hätte das ganze Um und Auf ein paar Sekunden länger gedauert, als der Sprung der Tiere dauerte, so wären die beiden Löwentiger wohl ausgewachsen gewesen und hätten sich auf mich gestürzt, vielleicht: Den Angriff selbst erlebte ich nicht mehr; ich hatte nicht die geringste Angst, nur das Gefühl, dass ich das Bild hätte ändern können; dagegen schien das Kalb, das sich noch immer in mir befand, Angst zu haben und drängte sich ängstlich schlaff in mir zusammen, als Knäuel und Gewölle von seinem Fell. Zu mir selbst gehörte eine Riesenarmgiraffe, die aber erst im Begriff war, zu sprossen; sie lauerte, um im Moment zu springen. → 196

299 Während das erste Bild eine ganze Nacht lang anhielt, das zweite immerhin mehrere Stunden dauerte, so erschien das dritte Bild blitzartig und war in verschwundenen Sekunden unverborgen: Ich stand auf einem Berg aus Schlangen, umgeben von vollen Wolken und einem Mond. Die Schlangen sind schon groß, farbig und gleißend, wochenlang verbrüten sie in dieser vorläufigen Weise, aber nichts tritt ein oder ereignet sich: Dunkelhäutig entstehen die Efeubeeren, mit unreifem Lichtgrün oft, das beinahe weißelte. Die Beeren trauben sich dann auf auf Stielen, wie zig Facetten in den Augen der Schnecken. Die kleinen Stängel mit den Beeren zeigen Dornen, wie Kerzen an winzigen Leuchtern, vielarmige Stichflammen. Im Efeu loderten sie milchig-dicht, fast mehlweiß von weitem. Ich nimm die Schlange auf die Schulter und schleppe sie über die Schlucht; dann sah ich diese gewaltige, schwarzquallige Masse, durch die ich noch hindurch muss; bei dem Durchpassieren moussiert verspürte ich Wärme, Röte. Dann lieg ich auf dem Rücken und die Schlange frisst sich in mein Herz: das Aufknacken der Rippen höre ich deutlich, und helfe selber dabei mit, indem ich die Finger zwischen die Rippen bohre und sie so aufbrich, und das Aufsaugen des Herzens ist mir nur Wonne. → 142

300 Ich bin völlig abgelöst dabei, unbeteiligt. Alles fremd fühle ich, die Blüten der ausschießenden Rhabarberstaude sind fahlgrün statt die der Reseda: Die mich umgebenderen Blumen erscheinten scheibenhaft, und selbst dies erriet ich ohne Bedauern. Ich erstieg höhere Berge, übertrachtete alles und stirb: Mütter, die ich nie hatte, erschienen auf je einer Hügelkuppe, die sich eingesenkt hatten im Wasser, untertunkten. Und zwar war ich durch und durch Wasser, schraubenförmig getrennt davon. Ich zähl die Glockenkuh, ein schafartiges Kalb und Würmelschlangen, alle augenlos. Nattern schienen in flockenden Verringelungen, blind davon, schattiert, und spulig aus dem Augrund auftauchender, um unter solchen Formen! zu verschraffen, und von vorn: Mutterstille Wirbelungen, die sie glucksen und gebären, und wie Schilfsbrut kinderten. Auch ich laufe aus, wie ein Weltei gepellt ist, alles Nestern, während die Mutterwutz auftanzt, in wie schraubenlosen Spindeln. Meinetwegen richtige Tiere und Pflanzen; und ausgesetzt davon waren nur ganz losere Gräser und Halme. Die Kinder kaue ich allein, und alle klein, unfertig und in säuglinghaftem Unzustand, oft wochenlang, um vorlockend, dann langsam räkelnd drehend sich, und dass: abzublassen. → 192

301 Vor mir liegt ein kleiner, mit Wollsäcken bedeckter Buckel, dahinter eine Rumpfplatte aus Kiesschichten als Terrassen einer Tal um Tal ausfüllenden Ablagerung: grauer Schlamm, Wollsackschutt, mit Grünsteinbuchten spindelförmig gestaltet, greift tief in die Sandsteinplatte ein. Hier kommen Gehängeschluchten herunter, aber ihr Schutt hat den Boden der Bucht nicht verhüllt, vielmehr tritt Grünstein breitfächerflächig zutage, und Flugsandfahnen nehmen besonders die Buchtmitte ein. Ein eruptiver Gang schließt sie ein, und zwar ein breiter Gang aus Wollsackgranit, der stark abgrust; der Granitriegel sperrt die Bucht vollständig ab. Die Ränder dieses Sandfeldes gehören beiden Landschaften an. Hier, und mit dieser Gegend mit, endet die kristalline Vorbucht schon, gewölbt, gesondert oder zusammenfließend, niedriger gehäuft und rippelig versandet, aufgelöst in Gruppen *zu* einzelner Hügel, grubig und gefaltet, zwischen denen auch Flugsandsenken lagern: Wollsackknollen, kugelförmige, gleichsam wie ausgeblasen, auch deren schalenförmige Umwandlung feurig (von innen nach innen) in einen Grus aus gelbbraun lehmigen, außen zersetzten Quarzkrusten und in vertieft gewölbtem, umbernem Lehm mit Körnern keimt: Ich könnte mir schon vorstellen, in einer tiefen Mulde zu liegen. → 194

302 An beiden Seiten scheint dann das Verböschte höher, immer sinke ich tiefer, bin richtig versackt davon, die Schlucht, ich sink immer tiefer in die Talfalten buckeliger Gebirge, verwühle kehlige und porige Stollen, Wuhnen und Gangkammern ins löchrige Geröll. Hohler, grauer Sand, der unter dem Trockenmoorboden aperte, strahlenförmig, vom Mittelpunkt gegen den Umfang tellerflacher Schälchen (die durch Wind, wühlendere und Abtritte der Tiere entstanden sind), vermischten Flechtenherde mit dem hegenden Sand. Und unter dem Wollsackschutt sind die tief verwitterten Lehm- und Grusmassen gelbglänzend gefärbt. Ihr krauser, vielflach buchtig ausgeschnittener und gekerbter Umrand ist angeschwollen, die Felsrinnen sind in die Wacken eingeschnitten, wie aus einzeln kleinen dicht beisammengewundenen, sich etwas deckenden Blättchen damit. Ich bin ganz dünn und sitz auf der Landzunge, eingekreist von zebraartigen Gazellen. Ich bemerkte eins der mir entsprungenen Tiere zum Satz auf mich zu in der Luft; kein anderes vermag ich zu sehen oder fühle seine Nähe, denke ich. Um mich herum wuchsen brennende Pflanzen, mit wuchtigen und verkerbten Lappen, in denen besonders ein fester kugeliger Kern brennt, hart und spröde, zwischen Landzunge und bereiften Pflanzen.

303 Durchnäßt, ohne Risse, die mich auf den Blick von den Bildern abblättern möchten; ich versickere durch feine Risse; zu einem Nabel faltiggerollt, erstaune mich dabei bewegungs- und auch wehrlos; dabei war das Ganze ummantelt von dem stechenden Glanz der Mondhofscheibe. Bald wieder bin ich staubfühlend wie ein Kind, wie zu einem Schlauch verdichtet. Hier versammeln sich Kinder, die nicht zu mir gehörten, aber zu mir kamen und hier keimen. Es sind ungeheuer viele: 100 bis 1000, die auf der Erde herumkriechen und ständig aufwachsen. Auch noch andere und kräuselförmigere Pflanzen erscheinen beutelig üppig und aufschwellend, auch warzenartig erhöht. Punktkreisförmig eingedrückt (in derselben Gegend) fand mich einmal ein Känguru-artiges Springvieh, das völlig verdeckt liegt und mich unablässig mit der Zunge aufleckt: ein angenehmes, markiges Gefühl: wohltuend und zugleich erschlaffend. Ich fing an, vieles zu verzeichnen: Kritzeleien und lockeres Gestrichel, und zwar immerzu Dinge, vor denen ich Angst zu haben glaubte: gar nicht allein schreckhaft, oft sogar liebenswürdig. Ich gestaltete die mich ängstigenden Gegenstände tröstlich. Die Gegend empfing von der untergegangeneren Sonne eine grünzellige, wulstighelle Farbe. → 81

304 Frühmorgens sehe ich bei geschlossenen Augen meine vielen Zähne: gerade und schiefe, auch etwas gewellte und feine, schwarze, nicht lange Striche. Kein Drehschwindel, kein Gefühl des Sinkens, scheinbar auf der unglatten Haut der unteren Lippe, rau ausgeschlitzt, geschlachtet und gehäutet: Ebenso begreift sich die ungleiche Menge der Zähne, auch deren mehrfaches Hintereinanderstehen in ringelige Punkte, Klexe, Büschelformen, geordnet. Ich war zuerst erstaunt, als ich große Lichtscheinflächen sich darüberbreiten sah, vor mir und mir zur Seite und allüberall stieben sechseckige Zellen und verwoben. Das Sehfeld: wieder sehr dunkel. Plötzlich erschien ein gewaltiger Schädel zwischen den kahlen Schichten, gebückt über Etwas, wie beim Lesen der Kopf nickt, glatt'zt. Ich Schlachter habe das Opfer nur abzustechen, ihm die Haut abzuziehen, das Tier in Stücke zu zerlegen, und, wenn es gar und verkocht ist, habe ich das Fleisch kleinzuknien, von den Knochen zu schaben, aufzuscheiden, und den Sud zu verteilen. Schnell fließende, fast wässerige Tinte, die in die Teller rinnt. Das für das Auskochen der Knochen bestimmte Wasser habe ich aus dem Fluss geholt. Ich muss die ganze Zeit, auch während ich seziere, mit der Mütze auf dem Kopf, am Pritschentisch sitzen, auf einem Schlitten. → 379

305 Darauf sah ich ein schwarzschlankes, zartes Farben-Fleckchen silhouettenhaft, ein schmales Männchen mit dünnen Beinen. Sofort sah ich einen Schädel, der sich selber schält, und wieder arg zerfressen. Im Anschauen wurden daraus zwei silhouettenartige Ungestalten: und zwar schwarze Verdunklungsstriche, die auch feurig erscheinen können: die zwei und zwei feurig goldige Winkel beschrieben, die in ähnlicher Weise voneinander wichen, aber in größeren Strecken: so tun die aneinandergereihten Punkte einen Kranz z. B. von Perlen, von schönweißen Blumen, oder sie schmieden einen weißeren Ring: An solchen ließen sich die Augen und Münder gut beobachten. Augen- und Augenbrauen sind nicht vorhanden auf dem Kopf, aber so richtig gesehen werde alles möglich. Ein Gesicht mit geöffnetem Mund im dunklen Sehfeld mault auf, die Lippen und Wangen sogar in sehr zierlich schwarzen Streifen, sie ragten als Seile vom Plafond, über dem Boden, und in Bögen. Dann wieder teils auf einem Korridor, ein Fass stand hier; der Boden des Fasses war mit feinrunden Steinen bedeckt (und Steine werden leicht zu Münzen). Ich befiehl, das Fass zu schütteln und den Grund zu entleeren, vorstellungsweise. Dann schau das Fass an; es war jetzt leer. → 204

306 Sehr angenehm empfinde ich es, die kleinen, kürbisförmigen, fühlerhaft verlängerten Bändchen im Sehfeld, euterartige Staubfäden, die ineinander verkrallen – sich gleichsam anfassen, sogar wie küssend sich berühren, kommen, gehen, auch dabei still stehen –, nicht bündeln zu können: Ich habe nämlich das Gefühl, über Blüten abgeworfen zu sein in fahlgelbe Gelände, mit einem Adernetz durchbleicht, im blutigen Schnee ins Totholz stapfend, hohle Strünke auszuschlagen, dabei nicht imstande, das Bild der Nebelkrähe, des Kamels mit seinem höckerigen Rücken, zu ergründen, der Anblick spindeliger Mehlbeerbäume und Speierlinge vor Trockenmauern, das Auffangen von Sonnen und hochgetürmten Räumen, anderen geheimnislos, kaum zu deutenden Gedankengebilden, die erstaunten; Winterbläue sonnt sich in der Mittagsglut, ich wüsste auch nichts anzufangen im Konnex mit ferneren Regionen auf dem Globus in seiner Kugelform, die vor Samenkörnern strotzt. Ich sah die Erdteile verflochten wie Blicke im Vorübergehn ummantelter Himmelskörper; ich habe nie den Pol umkringelt, aber auf Größe gesehen, ganz andere Gegenden, um auszusetzen, dass dies alles so weit weg oft sei. Und ohne Zusammenhang zwischen mir und den offenen Polen. → 220

307 Der Strom fließt nach Norden, hinüberkommen kann ich nicht, es wäre auch zu gefährlich, denn bald kommt der Sommer, und der Rückweg würde versperrt sein, mit ganz dichtem, vollständig undurchstochenem Dorngestrüpp, mit – viele Meter – hohen Sprossen und Hakenfederranken mit Spreizklimmern vielstachelig verholzter Absenker: In sich wiederholte Silben verwandeln sich ins Schimpfwort, was ich durch Überlegen korrigiere. Bis ich endlich die Ursache in der Pulsbewegung selbst entdeckte, die hier gleichsam mit den schwächsten Ausläufern ihrer Stöße sich bemerkbar macht. Unwillkürlich assoziiere ich Reime auf das, was ich höre; mein Denken ist immer ein Rispen und Sprechen. Höre ich von ›Fass‹ reden, so denke ich › nass‹, ›schlank‹, ›krank‹, dann kommt wieder das Vorhergehendere, bis ich mich durch Silben, an die ich die Idee anzuknüpfen weiß, von den zwangsläufigeren Reimen losbinden will. Endlich sah und kann ich von solchen gelbgrün lodernden Farbkeimen, aus denen stets Laub entsteht, sich kleine Portionen abtropfen und frei schweben, und diese schienen mir kleinen Äpfeln noch ähnlicher als Säckchen, kleine Figuren sind von den zu Stirnbeuteln verwachsenen Gestalten zu unterscheiden, wie Lippenfühler mitsamt Tentakeln. → 81

308 Ich sah mich Brot schneiden, aber ich sah kein Brot, sondern ich fürchtete, wie geführt von mir, Messer an meiner ausgestreckten linken Handfläche ansetzen, die der Schnittfläche eines angebatzten Laibs nicht verschnitten aussieht. Brot um Brot geht auf in der vorderen Wand des Sehfeldes. Viereckige schwarze Stücke, verbacken von Holz als Würfel oder Stäbe habe ich oft auf so fleischblutige Lichtflecke gesehen. Auf solchen Klexen tauchen auch feine Lichtlinien, unregelmäßig rollende, gefäßartige Striche und noch gröbere schwarze Massen auf, auch scheibenartige Verdunklungslagen, stets anstelle der Augen und der Münder, und maulig entsteht dann das Gähnen aus der Lunge im Schlund, und das Herausstrecken der Zungen oft zuvor. Ich warnte mich nie selbst; hielt inne, und als meine Hand ans Messer griff, finde ich anstelle der Klinge den Brotrand des zu aufgeschlitzten Laibes vor: die Bisskruste ist eine gelbbräunliche Nuss aus Licht, kleinradartiges Backwerk. Die Ruszelstücke Holz können auch für sich verklöppeln, sogar glänzend und schellernd, glosend, feurig oder farbig sein, hautfarbige ovale Spritzer, und darauf lagen Schwarzaschestücke ausgedehnt nebeneinander. Aus diesen Stücken bildeten sich Intarsienbretter und ich spielte ums Spiel. → 139

309 Nadelartig, rasch abbrechende Striche wechseln mit langsamen, stabförmig verdickten zugespitzt; und der Verlauf keiner Linie entspricht dem einer zweiten; sehr zahlreich, scheinbar auf der glatten Fläche des Betttuchs ausgebreitet mit weiß ausgefächertem Lichtschein. Ich sah da meine Hände neben einem Stück Vorderarm. Ich sehe eine hochgewölbte Stirnwulst, und sie verkleinert sich zur meinigen; doch erkenne ich sie wie meine erst, als ich die Schläfe mit den Haarwirteln weiß: Zusehends sehe ich sechseckige Zellen. Eine Rohbaubacksteinmauer, die an vielen Stelle zitterte, wie flatternde Lichtlamellen: Immer, jedes Mal, wenn ich die Lider schloss, sie dazu aufsplinte, zeigen sich die Schellen der Pupille: Ein Auge kann auch an der Stirn, an den Wangen und Waden sitzen, zig nicht gerundete, ovale Lichtstiche, man sieht das Stirnbein oft schon nicht besplittert, Grallenbläschen oder einige unrunddrusige Pupillen-Kügelchen, und die Augstellen sind noch nicht hinzugebildet: Fast noch Rumpfgesichter mit geschlossenen Spleiß-Dichten der Löcher und Fugen in den Böden, Ruderdollen, die auch fehlen können, auch die Augen im Span. Im zu dunklen Sehfeld säble ich Zähne, zwei Zahnreihen, Ober- oder Unterpflugkiefer, das ganze Gebiss zeigt beim Gähnen: Ich habe meine Hände, die Vorderarme, zernagt. → 218

310 Plötzlich, auch beim Lachen, wie man Zähne im Spiegel sieht, eine sehr grosse Schere, ohne durch eine Hand geführt zu sein, und sie zwickte an den Knien, vergeblich. Die flatternde Lichtfigur, diesmal einer Spinne sehr ähnlich, wechselte in sehr drohenden Farben und vergabelte in Kerben, stiebendere, stürmisch und stündlich nach vorn verschwindende, immer weiter nach vorn in die Deichsel gebaucht. Ein weißgelblich zu unknotigen Bläschen verkäuter Brei; wie in hohle Tassen gestürzt; ich tunkte den Rand eines Hafens behutsam und kräftig in den Teig; jetzt sank alles in die umberne Tiefe und ich blickte auf ein offenes Rohr; in dessen Tiefe ein Trinkglas, Fass, Emaille floss: in meiner linken Trinkhand eine Schnabelkanne, aus solcher tropften ins Glas: Flocken, Schloßen, das Nass aus der dickwulstigen, schwammigen Kanne floss ins Schaff, in der Tiefe klirrten Gefäße und Gläser, aber das Fass füllt sich nicht ganz, nur eine Wanne, worin alles verschwand. In eigenartigen Taschen, die wohl mit diesen ständigen Austrocknungs- und Quellungserscheinungen zusammenfließen, greift der zähe klobige Ton in die magere, oft dünne sandigere Erdbedeckung ein und so. Was das ist, was ich als Zahn erkenne, augengelb umrandete Moorbirken, irgendein Stück Weiß aus den Erscheinungen. → 118

311 Ich sehe oft mehr Zähne im Mund, als ein Mensch besitzt. Zahnlücken und zahnlose Kiefer erklären sich leicht, denn jener punktförmige weiße Farbenkreis kann fehlen oder unterbrechend sein. Ebenso begreift sich die ungleiche Beißgröße der Zähne, auch deren mannigfaltiges Hintereinanderstehen. Wenn endlich die Farbenpunkte durch und durch weiß gebildet sind, erscheinen die Zähne missfarbig, alles sehr erkennbar: ich sah so sehr hässliche Zähne, wie sie nur denkbar sind, und stets mir entgegengeglänzt haben mögen. Auch wenn ich selbst noch nie kranke schiefe Zähne gesehen habe, musste es möglich sein, wenigstens die unschöneren Zähne zu erkennen. Denn so können sich Verdunklungsstellen oder stumpfgelbe und leichtrote Farben in das rieselnde Weiß hineindrängen, das die trüben Zähne bildet. Dieses Weiß sieht dem Schneeschmelz sehr ähnlich: Erforderlich zum Sehen der Zähne ist ein offener Mund, eine düstere, das Gähnen nachmaulende Erholungsverdunkelung, oder ein rotoranger Erregungsschirm, wovon auch die so hervorgestreckten Zungen sich bildeten aus Laub, wie mundteils häufige, ringelige Punkttupferflecken, Büschelchen, gut geordnet: Perlen, Wässerungen darin, oder sie flocken punktweiß aneinandergereihte Kringel. → 88

312 Hier und da durchspießt der zähe, quellbare Untergrund die magerere Decke, den grusbedeckten Abhang, während andererseits der Sand mit schollligem Zerfall eigentümliche, Mounds genannte, runde Dünen bildet. Eine sonnenartige, breite, runde, hochgelbe Zellenscheibe setzt sich auf die untere Lippe vom Sumpfgelände des Sehfelds. Die Sonne verschwand und fast ebenda entstanden nebeneinander mehrere, rund gestufte Scheiben, blass lichthell und ummalt, regellos gezeichnet, in die Pfuhlfläche unveränderlich gesenkt und dann langsam verschwindend. Blendendgrelle Endeinrollungen und Geröllscheiben links, Anschwemmungen und Lehmwälle, wie ein Gletscherstern verkürzt, nicht wie oben eine Sonne, dann eine ähnliche hinten, und dazwischen, näher zu mir her, blasse, fladenrunde Schlammablagerungen. Anstelle der Pupille: Die Grube sinkt ein und wurde eine Öffnung, die so oft durch eine kleinbläuliche Querflechte ausgefüllt wird, welche in der Iris lag, lückenlose Schmelzfläche lag, sich darüber veränderte, dass sie zum Fenster, zur Fluchttür taugt. Das himmellose Sehfeld überzog sich mit Gräsern und Gefäßen, immer mehr die aus den verdickten und entsprechend dicht zu denkenden, ziemlich gleichhäufig und zartmarkig dünnrußige Reiser. → 299

313 Nicht zu unterscheiden (zwischen zwei Scheiben flocht sich eine fallend schmale, reißpappige Blattscheidewand): Ich habe nie gesehen, dass zwei Augen mit dazwischenliegender Nase so stieren sollen. Plötzlich saß auf der Mitte der Oberrinde etwas, was ich für eine Fliege halten will. Ihr Kopf ist in napfartig umtiefte Flecken einer Art Kernveränderung gesenkt. So umschwärmt die Fliege schwebend meinen Schädel, als ob er sich dabei im Sehfeld aufhellt, ich ahne und fühlte die schwärmende Bewegung und sah im Sehfeld eine für sich bestehende, kopfartige großzackige Verdunkelungskeimung, mit welcher ich Fliegen, wenn sie sieben sind, haar-, schlauch- und keulenförmig im Kopf der Vorstellungen verklebte, abgeplattete Haftzapfenflächen, mit eigentümlich angeordneten Tüpfeln, diesen so pinselförmigen Haftorganen aus zig nicht berührten Büscheln, deren aufgelösten, stets ungesehenen Schopf man gern für meinen Kopf hielt. Denn diese Fliege war die Vorstellung einer Fliege, die ich nur in meiner holzbeheizten Stube hielt, und die für den Winter noch allein übrig bleiben sollte. Sie quälte mich sehr an den Gelenken, im erbsenstängeligen Gesicht und am Schädel, und doch mochte ich sie nicht töten und setze sie Honigdosen fest, in Sirup, wenn ich aus bin. → 210

314 Das Aufsaugen der Rüsselfühler um meine Hände habe ich nie vermerkt, umso deutlicher die Kopf- und Bauchfurche unter Lichtbewegungen gesehen: ein vielfach anastomosierendes Pilzgeflecht, zusammengesetzt aus Netzwerk dickwandschwammiger Zellen. Ich sah nachts dann eine Gans, deren Schnabel, Kopf, Hals auch noch deutlicher waren. Als sie verschwand, sah ich auf dem selben Fleck alle Fehlstellen der Pupille, die durch Federchen verdeckt gewesen war, und auf deren unterer Wimper verhockte: die Gans, eine Lichtsilhouette unter fischfarbigen Narben, und dass sich der Gansrumpf ausüppigen ließ: Ein Ring um einen Kranz wuchtet um die Pupille aus: wuchtende Fangarme, und verwandt sie, die Wölbstelle windet und rinnt sich in ausgefüllte, ungelbe Vergummungen, und die so verholzten Stränge und Gefäße sind nur augenartige Reiser auf dem Kranz, sich und den markstrahligen Garnstrumpf mitspindelig bildend; Gabelreiser, aber rispenzart, kürzer und unvereinzelt: Das Bild rindet sich innen, ich kann es nach dem Aufmachen der Augen gut erwidern. Wie bald erschien das geschlossenere Sehfeld quellend und steinzellig wie Zwiebelschuppen, und einzelne Fäden und Gefäße fuszeln nicht mehr festigend als deutlich, sie knollen und verschmolzen. → 250

315 Ich sehe ein unklares und aufstachelndes Bild einer Menge Menschen in Form von Lichtlinien verbrämt, und ich ergänzte es mittels Blickbewegungen zu einem vielzellig zuckenden Gesicht. Im sehr mit formlosen Massen warzig angefüllten Antlitz springt eine Gestalt vor mich auf und stellt und verwälzt sich zur Haut. Die Wulstgestalt schlug und klopft fiebrig wie mit Zeigefingern auf eine ungewölbte Unterlage, und nur sichtbar (nicht hörbar oder so). Auch die Stütz-Zahn-Zinnen nebeneinander wurden immer mauliger und auch länger als breiter. Endlich sind kleinzertalte Ringelchen nebeneinander in matt gefasster Reihe. Ein befressener Schädel, unter den Halsmassen aufpappend, tauchend, als bälkchen- oder strangartige Bündel aus Webfasern: ein teegelb ovaler Lichtdocht mit tüpfligen Punkten und Verdunkelungsflocken. Die netzigen Flecken wechselten und wandern auf Augenhöhlen, Wangenbein und Kinnhinterkiefer. Hier ein aus gut geformten Sporen verdichtetes Knospengesicht, inzwischen dickstrauchigen Rinden, nicht deutlich. Es verschwindet, und dicht an seiner Kapsel taucht ein anderes, kräftiger ausgeprägtes auf: Nun wird die unkenntlich untere Hälfte von einem leichten Schleier bedeckt, der verschwand und jetzt wiederkehrte. → 174

316 Ein Blitz war in den Kamin gefahren, ihn zertrümmernd, hatte sich am Dach gespalten und war in seinem schwächeren Strahl am Dachsparren entlang gegangen, während der stärkere Strahl über die Rofen durch den Schlot in die Ofenrohre bohrte, und von dort nach meinem Bettgestell fuhr, es ebenso zersplitternd, um endlich an der gegenüberliegenden Wand in die Erde zu dringen, dabei auch noch die Lehmmauer (ein oder mehrere Querwerke, meist aus Holz, ein paar Verflechtungen oder Spreitlagen) durchlöchernd, mit tiefwürzelnder Holzart, die gebuckelte Zunge: Ausrisse verflachten zu Feinbewegungen; endlich vernarben die Anbrüche wieder und treten anstelle der verharschten mit dem Dichterwerden der Nachbarschaft auf. Mergelige Bergarten, die zu häufigeren Rutschungen nicht mehr fähig sind: Zerschlitzung, Durchstoßung und Knospung der aureolen Rinden; und immer höher züngeln die Spitzen der einzelnen Schalkappen, Schalenkegel am Steilsturz empor. Wie in das Gerinne keulig gerutschte Bäume, grobe Felsblöcke, das zartwandige Mark; jede Verwilderung der Rinnsale bildet ununterhöhlte Uferblaiken: Die nach oben zu ausgebauchten Scheitel der Wölbfläche der Ablagerungen sind ununterwascht auf windgepeitschten Graten aus fließendem Ton. → 52

317 Je tiefer die Steilwand in den Schutt taucht, zerschlitzt und feinrissig, umso langsamer mangelt sich die Einpuppung des Bruchs; rundlich gelappt oder eingeschnitten, die Prallstelle der Pupille mit einem rauchgrau seltenen, kreisförmig verfärbten, wallartigen, durch Nähersehen erhaben gewordenen Kranz ledrig umgeben; in der Mitte aureolisiert eine kleine, graulich verzweigte Scheibe, die aus der Tiefe feurig leuchtete, nach runden Verdunklungen aber eine viereckig dicke, hüllbündelig gerillte Falt-Tafel wurde, dann wie eine Fensternische, und davor auf dem breiten Fensterbrett: Viktualien; dicht daneben ein graustrahliges, buchtenartig, lebhaft mit zig Händen gestikulierend (Lichtstrahlen) keimendes Silhouetten-Gerippe. Ausrisse an quelligen Orten auf vernässten, häufig ausgebauchten Hängen, mit Blattbrüchen vergesellschaftet, in Geländemulden, die sich bei häutiger Betrachtung als vernarbte alte Muldenbrüche entpuppten. Daraufhin dieselbe glasartige Pupille, der Nabelkranz um sie aber fadenförmig farbiger und mit vereinzelt schwarzen, radienartig auslaufenden, über Ruszeln gelappten Stäbchen bedeckt, geschuppt zu klumpigen Lamellen; mir im Sehfeld vorschwebende (dunkelbunte, streifenartige Stips, die zuvor wie lichtgeflochten sinterten). → 238

318 Schon mehrmals beim Einschlafen schlief mir irgendeine Hand ein, die ruhig am Körper irgendwo lag. Sie schlief, ehe ich selbst schlief, und sie war nicht taub, nicht schwer, ich zog auch kein spindeliges Gefühl daraus, ich fühlte sie nur nicht: als querzellige Welle, die sich tiefer und tiefer in den Rieselsand hineinfrisst, wie Gipsborken zerkrusteten und ausgebohrt verkieselten, so dass ich nicht wissen mochte, wo, in welcher Lage sie lag und sich befand. Wie unterspült zerbissen und verkaut sie istert zwischen Tuch und Bett, und dass ich mich durch Antasten mit der anderen Hand vergewissern musste, kaum zeigt sie Gefühllosigkeit: Ich liege auf links gedreht, der Rumpf ist plump und quallig eingekrümmt, da der Steiß den Kopf berührt, immer: Die wattige, unrastige Hand war fortan: Klaue, kräftig, krude. Sie hing ein bisschen vom Becken aufgeschleppt herab, die fühlige Hand, schwach gebeugt verknöchert, mit rippligem Prickeln, dann wirbeligem Gehabe, und gut ausgespreiztem Gefühl davon, als ob ich einen Stab straffgefasst festhielt: Ich mag die so bekümmerten Verkrümmungen der Finger, dass sie sich um den gedachten Stab immerzu enger krallten, und endlich hatte ich aus bauchhautiger Kraft einen winzig dicken Stock zusammengedrängt stecken in der Hand. → 24

319 Ich vermied jede Bewegung, um nicht zu stören, und versann mich, wo die Hand sei. Als ahnte ich, dass sie unter der Decke seitab liegen müsse, doch ich spürte nicht mal den bis zur Schulter oben leicht S-förmig gebogenen Vorderarm, der als Schnauze aus bloßem Bauch halst; die Hand war fort, und langsam griff ich nach ihr dahin, wo sie immer liegt, und wie ich sie als rund eingerollten Balg bald unverändert wiederfinde. Die Fingerspitzen sind daran zumeist gesenkt und schwebten, drehrundfädig, frei davon. Als ob ich mit der Spitze linker Zeigefinger etwas sickerfeuchtes Weiches betaste: Nach und nach verflocht sich das Lockere und Lose; dicht vor der Fühlerkuppe, die ich nur schwachschattig berühre, liegt ihr kugeliger Eigenrand. Ich hielt den Stab fest wie eine Puppe, die, wulstartig angeschwollen, pochte auf reiflos versprossten, vielstichigen Kornschollen davon, dann strahlig mit der rechten, da ich die angepresste Faust in ganz knitterfleckig eingeschürter Lage auftu. Die halbe Hand ruht im Halbschlaf vor sachter Krümmung, ich delle beim Tupfen unverwölbte Tastpolster der Zeigefingerspitze in buchtig dünngefühlter Krümmung, ohne fühlbare Anschwellung punktrissig, unverkrallt zur spacken Wulst und ohne taube, keulige Kontraktion und dabei Mulden. → 255

320 Hüpfende Pulse an allen Fingern der Mittelhand, mit welcher ich bei aufgestütztem Ellenbogen die Stirn umfasst hielt, so dass der Sporenkopf in der Handgrube ruht; ein hüpfendes, verbeultes Klopfrot, an den drei Gliederknochen jedes Fingers, sogar am Daumen, aus der Tiefe aufspringend, bandförmig rinnig mit hörbarem Schnurren, randständig unsichtbar, und nur grubig mit Runzeln und Leisten; nach und nach verschwand: dass ich die Hand zum Helm emporhob, und hiermit, mit ihrer Streckung verschwand der endständigere Eindruck eines Steckens. Ich hatte in der einen Hand die Empfindung, als ob ich nach hinten an den Fingerspitzen umgedreht wurde, bin ich (verdickt als Ohr, eine Ziermütze nur von vorn mit Schirmschnüren auf die untere Handrückenhälfte gedrückt), was nicht sein kann. Und falls ich nach hinten hin herabfalle: vier lappig feiste Finger in der Höhe der ersten Gelenke und die reifartige Verschnürung. Mein um die Halswirbel, unter Mitwirkung des zuvor noch flottierenden, jetzt schleifenden und um den Schwerpunkt sich drehenden, arrangierten Körpers, zusammengequollen aus klebenden Wülsten, mit umgekehrter Lage vom Kinn bis zu den Knien, nach oben, und nur die Nase bläst sich breit auf zu Nüstern. → 127

321 Z. B. erlebte ich einmal im Augenmerk das Bild eines großen Windbruchs in einem hiesigen Wald, welchen ich tags zuvor genau betrachtet hatte, einzelne Zähne von Säugern und auch glasigen Krokodilen. Mit allen Springbeinen und Schallblasen steht das gestrichene Bild in freien Farben frei im abenddunklen Raum, aber von allen übrigen und bodenfreien Rinnen verspukt davon, mit Sturztrichtern, die wie eingedickte Tümpel ausgefüllt, Federn oder Kegel, unmittelbar unterscheidbar zeigen (auch ohne Mond, Schatten, Glanz), von Sandklammfarben überwittert. Glasig erkaltete Baumstämme zersplitterten, ausgespitzt in Sandlinsen umlagerter Geländekanten, mit ohrformartigen Hohl-räumen, die im Austrocknen stark einknarren: viel zu verschrumpfte, miteinander kaum in Zusammenhängen zittrig-eckiger Dürrkrümel-Blätter, Luft-aufgeweicht verknöcherte Fingerhutkuppen loderten vom Kopf: Fäden, gleichsam Spülflächen der seichteren Partien, wo blaue Schatten verbürzelten, Dunkelheit, linsenzopfförmige Gesteinslagen, mit der Schneide nach unten. Auch solche Flächen blieben ohne Wandung und Schwanz: trübe Farbigkeit. Es fehlt ihr überreich an Kalkknauern und Knollen aus lößkindelartig verbackenen Lagen, nur und nur das Eindringenkönnen. → 226

322 Beim Blick vom Ufer auf das Wasser kommt ein Lichtstoß her vom See und entfloh stets wieder in den Häckselsaum, die Löschungen und Gräben, wodurch mir diese Lider auseinanderpressen; Blitze, vergilbtere Flecke, die wanderten; aber bei Augenschluss ist alles lila, Knochen lagen am Boden, alles ist zeitweilig in Blut getaucht, das Gefühl, als ob Fliegen einem aus dem Eingeweide kröcheln, teigig rollt die Walze auf, als Darm oder Arm, münzkringelartig dem Perlsaum eingegraut, bloß, bauchig, sondern es klauben sich Lücken auf aus der Netzhaut zwischen Rauch und spülendem Wasser, mithinüber. Vielmehr unter Tritten niedergedrückt verankerte die dünn durchscheinende, stellenweise von innen heraus erhellte, stückweise eigenleuchtende Haut, dazu Schalen mit Butter, mit wie Schneeschuhspuren. Eine Schlange in zig Windungen inmitten einer Gruppe aus Fischen und Fröschen. Wie eine Bauchflosse durch Geierfraß herausgerissen, so verschlingt das bloß aufs Zittertier gerichtete Augenmerk einseitig zwischen beiden Bildern hin und her, mein Kopf steckt aufgepflockt am Zaun, ein johlendes Vorwärts- und Zurücksetzen, als ob Feuer in einem Loch entfacht, und nur das Vorwärtsgehen des Wassers und Zurückgehen der Kuhfiguren am Ufer. → 103

323 Aus dem Strom ragen eine Reihe von Lanzenspitzen in die Luft und irgendetwas über dem Wasser, was sich aber erst formen soll, will sich auf diesen Lanzenspitzen niederlassen. Dass aber dieses Bild den Zweifel erstarrt und fortsetzt, mit heißen Messern wie übersägt zerschnitten, mit Zustand der Balance am übertriebenen Gleichnis: Strömendes Wasser, Lanzenspitzen, undeutlichere Gebilde, die sich auf die Spitzen setzen (was das ist, werde, nicht gesehen). Es fehlt das durchzogene, mit Kappen sogar Aufeinanderbezogensein, mir das Mit- und Zueinander gipsdurchsetzter, honiggelber kugeliger Kügelchen, staubüberstaut, die ich wie sonst von der Umgebung löse. Immer noch durchschwärmt von kopf-, faust- und nussgroß mürben, wirbeligen Beutelhäutchen, dann ausgegossen unter pfefferkornroten Molkeknollen, die sich auf die Hautschicht tropfen, wie ein dichter Streif Fische in Richtung auf mich zu. Die Backen: maskenartig ausgeblasen, starr, verlarvt, ausdruckslos, wie aus Schwefel geknetet oder Elfbein, unblutig zusammengesetzt: Ich weiß wohl, in Worten, wie ein Apfel aussieht, aber vorstellen kann ich mir keinen: wie eine Gallfrucht mit Schlupfloch des ausgekrochenen Insekts, als ob Spielkarten, ausgestochen, verblitzten. → 84

324 Zufällig nachts erwachte ich, als rüsseliger Molch lag ich da, überdeckt von Kappen, auf rechts gedreht, und eine knorpelige Pfote knospt schräg aus der Brust und baucht sich zur glockig tüpfeligen Faust. Ich fand sie angefügt und eingeschlafen, sie wurde bald krümelig und schnell grün. Als ob ich mit meiner gabeligen Hand die Saume auseinanderbog, was nicht der Fall war; und als ob ich einen vorverknotet dünnen Bindfaden hielte, arge, stilettartige Dornen, und diesen Zwirn nebst Knoten wuzelte ich dann innerhalb verkapselt und so fort, ein zu umschlossener, unverkleinert zerschlungener, eingerollter Schlauch, wie ein Mundwurm ausstülpt, und zwar überlippig, mit Hohlflügeln: Bei zuen Augen achte ich darauf, was mir an vorausschwebenden Tieren im Sehfeld stierte, mich erbeutet: lichtbrechendere Linien, deren Fesseln in krummlinige Hüllen eingestülpt verstielt sind. Ein innenhin schwillender, nach oben höckeriger Jochbogen in körnig gewordener Tropfform, stark farbig granuliert, aufklopfende Hautköpfchen, bei zwerchs zerquetschten Gedärmebewegungen, so, als würde an mir gezupft, seziert, gestochen, diese Dotter verdorrten, Schalen von Butter und Blumen, Glas, Holz, sie kugeln und sie fliegen (mein Gefühl); ich stehe in Flammen, und ich erfriere. → 108

325 Bläschenförmige Gebilde, mein erinnernder Instinkt (des Fliegens, Springens, Emporschnellens), und die gebündelteren Gefühle des Fallens, Herabstürzens und dort Einrunzelns: Ich will und mag fallen, aus aufkrallender Höhe herab- stürzen, dann fließen, mich in die Wolken ducken. Als ob die Glieder weggeschnellt schaukelten, in durchgeschnürten Rundtänzen etc. Ich sprosse mit hocherhobenen Flügeln aus dem Kofel im Lot, und vom Kolk und Ofen und Relief des Felsens sattle ich aus und durchflöge das Plateau. Die Schwingen der zwischen dem Grat der umkreisenden Berge sintern mit den immer rückwärts gewandten Köpfen verschmolzen. Und beim Fliegen tue und flüchtige ich Schwimmbewegungen, wenige getunkte, ich bin ein guter Schwimmer und durchkrawle alle Winde, ich pflüge davon: Durch den über den Zeigefinger gekreuzt geschlungnen Mittelfinger befühle ich eine Erbse, so dass zwischen beiden Fingerspitzen, von denen jede einen Teil der einzelnen Graupe hält und rollt, der Reibekreis eine genügend weite Lücke bilde, um zwei Erbsen statt nur einer zu tasten. Aus den breitgefalzten Planken sind zu Paaren gebohrte Löcher Ösen, worin ein Kielstrick, über eiserne Krampe gebückt, im Zickzack hindurchgezogen wird, ersichtlich. → 51

326 Das Zernagtwerden von Würmern, das Herauswachsen von Fäden aus den Zehen, Fingern und Federn, das madige in Besitz genommen sein durch Etwas, das Kriebeln, Prickeln, das Umweht-, Umklettert- und Bekrochenwerden, das Bestaubttun, dreckig, das voll Ungeziefer sein, das Hemd voll mit Pflanzenstacheln, Heustücken, Kletten und Getreidegrannen haben: Endlich sehe ich sehr deutlich an lichten, kritzelblauen Stellen aufgelappt ein Sehfeld vereinzelt kleinspitziger Gefäßkanten hervorlugen: hölzerne Spunde, an den Rippen schwarz vertieft, also auch leicht mit feinen Verdunklungsstrichen beraschelt, mittelrinnig, und sie sehen an Figur und Farbe aus wie die auf weißem Bauchflach nach hinten hervorkragenden Kielflossen und Luftkissen, Rippen, Bartelzapfen, und die Kufe der Naht aus auf den Rücken gedrehten Ruten: Zerfalzt und umhüllt sind die spitzhakenartig ausstechenderen Kiemen. Brust und Schulter erhoben sich, und der Rumpf drückt vor nägelnder Kälte dabei jedes Mal stärker in den Polster. Sooft der Kopf, in Rohnenform, radig, aber aufkeimt, wisple ich im Einatmen, ein spackes Knuppern und, feinfaserig, wie beim Anfassen der Kissen, wie ein eingeschlagener Kindsschlitten aus schleifenartigem Lindenbast sich aufraschelt. → 64

327 Vieles hängt hier von der Beschaffenheit des Kissens ab. Gegen Morgen hatte ich, durch etwas Schleimrasseln veranlasst, lebhafte Töne (Kohle und Knochen) in den Bronchien, aus denen ich mehrere Sätze machte, deren einzelne Worte ineinander ähnlich klangen, wie aus dem Ticktack der Uhr gefertigt, eins, zwei, drei, etc. Außerdem macht die durch das Sekret stoßweise hindurchbrechende Luft auswurfslaute Töne in steigender Höhe. Ich mache mich los in dieser Bindung, ich sinke, unfähig zu schwimmen, auf den Boden und ich gehe fast darin unter: Das umschlossene Auge wirkt aus dunkelgefärbter, erdiger, feuchter Bodenkrume, in der braungelbe Kalksteinsplitter eckig zurücktreten. Ich fixiere wieder einzelne Stellen des Sehfeldes und diese jetzt sind lichter. Ich sehe mich vor einer schwarzen großen Öffnung, und es zog mich unaufhaltsam in seine Mündungen hinein (mit beginnendem Schweben), als ob von der Stirn ein Streifen oben auf die Zunge zöge, der, abgebissen wie ein Faden am Nagzahn, blutig abtropft. Mein Kopf ist eine Drahtuhr, ein Apparat, der Zeit tut, bis sie einem Stück Eis gleicht – ungefroren: In hellfarbige Ringe und Krallen gefelderte, einander aufschließende Moospolster, die in winzigen Feuer brennen: Die kleinen Feuer sollte ich löschen, solange sie noch klein sind. → 9

328 Ich lag still in dem Tunnel und schaute mit zuen Augen auf seine mit Steinen ausgemauerte Wand. Die Steine sahen erdfarbig aus, feucht glänzend, auch die Trasse blieb nass und glänzend. Der Lichtkreis blieb aber nicht klamm, sondern weitete sich immerzu und wird endlich so umfangreich, dass er die ganze vordere Wand der Mirage zudeckt, nach oben und unten hin sogar überragte. Wobei sich der Kreis im Sehfeld umso mehr weitete und aufwärts strebte, je erpichter ich die gieren Augen stierte und der Unruhe folgte. An erheblichen Stellen konnte ich beobachten, dass sich der Regen von oben flächenhaft über ein solches Feld verbreitete und dann, wie zig Blitze, tropft darin, versickerte. Noch weiter oben erreich ich eine stärker geneigte mächtige Blockhalde von immerdunklen, einschwingend eckigen Gesteinstrümmern. Hier sind nur ganz vereinzelte große Flecken fein erdigen Materials *paillette*-artig auf dem Blocksee aufgelagert. Während die Meere aus Gesteinstrümmern ringsumhin aus grobgeschnittnen, kantig verwitterteren Blöcken bestehen, wie Rüben roh gehobelt, mit deren Wurzelsud die Stubenfliegen sich vergiften, sind die Sandlinsen aus feinem, inseligem Lehm und auch aus kleinen granitischen und Urgesteinsbrocken gebildeter. → 230

329 Würmer habe ich auch in Nase und Gaumen; und wenn ich zu schnauben beginn, kommen sie aus den Nüstern heraus. Würmer, die im Rücken sitzen, werden, wenn sie reif sind, von mir durch Muskelbewegungen herausgedrückt, so dass sie nicht weiter zehren und reizen können. Ich habe mir viel Mühe gegeben, die langen Tentakel so zu verwirren, dass ich als Madentier nicht mehr auseinanderkommen sollte, aber ohne Erfolg, wenn es auch Stunden und Tage dauerte, bis der Normalzustand wieder erreicht ist: Der ganze Kreis umschloss endlos eine fast ganz reine davon, groß himmelblaue Scheibe, worin die Pupille ganz unverschwunden blieb, verdeckt durch völlige Erstarrung, während die ausgedehnteren Kreis- und Freilinien (ich denke an den Zickzackwuchs) goldförmig verschmiedeten und glitzern. Und wenn der Käse zubereitet ist, wird die Molke zu dickem Brei gekocht, wobei zwei Drittel verdampfen, und dann wie Butter gegessen oder in Teig gemischt. Aber die Lichtzinnen flimmerten, nicht grell und verschwankend. Solche Feldtrümmer sind meistens mit hellgrauen Flechten bedeckt, ringinnenförmig weit frei ausgebreitete Bildungen, locker und schuttlos klaffend übereinander: von solchen Sprüngen und Fugen undurchzogen morsch geworden. → 281

330 Plötzlich eine sehr große Schere, ohne durch meine Hand geführt zu sein, und sie zwickt an einem Stumpen vergeblich. Zunächst die Veränderungen der auf die Stelle der Pupille nacheinander versetzten Kontraktion durch dürre Austrocknung: ein Mal so groß wie die Hornhaut, und mit sichtig wässrigen Bläschen besetzt, Flecken; die Scheibe zerteilt sich sporig inmitten und verschwindet, borkrissig, windoffen, als ob aus ihrer Öffnung wulstig berandet zylindrische Stielchen, und modrige und stumpfere Köpfchen davon quollen; morsche Punktformen glatt und hellbläulich wurzeln hervor, Gefäßreiserchen an den Lücken und Flanken der hinteren Iris: Lockere Halden und Packung der trockenen Gesteinsbrocken-Blöcke, dagegen gedrehte, zuweilen zähe Feucht-Anhäufungen feinplatig verwitterter, versteckterer Gefäßchen; und auch diese Scheibe spaltete sich pallettenhaft, die Hälften zogen sich deutlich nach beiden Seiten unzusammen, dass eine hohle Scheibe ritzentief bis in die Mitte keult; die Scheibe kliebt sich wieder mittig und holzt sich eine hellere nur ein; hierauf folgt eine glasartig, viskos kalbende, und von diesem Dickblut sind der nur von der Unterseite her sichtbare Schädel, Hals und alles auch von der Schulter her freigelegt. → 270

331 Der Fluss war stark angeschwollen, und wo ich auch hinblickte, standen die Ufer unter dem Strom: Hier ist ein Weitergehen nicht mehr möglich. Ich schaue stundenlang in das einförmige, undurchdringlich graue Grün, das unentwegt vor dem inneren Auge vorüberzieht: stets ein- und dasselbe trübe Bild, sind es stets ähnliche, nur wenige Spezies umfassenden Bäume und Sträucher, die nach dem offenen Horizont zu kleiner und kleiner werden, sich im rauhen Dunst aufzulösen und zuletzt, in bleierner Ferne, nur als winzigkleine, in der Lichthitze zitternde Pünktchen aufzuschweben scheinen. Der Horizont ist auch hier mit Rauch erfüllt, in der Ferne brennt die Prairie. Wo ich auch hinschaue, ist alles abgebrannt, verkohlt. Ruß- und Luftwurzeln, die lotrecht aus dem Boden wuchsen und holzige, pfahlartige Kniegebilde von dickicht wechselnder Länge räkeln und entwickeln. Nur manchmal sah ich, gleich einer verschwimmenden, lichtgrünen Insel, einen erratisch alleinstehenden Baum, Tamariskenwaldbüsche oder in den Strom hinunter, hinausgewachsene Schilfsoden, die das Feuer verschont hat. Zermorschte Trümmer mit Seepocken bedeckter Schälstämme liegen regellos durcheinander und haben sich zu großen Massen aufgehäuft, wie die Kadaver fossiler Riesen. → 168

332 Vereint zu farbigen, erstarrten Wasserläufen: Ich kann auch Gegenstände sich vor mir akrobatartig drehen und bewegen lassen, in die Luft heben. Wo solche Vertiefungen dicht beieinanderliegen, hat sich dünne Haut gebildet, worauf feine, niedrig verrottete Halme sich vermehren und reicherten die Verwitterungsschicht an; hohle umgestülpte Strubben und Gebüsch, Koppeln, wo Runsen und Wässerungen sich eingeschnitten wissen. Aber vergrößerte sich dieses austiefende Erosionsvermögen immer neu, und zwar erheblich? Inzwischen trug ich Holz zusammen und schürte ein großes Feuer, damit sich die vor Nässe und Kälte zitternden Wesen wärmen konnten; totes Schilf, das in der Hitze knistert und zu knacken beginnt. Mit jedem Knall sprangen den Wesen die angedeuteten Sinnesorgane, erst die kugeligen Ohrengruben, dann die Zwischennasenlöcher, bei einem stärkeren Knall auch die Augen auf. Auf ein plötzliches Schnalzen öffneten sich auch die Kehlen und Mundspalten. Jetzt konnten sie hören, sehen und sprechen. Mit einem Schlitz trennte ich ihnen die Arme vom Körper und die Beine voneinander, trennte auch die Finger und Zehen, die durch eine Haut, wie eine Flughaut, untereinander verbunden sind, ich wirf die abgeschnittnen Hautfetzen ins Wasser und daraus knäuelten sich blutige Egel.

333 Für den heutigen Tag war ein großer Fischfang geplant; zu diesem Vorhaben sperre ich das kleine Flüsschen und vergifte sein Wasser. Zuvor wird alles bis ins Kleinste besprochen, man holt die offenen Rundnetze hervor, beginnt sie auszubessern, sucht den Wald ab nach giftigen Lianen. Im Frühlicht ging es nach der Mündung des Bayous, dort aus Zweigen und Palmblättern eine Wehr zu bauen. Andere folgten mit ihren Schlepp- und Treidelnetzen, Reusen und Lanzen nach, einige zogen mit den Wurzeln nach dem Oberlauf des Gewässers. Dort werden die Wurzeln zerklopft und im Fluss ausgewaschen. Die Übrigen hatten sich indes am Flusslauf verteilt und warteten, bis die ersten Fische zitternd an der Oberfläche schwimmend erschienen. Ich muss mir im Inneren der Ströme dabei die Tendenz zum Zurechtrollen von Knäueln denken, denn die Knollen im zugleich gleitenden und fließenden Strom sollten der Bewegung den wenigsten Widerstand bieten: Zusehends häufiger werden eben die an der Oberfläche des Wassers erscheinenden Fische: Kugeln durch Zusammenballen und Abdrehen in bewegten Stromschnellen. Alle miteinander stürzen sich wie Nixen in die trübe Flut, während die, die am Ufer mit Kanten und krummen Schrammen hin und hin liefen, nach den größeren Fischen zu schießen wissen.

334 Mir geht im Traum die Möglichkeit, Vergangenes und auch das Kommendere auszumalen, ab: Ich spreche oft und begleite mit Worten Bilder und Ereignisse, wobei ich fast immer meine Stimme höre, und zwar, dass sich die Ahnungen des Wollens, aber nicht das Wollen selbst darstellen. Z. B. träume ich sehr schlechtes Wetter. Ich drück mein Gesicht an Fensterscheiben, es regnet in Strömen, dann schneit es. Aber es ist warm! Ich öffnete die Fenster, befühle die von draußen kommenden Warmluftböen des Schirokko. Ich sage und denke: Das kann ich unmöglich denken und sein, der Schnee sollte tauen! Und sehe ein, dass es schneit. Jede Sekunden, die wir Leben nennen, ist wohl voll von solchen Konstellationen. Je fester, je gröber zerteilt die Elemente sind, welche sie mit sich finden, desto unfasslicher sind die Verursachungen zur Wirkung infolge: Feinsand, Büßerschnee, Staub, Pulverschnee bis zum Schlickeis und den Tautropfen hin abblassend. Die Ideen kommen in Vorstellungsgruppen, stets dürftig, sehr vergärt aus ihren Begleitideen wieder, selten und auch dann nur faserig und flüchtig kommen Bruchteile von Dingen auf, welche die Idee fixieren, nicht betreffen, und schließen sich in festen Wendungen gruppiert um einige kernbildende Elemente auf, aus der Umgebung mehr hineingespült. →46

335 Wie aufgescheuchte Krähen um eine Kirchturmspitze kreisen und flattern die Gedanken immer um den einen Punkt, das eine Erlebnis, das unbegreiflich bleibt, das sich nicht beschwichtigen und mich nicht zur Ruhe kommen lässt. Oder wie Insekten ihre Eier an Grashalme picken: Der Halm wird geknickt, und in die Knickstellen werden die Eier eingeklebt. Zuerst sind die Eier den Blicken entzogen und werden dann leicht übersehen: Oft törichte Einfälle, dumme und schlechte Gedanken; im Spiel Erlebtes und Hoffentliches vermischt, woraus sich dann Verkettungen erringen, bis diese sich endlos müde geflattert haben, in Schlaf selbander gewirrt. Nicht bloß im Moment, sondern auch nicht stetig andauernd, aber wechselständig vom Dunkel verschlungen, um wieder aufzutauchen, auch unwillentlich. Sollten Nerven ohne Ende dazu bestimmt sein, einen leitenden Konnex zwischen ihrer Litanei endlos undurchsetzter Ursprungs- und Endpunkte herzustellen, ließen sich, Doppelpunkt, solche Schlingen durch dreieckig vorspringende Gallertlappen mit geschweiften Seiten wiederholt zu einem Wundernetz insichdicht verbinden, das nur wenige und vage Maschen hat. Aber meine Sätze sind eine sinnvolle sprachliche Äußerung, die durch die Stimmführung allein als abgeschlossen anzudenken ist. → 382

336 Wieder muss angehalten werden, ich bin bei einer Temperatur von nur wenigen Graden über null und dem eisigen, selbst jeden Pelz durchdringenden Wind durchaus erstarrt. Es ist nur nie ein bestimmtes, überwiegenderes, akkurates Gefühl, aber die verschiedensten Empfindungen sind überspannte und hochauflösliche Knoten und rissen mich in den wechselständigen Geschehnissen mit sich. Die zig vielen Bäume timbern hohl mit verfaultem Stammholz, die Rinde istert aber gerade so fest, dass die toten Stämme oft aufrecht stehen konnten, aber bei der geringsten Berührung und Windstößen zermorscht zu Boden fielen, häufig. Eine Menge solcher Rindenröhren liegen zu Böschungsschraffen versplittert, ich erkenne in den Zusammenstellungen die buntmannigfaltigen Unwesen alle und versinke unter den Bewandtnissen in überströmender Fülle im Gefühl, um schließlich als Hülle davon allein am Bewusstsein zu bleiben: Unablässig wehte Wind, alle Krümmungen des Flusses abschneidend, und vorausgeeilt. Durch den Gefühlsstrom wird mein Gegenstandserleben, aus dem es zu entspringen weiß, zum Zuruf-Feld verkettet, und dieses wirft in Gegenbewegungen sein ganzes Schwenden, die brennendere Anteilnahme auf mein Mitgerissensein, viel weniger trübend, und es schneit (und schneit nicht). → 33

Ein Regen schräger, kleiner Sphären, wie Glutkügelchen von oben herab prasseln, stiebende, winzigleuchtende Pünktchen in trollatischer Unzahl, ist zu sehen. Das Weiß der Gischt schmilzt weich ins Licht: aus gestrichelten Bindseln schraff durchlässige, gedrehte Schnüre: Zig winzige Lücken und à jour gestanzte Ösen überziehen das Sehnetz mit verhäkelndem Gestrick aus saumlos gemaschten Glänzlinien wie ein Flächenblitz durchsetzer Unlinien: ohne Spuren eines Spuks, sondern als glasgratartig wächsernes Gebildegewimmel vielärmeliger Härchen und ganzrandig zergrauten Fasern, fast in Dochte verwoben und verstumpft davon: Das Sehnetz verzahnt eine Unfülle von häufigen, ziellos moussierenden, zu endlos verbückten Wulst-Unfugen, Falten, die versträhnten, und Fransen, wie zu behacktem Tuff rieseln sie herunter, Facetten-besetzt, versponnen in gris-gris gescheitelten, trüb gestreiften, meist stumpfeckigen Abschellerungen, in Schlieren und geflecktem Schill mit Taftfutter-Schraffen, das Relief der Marmor-Adern aber, pupillenartig getigert, undurchscheinend gekritzelte Linien in grisaille: ein zornrot-tobendes Gewimmel aus Haarfarben mit farbarmen Band-Agraffen, mit glutstrotzenden, berstenden Borsten: rundaus leuchtenden Gewitterspitzen, die selbstverwischt und spindelig zerspelzten, Alinea.

337 Vom Wasserspiegel steigt eine, von den Wellen während des Sinkens der Wasser terrassierte, sandig-lehmigarme, pflanzenlose Böschung mit einiger Neigung an: Felsen in der Anlage von Magenfalten und Runsen mit wulstförmiger Verdickung der Stützlamellen aus getrocknetem Gips. Über dem Wasserspiegel beginnen die ersten Büsche; zuerst vereinzelt, dann schließen sie sich zu einem Dickicht angeheftet, unzusammen. Aus diesen Einsenkungen entwickelt sich der zapfenartige Uferwald, der ziemlich licht ist und von Fibrillen einzelner auffallend hoher Bäume takelig überragt. Am Uferrand springt nun an einer Stelle eine Kopf-hohe und etwa armlang gelagerte Platte vor, die mit senkrecht löcherigen Wänden ansteigt. Die poröse Oberfläche der Platte schwillt über in den oben vorgeschobenen, konisch kahlen Hang. Eine vierschrötige Scholle kernt, aus dem Steilrand abgedrungen, und keimt im Wasser. Das Gebirge bricht eine Schar steilgestellter Falten aus Kalken und Schiefern und die wallartig verschmelzenden Massen von Kugelknollen. Der oberste Kamm besteht aus wild übereinandergefalzten, zu Nischen und Taschen aufgetürmten Felsfalten, ein steinernes Meer oder ein untotes Gebirge hoch imprägnierter Wucherungsvorgänge. → 329

338 Ich erklettere die Uferhöhe und erreiche den Niederwald. Das dichte Unterholz, das die Flussufer einfaßt und von den Gängen zur Tränke kommender Tiere durchtunnelt wird, wie um den inneren Hohlraum nur hervorzuwölben: hier ist mein Urwald abgestorben oder schon zugänglich. Statt der trüben Hochwaldwand erheben sich darin über niedrigem Gebüsch und Krautdickicht schroffe, abgestorbene Stumpen, von einem Filz dicht aus Laub und Kletterschwämmen überüberzogen. Wie diese dick'ten, ganz blasigen Kissen, woraus weiße tote Strünke beinahe anklagend Äste in die Himmel strecken. Andere Stauden, so vom Polster erstickt, sind im Absterben begriffen; dünn und abgeschnürt kraflos welkt ihr Laub, Klümpchen troffen die Schoten ins Totholz: Die lehmgelb sandigen Ablagerungen, auftauchend, schwollen an, dottern in Gerinnseln. Spülsaumlinien am Strand liegen die Gewölle faust- bis kopfgroß: fettige, harte, poröse Knollen, von Tinte weißgestückt, durchzogen mit Wurzelröhren. Weitere liegen zusammengebrochen da, andere kauern in Laubbuckeln, umgewandelt, und unter dem fauligen Moderpolster verschwand der getötete Stumpen gänzlich: dass Holz, getrocknet, rosarienrot istert, aber naß spant; und nimmt seine blutbuchene Farbe an, die bleibt. → 327

339 Von allen Seiten wälzten sich linsenförmige Bühel und Schliffformen aus der Totmoräne, Drumlins – Schlichtanbankungen, Palsen (aus den Unmulden innen der Umrandung auf die Hochmoore zu) und verschmolzen: Wenigstens denke ich den erratischen Findling, Enzenstein (ein Gneisblock im oberen Kar der Zuschlucht), nicht als in die Talbucht gekegelt, gerollt. Daneben entstehen sogar eingetalte Steinwaben, wie Kieselnester aussehende Karren: wabenkalkschwammartige Gratbildungen, Trümmermeere, rundliche breite Rücken mit dürr-rissigen Spalt'sen, klingenscharfe dünne Gräten und zackige Riffe mit aufgeklafterten Löchern im Quelltrichter der Novella, Geländeporen und schroffe Formen aus faulem Fels. Die Schichtköpfe sind zu spitzen Graten herausgewittert, eine Serie weicherer, bröckeliger Knöpfe bis zum Sattel. Oft kann ich durch ein Loch hinab, durch ein anderes wieder heraufkriechen; ein hineingeworfener Stein lässt ein lange anhaltendes, immerzu dumpferes Gurgeln und Rollen verklingen, das Wasser verliert sich dort spurlos im Kolk. Ein unter dem Sediment geschrundet eingefurchtes Hügelland, das nach vorn zu, mit unebener Erdwelle, schroff lotrecht zum Talgrund herabstürzt. Doch ein solcher ist nicht da: Und das Gehänge strotzt davon. → 348

340 Ein moosgrüner, tiefoliv schattierter Strunk mit locker eingesprenkeltem Efeu strotzt über dem türkisbunten Seespiegel, ein ungleichfarbiger, zu Knauf-Formen zusammengerundeter Baumstumpen aus nur Blätterungen. Auf den Stollen bemerke ich Falten, die so weit gekrümmt sind, dass ich zwischen die sich ablösenden Schichten hineinkriechen kann: enge, bis zum Kern in Schritten verbückte Fältelungen, die vorstehen, wunderliche Knollen oder kauzige Formen, die darauf sitzen. Gras fehlt hier ganz, auch die kaum hand-hohen Zwergbüsche. Nach allen Seiten zieht ein Grat aus, falbe, ausgesparte Färbungen der Bankung. Gesteinsschlicker, Jöcher, und nur wenig überhöht, das Fries ihrer Dichte, so talungsartige Wannen und Furchen sind eine Blässe für heftige Winde: die Gräser werden gefitzt, so dass ihre Geißel gegen die Steine tönt, und ich glaube, im Wind Schellenlärm zu hören. Auf flachen, abgeschwemmten Sandhängen liegt ein Windschlag abgestürzter Stämme, abgestorben, entästet, eingeknickt; im Kleinen sind die Rinnen breiter, auch nicht eingetieft, die Gräte schmaler, doch ebenso unregelmäßig; gerieft, oft glatt, wie abgerieben, aber mit Unebenheiten und spitzen Nadeln besetzt, die empfindlich ins Fleisch hineinfahren können, wenn sich die Hand aufsetzt. → 257

341 Ich habe die abgelöste Rinde wieder um die Birke gegürtet, verschirrt mit ihrem Reisig. Schon vom bloßen Berühren empfinde ich das Brennen im Adernetz der Nesseln; und auch das Reisig als weichfilzigs Brennholz in büscheligen Griffeln wirkt ganzrandig giftig; und schon beim Kauen scheint die fleischige Schote geschmacklos zu sein, anfänglich, nachher aber schal, mit derb ätzendem und letzendem Geschmack, der lang anhält. Die gefiederten, rundlichen und zottigen Sprossen, ihre Rinde zum Gerben, die Samen zum Röten und krautige Rippen auch: kein Geruch! Nur verrammt, kleinspältiger stets ausgeschrotet, mit dem Frost der Erstarrung überdroht. Aber die wirbelartige Bewegung bleibt nicht das einzige Häutgefühl; und sehen tue ich den Wirbel nicht mehr, nur lauter helle Bögen hintereinander wie ein Galgengerüst, unangenehm nahe vor dem Sehfeld. Jetzt könnte ich mir noch denken, ich sei von allen Seiten eingeschlossen. Und der Rauch und die wiehernde Flamme, die noch ein Klafter tiefer in das Dunkle wühlten, ihr schnoberndes Geschick. Blinkende Glimmwürmchen. Kinder kenten die Feuer an im Heu, das selbstentzündete die Streu, zu Stroh verascht, und glanderte: Und wie mein Kopf beim Heruntertropfen in den Rumpf verschwindet! → 271

342 Unter dem Schädeldruck ist die Gruppe der Rippen des Brustkorbs abgespreizter als die davon getrennte losere Gruppe, und die Kippen der Körperhälften wirken nach hinten gedrängt: sie sind durch Überbespannung der Beanspruchung aus dem so überdehnten Wampenverband gelöst und schmiegen sich wie abgelöst an den Körper. Immer trenne ich durch einen Stich den Hals inwendig, doch ohne die Wunde aufzuklaffen, vom Rumpf, streife ihn bis an den Schädel über, trenne ihn vom Kopf, oben, und hole neben dem Gekröse auch noch das Gehirn hervor, indem ich zuvor Ösen setze an der Stelle, wo die Halswirbel eingelenkt sind. Erst jetzt trenne ich die Knochen der Krawlglieder innenwendig von den übrigen Knorpeln, die mit unknotigen Noppen gekielt und verschildert sind, so dass auch ich die Haut der Flüsse und Füße vom mit dem Panzer verwachsenen Rückgrat erst einmal abgelöst, bis auf die Zehen überstreifen kann. Auf der einen Seite sind die auseinanderfallenderen Schuppen mit Schlamm bedeckt, auf der anderen wird das Wirbelgerippe seitlich steil in den grätigen Rumpf gekeilt: zerschnitten in dünne Rinnen. Die zusammengeschuppten Knorpel sind so klebrig eingefalzt, dass der Panzer, lungenhaft, wie ein kollabierter Schlauch daliegt, Luft schnappend. → 166

343   Häufig hatte ich versucht, allein ins überschwemmte Dickicht einzudringen, das den schmalen Landstreifen, auf dem ich mich befinde, eng begrenzt auf der entgegengesetzten Seite. Dort lagen die Ufer-*Swamps*, durch die Sprösslingsflut halb unter Wasser stehende Urwälder mit ihren fiebernden Tieren. Ich denke mir einen tiefliegenden Sumpf, teils mit Dickicht verkraust und von zig Wassertümpeln und Kanälen durchzogen, die das Terrain in kleine Inseln zerteilten. Hohe uralte Zypressen mit graupeligen Zotteln an den Ästen, vom langen, schwer herabhängenden Mississippimoos zu krakenhaften Trauerweiden umgewandelt: Die Eichen und Eschen, Ahorn-, Palmen-, Lorbeer- und Magnolien ließen kaum Sonne durch ihr Laub, und selten sah ich durch zwischen den Stämmen: die helleren Lichtflecken: Sonnentaler, tausende Taiga- und Moosaugen, und wie aus Sumpf und Siel insichdicht Schilf emporschießt. Tümpel, Schildkröten, Schwimmschlangen und agile Alligatoren bestimmen den mündungsdüsteren Atoll, Triolen. Selbst aufkeimende Landformen, über die mein Boot glitt, schienen schwimmendere Inseln zu sein: wie zitternd verlipptere Mündungen über die tunkenden, uferruhenden Wiesbuhnen unterbaut, um das Einsinken der Staksen zu verhindern, das Auffaulen der Fischfaschinen. → 49

344   Die Zypressen, ungeheuer, alles war in eine warme, faulige Morast-Atmosphäre gebadet, alles schien voll Leben. Ein ewiges Schwirren, Zirpen und Säuseln, Knattern und Plätschern, oft nahe, bald fern, und auch stärker oder schwächer. Hie und da war das Bellen der Alligatoren zu hören oder der Schrei der Raubvögel, ich sah aber keinen. Der ganze, mit weißen und blauen Gewächsen bedeckte, halb von Schilf und Wasserlilien verwunschene Sumpf schien leblos lebendig, ohne dass ich auch nur ein Tier zu Gesicht bekäme: Zunächst zu sehr vom vielen Zauber der Szenerie erfüllt, befinde ich mich in engeren Kanälen mit klar fließendem Wasser, dann auf großen, im Taglicht aufglitzernden, offenen Tümpelflächen. Jetzt neigten sich einige Rußzypressen mit ihren schmutzigweißen Stämmen, oder die mit Lianen bleiern behangenen Magnolien tief über mich, geduckt, und häufig passierte ich so schattige, niedrigere Laubschächte, in denen Dämmerung gängelte. An andern Stellen war der Urwald auch lichter, mit Durchsicht: kochende Wasserlachen, siedende Schmielen, die sotten als ob (verbrannte Gräser): abgebrochen vermorschte Waldriesen. Mit jedem Ruderschlag wechselte das Boot, und die eine Wendung kenterte ins Offene um die andere. → 181

345 Das Panzerfass ist mehrfach knöcherig durch Geierfraß verbissen: Wimpernrinne und Dornfalten, die sich Richtung Rückenflosse mit ihrer Stützversteifung durch Drehwirbelräder überstrudelt halten: Ertrunkene Baumkumuli in Überflutungen stehender Wasserpfützen und Totwasserarme, angeschwemmte Holzzwillen und Reisige mit kieslig nassen, morschklebrigen Bodenknollen verlehmt, mit Gräsern und Wasen: mit Lichtbüscheln, Lianen, abgeschältem Geäst, und darüber gehen Winterbäume ineinander über. Die großzellige Wabenstruktur verletzt Netzsprünge wie im ausgetrockneten Schlammrückenpanzer eines Krokodils in Schieflage, weil die Fließströmung rucksig nach hintenhin rippelig aufschluckend untertunkt: die aufgehenden Samen im Strömungsschatten der (mit dem Kopfende uferwärts, in Bauchlage mit einer doppelten Krümmung) gestrandeten Leiche. Durch Faulgas war der Bauch zerdehnt, die Wampenflosse ist durch Viehfraß herausgerissen. Die Unterkiefer: verschleppt, parallel zum Häckselsaum senkrecht liegend und kenntlich an den keifen Zähnen. Jetzt verschlammen auch die losgelösten Schuppen. Dass auch der Kiemensack außer sich quillt, aus der Krümmung des Kadavers klamm herausgebogen. Das Hochwasser reicht bis zur Hüfte. → 241

346 Jetzt habe ich das Gefühl, wie wenn ich nur aus einem hohlen Kopf bestünde, in dem ein Dynamo summt. Es ist alles abgehackt, die Stirn sitzt im Genick. Ich nicke wie ein zitternder Traum, der sich gegen Morgen verflüchtigt, so lösen sich Vergangenheit und Zukunft vor mir auf und vertreiben mir die Gegenwart: Und nur zu dieser Stunde fühl ich mich wundleer, ohne Erinnerung davon, wie ein Genesender, der sich auf nichts besinnt, sonst. Meine Wälder, meine Gärten, meine Ströme, meine Pläne und Fähigkeiten – tot, sie entgleiten mir als ob ein Glockenmantel, der zu lose über die Schultern schloss: und wie eine hohle Schale Larven; in lange, weiße Tücher gehüllte Tiere gingen langsam vorüber an mir; ich spüre, dass ich mich häute und häute, dass ich in ärmelige Formen einging; und ich rinde meinen Pelz dabei. Langsam erklette ich lebendig als Balgmade eingepuppt. Ich empfinde etwas wie seelewige Auflösungen, die Ruhe vor mir, und mehr noch als ich vergessen soll, vergesse ich selbst. Ich fühle den schnellend zähen Fluss der Zeit wie einen großen Mississippi, der mir vorschwebt, stromert und verschwimmt, greife die gestaltfreien Schatten lebendiger Taschlaschen auf, und bin selbst starr wie ein Kalksalz-Kadaver steinhart ausgetrocknet. → 232

347 Von diesen Hügeln, mit üppig dürrem Gras überkleidet, genieße ich einen weiten Ausblick auf den gewaltigen Strom und seine Windungen, erweitert zu einem sehr breiten See, lehmgelb bewegte, kaffeefarbige Wassermassen mit hochgehenden Wellen und den Wirbelstraßen: Steine, Baumstämme und Boden sind mit einer Kruste von Algen überzogen, und mit Zweigen, behauenen Balken etc. bedeckt, und oftmals von den Bugwellen zerbrochen. Es sind die bültigen Sedimente des Uferdamms, des Überschwemmungsgeländes, die vom Hochwasser frisch angeschnittene tonige Lagen liefern und die verschiedenen Fließ- und Tiefenbewegungen gelegentlicher Konglomerate aus körnigen Tongeröllen kollern: Das Relief der Geschiebe und Rutschgefüge dunkeltoniger Siltlagen, von Kaupe zu Kaupe springend, zwischen Flins und Kies. Absackende Anlagerungsgefüge, in Schrägschichtung flach (vor allem unten) mit Rippelschichtung, mit Wickelstrukturen (kringeliger Glimmerlamellen): Erst allmählich gewöhnte ich mich an den geschlämmten Schlick der Szenerie, den Schluff: zerfließt fast ausschließlich eingeschnitten in Rinnseln, die neben dem Lehm das Sediment sekreter Quelle – für Groß- und Riesenrippeln bilden und verlippen: sie untersickerten. → 143

348 Aber die Schlammkegel sind bald weggespült, das vorgeschobene Ufer wird zu krautigen Lagen mit Rippelschichtung stückweis aufgebaut, mit schluffsandigen, flinsblanken Ton- und Siltlagen: Ein Reiher sitzt auf, seine Beute aus dem Sumpf zu schnabeln, und der Kuckuck taucht vom Schwemmholz tief in die Lache: unter den reisigtreibenden Kresseblättern der Wasserlinse gründeln vielflügelige Springkäfer. Und glutige Flamingos hocken zusammengeduckt, wie Federballen, im hellen Schilf, aus dem eine Dommel, ein knurrender Spielhahn balzt: Eng, gestaut, überfüllt und spitzfindig mit herb federnder Klaue und schnaubender Geschmeidigkeit: Gewaltigere Alligatoren, mit ihren ungeheuer aufmaulenden Rachen, kommen über die Schilffläche der Gräben emporgezackt, sie tunkten vom Ufer aus flink in die Tinte des Tümpels. Die wurmförmig gestreckten *mounds* verschwinden in hohlen Schnörgeln dürrer Röhren: Durch Knospung getriebene, kammartige Ausstülpungen, wie lange, fransende Wölblehm-Gebilde in Helmform ganz abgenutzter Schlacken mit unter dunkelgepunkteter Kruste üppig verkrüppelten Buckelungen. Oft kann ein Kadaver von außen beinahe heil und fest aussehen, während er im Innern ganz ausgefressen morsch ist, nur Panzer, Schwarte und Borke. → 61

349 Aber der innere Bau des Waldes wirkt aus dünnen und windschlank gebeutelten Bäumen, die astlos emporloderten, fast oben in die Kronen, bewachsene Landzungen und das sandig ausschlackende Sedimentgefüge, und in Ufernähe sind oft tonige Einkolkungen nicht selten: über den Wasserspiegel hinaus buckelnde Seitensandbänke, am Gleithang schleifend der Mäanderbänder, aufkragende Geschieberücken, Barren und Riegel mit erheblicher Ausdehnung, und vielfach, durch Schlenken getrennt, zu Inselinnen stillständig erhoben: Wie Krateraugen loderte das lockere Erdgebilde um im Delta: Schlämmvulkane wie mit Lava und Wasserdampf zersondertem Schlick: breiige Geschiebekegel und das Ansetzen zähflüssiger Schlammpampe und Sand: Die Gasblasen verwandeln sich bei erster Berührung mit der Brack in eine feste, zähe Masse und verplaggen so das faulige Austreten der durch Zersetzungen der Reste von Totholz-Loden, Fruchtlaub und Baumstämmen entwickelten Schwaden, im Morast festgebacken, in deckenden Mengen angesammelt, bis sie unter der belastenden Schlammschicht blasenhaft die Kruste brachen und zu Kegeln auftriebselten: Diese verbersten und drängten empor durch die versprengteren Kaupen-Krater: Schlammwassermassen, um mit diesen stoßweise zu verpaffen.

350 Ich bin, von weitem betrachtet, eine Parodie zum Arven-Wald in den Alpen, ein wandelnder Lumpensack, mit ein paar Blendflecken, die sich als *Augennicht* zweier Zahnreihen auf ledriger Runzelhaut zeigen. Die Ungestalt: gebrochen, das Genick nach vorn geneigt, nur Windhosen schlotterten am Bein. Ein Quodlibet zu lose vernähter Schmutzfetzen bildete das Vortuch; ein Hut mit Loch und ohne Krempe sitzt auf der schmutzkrustig überzogenen, schwarzstaubigen Wolle des Kopfes: Plötzlich sprossen aus der blühenden Spitze pinselförmig wie rankenverzierte Schäfte kannelierter Stiele und Blattkeimchen im Fries, eine Unzahl feiner Haarwurzelchen, Borsten, die zu Boden tropften, in die Erde eindringen, erstarken und dick't, straff anzurren, dass die überüberdrehte Luftwurzel einem Strick glich, und Seilen, die von der Gratwandhöhe ins Tal herabgespannt fallen, gleichsam. Wie Zwirn durch volute Wellenlunten auf und nieder, vernäht davon, fädelten die Sporne ein Linienbündel, unknotig, und so wird aus dem lodernder Sproß, worin sich das Baumauge zu vergeuden wußte, diese strackse Wurzelung, davon. Ich könnte mir schon vorstellen, in einer tiefen Mulde zu liegen – und ich sink immer tiefer in die Talgfalten ein tuchbuckeliger Gebirge. → 191

351 Die Leichen der Alligatoren, viele, die auf dem Trockenen liegen, zeigen ihre durch scharfe Austrocknung bei sinkendem Wasserstand schwersten, S- oder kreisförmig gearteten Verkrümmungen: Nur einige Kadaver zeigen den Balg des Rumpfpanzers mit Halswarzen, mit stark angezogenen Hüftbeinchen und abgedrehter Kopflage infolge unhäutiger Ausdürrung. Die Wirbel liegen schräg münzrollenförmig, oft mit schief spiereliger Richtung: lotrecht, in der Umnut rumpfwirbelig und an zahllosen Knollen der Schwanz-Wirbelsäule: Ob das Tier sich nach dem Verenden einkrümmte und, die eine Seite an der Oberfläche des Wassers, Kopf und Schwanz herabhängend, im Wasser trieb (moussiert, nebelblau schraffiert, und mit Lichttupfern kraus gepinselt)? Beim Absinken hingen Kopf und Rückenseite schräg nach unten, während infolge der Gase im Gekröse der Bauch nach oben zeigt. Vielleicht kamen so auch Krokodile mit unter seitwärts eingekringeltem Schweif auf dem Rücken gekrümmt zu liegen. Dreht sich die Leiche und fiel seitlich, ist auch der Buckel hinfällig, blieb sie aufrecht erstarrt, kam es zum Knick: Die Kinnlade verzieht sich von der Außenseite jetzt abgelöst. Fast nur Amphibien zeigen diese Rückenlinie gelitzt und die spitzwinkelig von ihr abstechenden Schuppenaugen mit solchen. →272

352 Aber der Rumpf ist kräftig eingekrümmt, dem toten Tier, so dass der Schwanz den Kopf berührt haben wird. Er nimmt diese Richtung nach dem Schädel hin aber allein bis zur Höhe des Beckengürtels ein, biegt dann fast rechtwinklig um, zieht wieder rücklings zur Abknickstelle des Schwanzes und biegt wieder, nochmal in die Richtung der Leiche ein, so dass seine Spitze beckenwärts zeigt: Das Wassertal ist bei Hochwasser ein geschlossenes, mit braunem Wasser und treibenden Baumstämmen gefülltes Riffelfeld zwischen Galeriewaldmauern, deren Uferränder immer noch überflutet werden. Stets strömen breite Wassermassen in offener Wasserfläche der Senke entgegen, seitlich durch die bültigen Wipfel der wie Schmelz fließenderen Wiesen. Hier ist das Tier auf einer Steinplatte von der Bauchseite her freigelegt und verschleift einen vollendeten Kreis, sodass der Kopf im Innern liegt, dem Kopf vorgebückt, die Schweifwirbelsäule aber über ihn hinausgreift. Kaum aber wird eine Verdrehung der Achse längs der Gerippe sichtbar: Unter dem Schädeldruck ist die Gruppe der Knorpel des Brustkorbs abgespreizter als die davon loseren Knöchelchen, und die Kippen der Körperhälften wirken stark nach hinten gedrängt: von wo Lianen und Loden herabzotteln, undurchsetzt von heistrigen Gestrüppwipfel-Büscheln.

353 Auch wurde ich auf gewundenen Wegen in einen Wald gefahren, unterwegs ins Laub geworfen, erschlagen und verscharrt. Deutlich höre ich noch das Rauschen der Nadeln und Blätter: Es zeigte sich an den äußeren Teilen des Ohres eine brennende Substanz, die sich in Grindchen absetzte und verging. Als wanke der Erdboden unter mir, die Diele, bis mir übel werde, als hingen Gewichte schwer an meinem Kopf, die mich zu Boden zögen. Als ob ein elektrisches Seil vom Zenit bis zu den Zehen ausgespannt würde, ein blitzender Draht glüht durch die Sohlen der Füße bis zum Loch im Kopf, wobei noch in horizontaler Linie ein nicht allein fühlbares, sondern oft sogar hörbares Einströmen durchs Ohr stattfindet, woran unablässig gezogen und gerissen wird, unaufhörlich, wie wenn alle an einem Seil ziehen oder mit den Zungen nach mir angeln. Der blonde Matrose zählte endlos Fäden und Knoten und Tropfen in die Tiefe. Dann erwache ich, gehoben und gesenkt, über mir wuchten und schlugen Wellen ein und knirschen wie im Verlies auf Steinfliesen: eine zotige Stimme mit zig Speeren und Spießen überschüttet: Ich hatte die Wahl, später oder jetzt zu sterben. Und ich wählte das Leben, den Erdgeruch hindurch, radiale Firstsprünge in ringsumgrenzt randständiger Verdrusung. → 207

354 Und die Krokodile, den Kaiman möchte ich, da sie völlig ausgewaschen sind, aufschneiden am Bauch. Ich blickte von der Steppenplatte aus über die Bucht, und tote Knochen liegen in einzelnen Nestern in so verschiedenen Horizonten aus rotem Lehm, von der hellen gesteinsgelben Felsenplatte eingefasst. Steil fällt der kantige Rand zuvor angefeilt ab; und trägt schon Blasengras; flacht ab und geht in eine Unebene mit Büscheln hoher Holm- und Schilfgraswiesen über. Die lichten Schmielen bilden einen Rasen dicht, mehrere Arme, und Beeren und Lagunen. Mit moosflachem Flechtgestrüpp erfüllt und überzogen, von knochentrockenen Flussbetten undurchsetzt, trennt ein viel niedriger, mit Quirlgras überbewachsener Kieswall diese bleiche Unbucht. Tote Coyoten liegen eigenlos zusammengestaucht unter nur einer Flosse vom Zahnwal, da: der Schädel senkrecht zur Brechachse der ausgeborsteten Flossen, die weit ausgespreizten Angelbeine parallel zum Kau-Rand knorpelig der Flosse. Die Wirbelschuppen zeigten ihr spitzwinkeliges Knickgerippe, die Schwimmblase mit Barteln in dieselbe Gräte wie der Kopf vorstößt, zwei Tierteile auseinander, beide stachelig gestaffelt als Zitteraal: ein Dorn und Flossenstrahlenfächer, da die Zacken bis auf den Rücken abgebalgt sind. → 164

355 Endlich gelange ich durch die Wüste zur Küste, wo ich erkannte, dass der von mir als Weg benutzte Fluss nicht durchwegs getrübt, aber oft glasig gewesen war: So stiegen die Wasserdämpfe aus dem Gießen ringshin brodelig nach oben. Sandlagen und Schlamm, eine Masse bröckeliger Lehm mit Tonknollen und zelligem Kiesgerüst, gehen in Flinsschichten über: Die mitgeführten Sinkstoffe sind sichtlich nicht Siebrückständen eingequillt. Dort hatte ich die Steppenplatte weitläufig umgangen und kletterte jetzt vom Senkwasserbecken in diese: nässedurchsetzten Cañyons hinunter. Von hier geht es steil die Bergrippe hinauf, hierauf dann in eine Radiärrunse, wieder jetzt hinauf auf eine noch höhere Rippe als die vorige und frühere. Oft mit hocheinschneidenden, untalförmigen Senken, in denen Seen wie Augen offenliegen, in Brillenform: durch Känale verzwickelte Bassins liegen in den Eintalungen aus, und die Gräben verqueren sich dammeinwärts kesselartig: als Anschwemm- und Schlammansammlungen zwischen den halben dünnen Mäanderbändern wechselständiger Kolke und Kontur-Sandzungen. Auf der glatten Felsfläche platzt das Gestein in alles Schalen ab. Mein taubes Grübeln dabei bewirkte, dass ich nichts ausrichte: Ich kletterte auf die Spitze. → 199

356 Ich kam unfern vom Ufer an einen kochenden Kolk, quellig, von Tuffwänden umgeben und ziemlich tief. Im Zentrum brodelte sie wie ein Kessel aus Kupfer auf dem Feuer, und an der Seite, wo es weniger heiß war, briet ich Eier gar. Die dicken aufsteigenden Dämpfe wallten Schwaden, die Quelle hier verbreitete eine beizende Schwefelluft, und das Wasser schmeckt faulig nach Sandelholz und Kampher. Insgesamt waren es drei Schlammquellen: Die größte hat eine dröge, unrunde Form und einen Durchmesser von zehn, elf Metern. Es kochte und sott der Schlamm, welcher, sobald er nass ist, blau aussah, als wäre er siedendes Wasser, er kocht Blasen und spritzte, wie ein Luftsprudel, zuweilen hüfthoch auf. Auf einer abhängenden Bodenfläche befindet sich in einem seichten, kugeligen Loch ein kleiner Tümpel zähflüssiger Schlamm, blaue, rote oder weiße Flecken bildend und an zig vielen Stellen flockig lebhaft siedend und aufkochend. Überall rundherum auf dem verhärteten Lehm sind solche kleine Quellen und Krater voll von kochendem Schlamm: Sie scheinen sich fortwährend neu zu bilden, indem zunächst ein kleines Loch erscheint, welches Strahlen von Dampf und erhitztem Schlamm auswirft, der beim Erhärten kleine Kegel mit Krater in der Mitte bildet. → 76

357 Der Boden ist in Distanz davon sehr unsicher, offenbar in geringer Tiefe flüssig, und auf Druck hin biegt er sich wie dünnes Eis. Flüchtende Tiere, die in den schlammigen Boden springen, sind durch Freiwerden des Sumpfgases betäubt und kommen häufig um in dieser spuckig triebseligen Algenblüte des Brackwassers. Der Meergrund ist mit blauschwarzer Faulschlammtinte bedeckt, hier, und das Absterben hat sich, selbst wenn in unmerklichem Ausmaß, schon mehrfach wiederholt. Ich hielt die Hand an eine der kleineren Rundscharten, Äuglein aus der Erde, welcher ich mich nähern soll, um zu sehen, ob es auch so heiß sei, wie es scheint, als ein kleiner Tropfen Schlamm, der zum Finger spritzt, siedend wie Glut brennt. Unweit davon eine flache nackte Felsschroffoberfläche, so glatt und glosend wie ein Ofen, ein dürr verbrühter, nun eingetrockneter Tierkadaver, verhärtet in Lehmkuhlen, verdampft zu quellenden Schwaden und Miragen: für hunderte von Schlammwannen in der Bank, mit Weißnicht gelöschter, zerkrusteter Kalktunke, wirkt es glutig nah an der Ton-Haut, dass ichs kaum ertragen kann, die Hand in die Risse vom Asphalt zu halten, da sie aufsteigender Schwelgdunst ätzt, Kringel-Schwaden in nur sehr sehr kurzen Intervallen. → 231

358 Völlig in den Strandsaum eingebettet befindet sich die Leiche eines viel kleineren Alligators in Rückenlage: Weiter oben hatte der Fluss mächtige Blöcke und Geröll angeschwemmt, welche eine dichte Schicht bildeten. An einer Stelle bildete der Fluss eine tiefe Klamm mit hohen, geraden Wald- und Schaltmauern, welche sich-in-sich öffnete; in ihrem Ungrund sah ich nur nebelhaft weißen Schaum, wodurch das herunterstürzende Wasser verquoll. Unzuweilen fand sich auch der felsige Fußboden kanalartig ausgespült, und nur kesselartige Vertiefungen waren oft sogar darin sichtbar: Mein Unterkiefer ist von solchen Watvögeln verschleppt, der Zahnkamm durch den darüberliegenden Holzrest auseinandergepresst, der Rumpf kollabiert schon: Die Strömung habe die Schwarte, das Fleisch weich ausgewaschen, das Zellgewebe springt hervor davon; die Haut ist die gepellte, sandig schlammige Balg-Auflagerung, durch kleine Leder löcherig gegliedert. Aber es blieben vom Hals weder Knochen noch sonst was in der Haut, alles, auch das allein am Rücken beschabte Fleisch wurde herausgeholt. Und auch die Hinterfüße tun dem Schwanz, ohne Haut zu verletzen, bis an die Zehengelenke abgestreift, weh; doch haben Strömungen und Böen die Zellkammern ausgewaschen. → 154

359 Von hier beginnend, führen die Mündungen des Mississippideltas der Reihe nach zwischen den Bänken: Wo eine Sprungschicht vorkommt, ist auch diese bewaldet, und zu langen Bändern zusammengedrehte Seegräser verdecken den aperen Kies (Sandwerder). Bei Niedrigwasser sind dann Schotter- und »Seebälle« und Sandbänke und Sichelsandhalbmonde entstanden aus seichen Wellen; die kabbelige Flut verdeckt alles: Wellen und Knoten rauschen in den Baumkronen, bauchig, das Unterholz verschluckend. Diese Süßwasserschwämme, die auf Ästen sitzen, haben sich entfaltet, die Schwimmtiere verschwinden mit blitzschnell langen Sprüngen: Überall ragen nackte, gelbe Lehme rotweißtonig auf, gekrönt von der dunkelschäftigen Waldwand mit ihren Schirmkumulis und aufgestecktesten Gestalten: von Eibisch umwickelte Nistspinnengewölle. Kronenberge strotzten ebenso kraus auf; auch diese gelbhelle Lehmwand, gegliedert von Insellinien; schon deshalb fasste ich den Entschluss, dem abströmenden Flussarm zu folgen Richtung Küste und mich seinem Fluss zu überlassen: in den Kanälen aber breiten sich stehendere Wellen und die weißsandigen Bachlippen aus als lange stumme Sandbänke, als handbreite Halbmounds, als schmale Wale und Leiten am verrunsten Uferhang. → 349

360 Ich hatte Umgehungen von Felswänden auszuführen, bis ich einen ungeheuren Erosionskessel eines Flusses antraf, in welchem ich mühelos hinabkletterte. Sodann folgte ich dem Flussbett, immer im Wasser watend, taglang, kam aber nur langsam vorwärts; denn ich hatte mit Überwindung der Wasserstürze, Schnellen und Rollblöcke unvermutete Mühe: Wie im Sandinneren singende Sickerkiesel, so suchen auch die im Sinterton der Fließgeschiebe durch einen Faulraum absinkenden Saug- und Schluckblasen ihren Ausweg dadurch, dass sie Kegel aus Gasen aufwerfen und verpaffen. Der Fluss hat sich im Boden tief eine Rinne mit fast lotrechten Wänden ausgewühlt, worüber eine betrunken schwankende Hängebrücke führt. Der unsichere Pfad, immerzu ansteigend, blieb gangbar ohne Rast; einzelne Sumpfstellen waren sogar mit gefälltem Holz zu überbrücken. Allmählich wurde der Wald entrisch und lichter; ich erreiche den nachstreichenden Grat, worauf ich noch weiter aufwärts jage. Mächtige, kolossgroße Knotten, den Boden überdeckend, oft nur Schluffe freilassend. An Findlings- und Inselfelsen lagerten sie gegeneinander und verkeilten sich regendicht zu Unter- und Schlupfwinkeln. In der Ebene bin ich gewappnet, schon auf einer Motte sehe ich mich wehrlos, wie gebannt. → 113

361 Vor der Talung noch, an einem Steinbruch, sind die blauschwarzen, von splittrig weißen Kalkspatadern durchzogenen, kristallin einfallenden Kalke gut sichtbar: ein armhoch mächtiges Band aus filzbankig geschichteten Löschkalkmergeln, die stellenweise isoliert gestaucht sind. Über solchen Wulsten ufert eine handbreit starke, schartige Kalkbank, worauf rogler Verwitterungsschotter liegt, tellerartig, stückweise von Tonmergeln mullhaltig unterlagert; auch hier hat das Quellmoor Hohlkehlen herausgeschält: herabgestürzte Felsbrocken liegen vor dem Kliff. Prallseitig scharf eingerissene Trockenbetten zerpressen die von Trittfurchen löchrige Ablösungsfläche. Infolge der Steilheit der Hänge und des dornigen Stachelgestrüpps ist ein Hineinsteigen quasi fast unmöglich. Am Austritt der Trockenbetten gegen den Fluss ist, mit Pressrinnen unter Wasser, ein um ein schmaler Schuttfächer vorgelagert: Vom Kliff entfernt ändert sich streckenweis der Boden selbst, er wird bräunlich-rot und rotbraun. Die sandige Grenze ist nicht scharf, roter und graupeliger Boden sind ineinander verzahnt, überpresst, bespült: eine Schubwand aus dickbankig dunklen Schichtgesteinen, und mit Höhlungen zum Fluss: mit verwitternden Quarzitbändern, die den Kalk durchsetzen. → 370

362 Vom Kliff steigt der Kalk, stellenweise bedeckt von einem grauen bis schwarzgrauen tonigen Verwitterungsboden langsam an. Die jungen Flusslehme sind innerhalb der Uferwände aufgelagert. Vielfach tritt oberflächlich aber auch der nackte Kalk, graudurchzogen von Sprüngen und Rissen, nicht zutage: stets graue bis graubraun sandige Lehme, erfüllt von Zweigen, Blättern, verfaulten Früchten: Die Klüfte sind dann verbreitert, das Gestein zerlöchert. Das Fließwasser hat schmale, sich gegen den Rand zu im Windstau vertiefende Rinnen geschaffen. So baut sich ein Netzzellwerk von Hohlräumen auf, worinnen Wassersäcke, also Linsen von nasserem Boden in undurchlässigen Schichten, leicht zirkulieren wird. Windschattenufer mit solchen, die dürftigem Dorngestrüpp aus Akazien vermischt sind und kleineren Kakteen, Opuntien und Wolfsmilchgewächsen. Gegen das Kliff zu stehen die Strauchbäume dichter; zuletzt stand ich auf dem Inselberg und blickte nach allen Seiten über ein weites Schilfmeer aus welligen Wolken und Holmen, welche sich unter sich wälzten und verwogen: ein schmaler Rücken, bedeckt von krüppeligen, kriechenden Kiefern und bültigem Moos; Wiesenmergel, der Sedimentgrenzen vermoort. → 13

363 Der Boden ist naß, mit kurz abgeweidetem Rasen bedeckt, faulig, und von Wacholdern durchsetzt. Der Gang über die dotterigen Blöcke hat mit Vorsicht zu geschehen, da die Lücken zwischen ihnen von Bülte zu Bülte tückisch von Moos überdeckt sind (die Brücke heisst Hüpfen): Abgestorbene Baumstrünke liegen umgestürzt am Ufer, das mit den Wellen herangeschwämmte Genist, die Häcksel, die Drift: wie Düngtümpel stinkende Viehtränken. Der Strömung vielsträhnig entgegen rollen Wellen unter der Wucht der Ruder (rucksig nach hinten rippelig, aufschluckend, unntertunkt) und patschen heftig gegen die Steine, bis diese dem Schrittgewicht nachgaben. Wie ein geschnitztes Schiffchen in Schieflage schmilzt das Eis von der Rinde, die lufterhitzen Blasen reißen wie Glas, wie Risskrusten zerlöchert losgebrochen – vielschollige, im Windstau geschaffene Rinnen, Eisduft, tiefe Wälle aus Sand und Tuff, erfüllt von Blättern und verfaultem Mulm: Das Windschliffgeschiebe wird von schluffigen Massen bedeckt, eingelagert im bröckeligen Lehm, und zwar als tropfige, schlacksartig mit speckigen Gipsknöteln vermengte Tonknollen: Und plötzlich tut der Bach einen Bug, und die Berggehänge treten nah an den Fluss heran, quer über die noch unzertalte, wie gabelig verzweigten Tentakel einer Talteilung. → 314

364 Es ist ein gefährliches Stück Fluss, das sich von St. Louis herab bis an die Mündung des Ohio und bis hinab nach New Orleans zieht. Ich befand mich in dem luftigen Pilotenhäuschen, wo ich angstvoll die Oberfläche des Wassers und den Gang des schweren, tiefbeladenen Dampfers beobachtete. Wir steuerten an den zahllosen Sandbänken vorbei, zwischen Untiefen hindurch: voller Kobolde wie die Loreley, nur dass sie hier nicht so jung und schön tun, und mich Schiffer ohne Gesang oder anderen Lohn ins Verderben zögen: Ich sehe ein Steuerrad, und als es sich drehen sollte, hab ich selbst daran gesessen und daran gedreht. Mit stetiger Fließbett-Verlagerung verbindet der Strom noch andere Tomboli. Immer nimmt er *mounds*-Felder, Drumlins und Faschinen von einem Ufer weg und schwemmt es am entgegengesetzten an. Als wäre ich aufgefordert, mich selbst vorzustellen, wie ich vom Ort, an dem ich mich befinde, in ein Zimmer ginge, um ins Innere hinauszusetzen, und sollte auch die ganze Zeit davon verstreichen und bezeichnen. Aber alle Versuche, den kapriziösen Strom in ein vielliniges Bett zu lenken, erwiesen sich als nutzlos. Ich schnitt die Krümmungen durch und verkürzte so das Bett gebōscht durch die auf seinem Grund unverankerten Ablagerungen. → 367

365 Da sah ich an Deck ein Spinnennetz mit einer Spinne. Zum Zeitvertreib warf ich ein Insekt in das Klebnetz, und die Spinne fing das Vieh und saugt es aus. So sah ich auch im Strom Steine, und einer berührte mich ungemein. Das Leben der Spinne und das Sterben der Schwebfliege gingen so in mich über, wie in gewirrtem Faltengeknitter kaum wieder lebendig die Made einer Raupe mottet: mit fahrigen Bewegungen verkrampft festzappelt, nicht als ein um ein ungeheures Auf- und Niederwogen. Alles davon wogt auf und nieder, wie eine ewigere Woge, alles ist ein endloses Kreisen von Fliegen und Gespinsten, alles trennt und flieht sich wieder und was mir widersinnig erschien, vereinigt sich in Mirabilien der Symmetrie. Damit habe ich eine beträchtliche Einheitlichkeit erzielt, die rückerinnernd dem Erlebten sogar das völlige Verschwimmen ins Uferlose nimmt; die Dimensionen davon, die Höhenlinien und Ausmaße tritten dann plastisch vor und auf. Ein Blick in den Sternhimmel vom *parterre* aus macht mir nichts; schon gefährlicher ist es, wenn ich von der Dachluke aus hineinstiere. Ich bin völlig wehrlos dann, wie in die Enge getrieben. Und dieses Leben der Spinne und das Sterben der Viehfliege gingen in mich über, nur in Versonnenheit, nichts sonst. → 195

366 Auf einmal werde ich durch eine unerklärte Macht emporgepackt, aufgehoben, umgedreht. Aber nicht in die Nebel, sondern in ein rhythmisches Dampfen, in ein atmendes Ein- und Niederwogen, losgelöst von Brodem und Schwaden. Und zwar war dieses Niederwellen zugleich ein Hinaufwogen. Dieses wunderliche Auf- und Niederbrechen verschmolz mit dem Auf- und Niederwogen des Steines, der schwimmt und sinkt zugleich. Ich fand mich wieder in einer Waldschneise. Auf der einen Seite war sie inschüssig, mit knistrigem Heidekraut ausgelichtet: schwüle Gewitterstimmung, grelle Wolkengraubildung. Ich dachte mir den Durchschnitt eines Schiffs und daneben das ganze Schiff. Mein Zimmer ist auch so ein Schiffchen, stets weil auf dem Korridor Licht brennt, ein Leuchtfeuer. Immer, wenn ich einen Strich zwischen aneinandergrenzenden Helligkeitsstreifen überquere, wüsste ich, ich bin gejagt. Jedes Mal hüpfte ich deswegen über den Lichtstrich, tat großmächtige Schrittchen: Ich bilde mir ein, dass in dem Tüpfel, wo ich hinübertritt, Licht anging: Die vielen Kreuzchen der Meer-Tapete bedeuteten stets einen Toten, vermute ich, das sind Seegräber. Ich dachte, die könnten mich durchkreuzen, und mit ihren blauen Totenaugen als Spukjäger »umvergeistern«. → 170

367 Ich gebrauche den Vergleich meines mir und vielen verfehlt erscheinenden Lebens mit einem aufrennenden Schiff (auch auf Eis). Ich fühle wohl, dass meine Beine mich tragen, aber es ist, als bewegten sich die Beine von selbst. Wirbelungen troffen plötzlich unter Schwindel, eingetaucht: Wie wenn jemand einen Speischlund über mich geworfen hätte. Strandgirlanden, die in situ zu Boden sinken. Die Augen verstärken sich wie starr, ich bin gedankenlos versonnen, davon: Das Sprechen sprudelt nur, das Denken istert abgetrennt vom Sprechen. Ebenso ist es beim Gehen und Schwimmen, es kommt mir vor, als ob ich emporschwebe. Schließlich ködert mich die Idee, ich habe keinen Kopf, nur Löcher, durch die ich blicke: Ich schau und ich vertaube, Mooraugen überrieseln mich. Schon der Gedanke daran ist unfreiwillig geschert, ich habe kaum Farbe, die Sprache wirkt zu abgefallen, beim Reden geht die Feder, beim Lesen habe ich nicht die Empfindung, selbst zu lesen, wie von selbst. Ich sehe mich vor, aber es kommt mir alles wie starr, wie durch ein Glas gesehen auf: gegen mich: dass der Körper sich umbildet zu Lösskindeln und unter großen Schmerzen ausgehöhlt werde. Im Spiegel komme ich mir fremdschattig und verpuppter vor, die unbildliche Vorstellung ist nicht getilgt. → 259

368 Meine Haut ist dick, rau und sonnenverbrannt, zerkratzt und blutig durch die Dornen und scharfen Gräser der Wiesen; je nachdem ich in feucht-sumpfiger oder trocken-sandiger Gegend lebte und jagte, sah ich schmutzig, bestaubt aus. Die Bemalung mit ockriger Farbe, Zier und Schutz gegen Witterung zugleich, und Insektenstiche, verwischte sich schnell in Verbindung mit Schweiß, und trug dazu bei, dass Schlamm und Staub umso fetthafter verpappten. Boote sah ich und alles bewegte sich, ich erblicke auch eine Brücke, da kommen Schiffe hin und zurück, das Ganze war wie ein Kanal. Auf der Brücke kamen Leute zu Ruß, mit lodernden Ruderstangen, einer sticht die Lanze ans Ohr, ich horchte auf. Über Land und Meer und auf den Schiffen bewegte sich alles deutlich. Als ob ich eine große Reise unternähme, auf Bergbahnen, unter Wasser, in der Luft. Blitze, und bald befinde ich mich in tiefen Tälern oder Kellern. Einmal jagte ich zwischen vielen runzeligen Gletscherzungen hindurch: zuckte kurz, ich wurde gehoben und gesenkt, über mir schlugen Eisengittertüren ins Schloss, und Schritte knirschten im Sand wie auf Steinplatten: Im Finstern finde ich einige Dunkelmänner neben mir liegen und merke, dass ich jemandem mit meinem Zeh die Zähne eingestoßen habe. → 286

369 Ein anderes Mal lag ich im Maschinenraum des Dampfers, der nun unter Wasser gesunken zu sein schien. Ein blonder Matrose hatte ein Loch in die Wand gebohrt und trank von den sinkenden Tropfen. Über mir ertönt dampfendes Dröhnen, Luftpuffe, wie von schießenden Schiffsgeschützen heiße. Ich brüllte, ich denke, aufs offene Meer zu schwimmen, als ob ich entführt worden sei; wie Glutpunkte im See, Wasserhosen, die auf mich zutrieben: ununtertauchend, stetig. Dann wieder auf Sehhöhe des Peilturms befinde ich mich, an die Pultluke knallt Wind. Jetzt lag ich gefesselt im eisigen Keller desselben, Nebellöcherchen. Dort sticht man mich mit engen Nadeln in den Schädel, über mir türmten sich Stimmen blutiger Hühner: Ich werde in den Wald gebracht, ins Laub gebrüllt, erschlagen und verscharrt. Um und auf höre ich Rauschen: auf mich geworfene Blätter. Ich werde wieder und wieder ausgewühlt, in Talgtücher gelegt, und deutungslos mit Zäpfchen versetzt. Nach hinten Schlingen, zwischen Riemen der geschaftete Kamm, Holzsprossen, mit bootsförmig spitz zulaufenden Nägeln in den Dielen: Ich hatte die Wahl, jetzt zu sterben oder später. Ich wähle das Leben; durch Schleier und Erdgeruch hindurch erblicke ich endlos unverbundene, bültig dichte Rinnsiele. → 265

370 Ich komme mir jetzt vor wie ein dunkler Zwerg, der in mir sitzt, und es ist mir unangenehm und für mein Existenzgefühl peinlich, die Erlebnisse stets in der ersten Person zu schildern. Ich kann das: tun unter der Annahme von Geweih- und Gegenvorstellungen, da der Gnom mich häutete in sich, bis zu diesem Tag, den er schröpft, gestielt: Die schieren Hörner schwebten über keinem übrigen Körper, ich weiß, ganz klein im Kopf: Ich kann mich grenzenlos vereinfachen, das Milieu und meine vorgestellte Zeit vergessen, mich in elf, zwölf Lebensalter versetzen. Kann diesen oder jenen Sinn vermengen, mich blind machen, taub tun, wesenhaft und eigenlos, beides: Obschon ich torkle, aber im Lot, halte ich weder Göpel noch Verkörperungen, und denke mich im Hohlraum davon, gedreht wie ein Trabant, und fühle mich als Kugel; innerhalb der Organe, sogar befreit davon. Wie eine Gliederfigurine beginne ich zu knistern, als wäre ich in Strom gesetzt: Noch nie konnte ich den Blick zur Kirche ertragen. Der Glockenturm neben mir, und über mir ein freier Wille, das alles begräbt mich. Ich will so nicht weiter vor Herzklopfen und Prickeln in den Gliedern, ich rede von elektrischen Schlägen, die durch den Körper gingen, und von kleinen Fäden, die die Haut durchzögen. → 373

371 Ich hackte bei den Wurzeln des Mangrovenbaumes, als die neben mir stehende Farnpalme anfing, zu lodern. Der Baum war und die Glut stocherte nicht groß, ich hatte unter dem Stock die Erde tief ausgegraben, aber: Die Flamme erfasst und füllt im Nu die ganze Palme. Jetzt hebt sich aus der Wasserfläche des Küstenstreifens das wirre Geflecht der bogig krummen Stelzenwurzeln der Mangroven empor, die Stamm und Krone bei Flut über der Wasseroberfläche hielten, um sich an einem offenen Punkt der Ausdehnung zu verdichten. An solchen Knoten staksen die schraubigen Wuzel und Stelzen, überdeckt mit Balanen, und bei Ebbe liegt auch der Boden des Mangrovenwaldes bloß, als hohles Konglomerat-Geröll aus mit Krebsseepocken vielgliedrig beholzten Ranken, wie Kletter-Reusen, die das Wasser durchkämmen. Die Wurzeln staksen nur ganz seicht im moderen Schlamm und trieben. Neue Wurzeln tropfen von oben und tupfen ihre fallenden Spitzen in sumpfigere Senken und verankern den Moderbaum nach unten und außen, fester, die abgesprossten Keime der Wurzeln und Ranken starben und veröden. Die in den Schlamm herabfallenden Blätter, Rispen und verschrumpften Früchte verrotten rasch, Windlianen, die über dem Zerplatzen aufsteigender Gasblasen verkratern. → 138

372 Ich fuhr mit einigen Fischern in einem Kahn am hellen Tag über den ruhigeren Teil der Küstenriffe: Auf dem Grund konnte ich gelblich gemohrte Steinchen und größere Steine sehen. Diese Steine sind wie bemoost, mit marmorierten Gelbfärbungen, die in Schlieren gleicher Gestalt, oft auch körnig oder punktförmig in völligen Pupillenschwärmen und sogar die nur vordere Wand des Sehfelds membranartig überzogen. Ich meinte aber in der Auflagerung nicht bloß Kieselfarben, sondern auch Fischchen zu erkennen, um welche sich die zittriggelbe Färbung gelagert hatte. Die Steinchen wurden aber immer feiner, das Wasser stand als dünnrostige Schicht fast still und alles darin verschwamm, verschwand; nur dunkelgrundiges Gestrüpp blieb übrig, von wo ich wieder in das lichtgewohntere Sehfeld gelangte, als ob ich weit und lange augenlos gewesen wäre. Ich dachte so an die zu Sehern gewordenen Schiffsleute, die in ähnlichen, aber eben schreckensvolleren, erlebten Ereignissen aus der Erinnerung an die Erscheinungen Entsprechendes ausmalen, wenn sie Erzählnetze über ihr Geschick auf dem Wasser auswerfen: Nur ein Fisch würde mit den Brustflossen auf das Wasser geschlagen haben, wenn er diese flatternd bewegt hätte, so nahe war er dem Meeresspiegel. → 105

373 Es sind Giebelgebirge von Häusern und Brücken, die ich sah. Dann ziehen Tiere vorüber, und ich sehe Ziegeldächer, die Farben Karmin und Indigo, intensiv. Rauch (stieg auf). Vor mir – alles still. Ich sehe Seen, die Mirage, einen ganzen Tag lang veränderte sich nichts davon. Am anderen Tag war es wieder da (aber trüber). Ich sah einen See und einen Wald wohl, Anlandeplätze und Inselinnen. Auf einem Werder steilt eine Wolkenwand auf, es war wie Wildnis. Vorbei glitten kleinere Schaufelschiffchen, und ich versteck mich im Stößel der Klopfboote. Ich sah in der Luft helle Scharen Kriegergestalten mit Speeren und Spießen, an der Bugspitze fischt ein Jäger und Angler. Sie bewegten sich und schwebten wie aufschnappende Lippen und Schatten über den Bäumen. Einmal sehe ich über der Hütte ein laubdunkles Ruderschiff. Spitzzulaufende Zapfen aus Hartholzgewächsen. Stimmen hörte ich, Ledergegenstände, eindrucksvolle Reden: Verunständigungen, nicht Mitteilungen, glaube ich, und dass jemand jeden meinen Gedanken öffnen könne. Über und über Röhren, wodurch das Atmen untereinander zu hören war: Ich beherrschte nicht den Mississippi, und kein anderer den Wind. Wer den Atem möglichst lang anhalten kann, unversehens, bekommt Herrschaft über das Wasser. → 381

374 Wenn ich ein Relief betrachtete, war es vollends plastisch, wie wenn ein Teil von mir im Bild drinnen sei und die Kontur auf mich zurückzwingt. Ich sah, gleichsaum zu zweien, erstaunliche Umgegenden. Die schrägen Bäume gingen wie Leute, ganz langsam aufgezogene Unruhen. Ich hatte selten Hunger und glaubte stets, ich brauch ja nicht zu essen; und meine Fütterungen fasse ich nie als solche auf, aber als eine Art Geträngktwerden. Ich fürchte, wie wenn ich den Kopf aus dem Netz stecken soll, wird mir einer, der hinter mir lauert, den Kopf abschlagen vom Genick. Die kühlende Empfindung, als ob ich von gashaltigem Wasser übergossen würde, genieße ich aber. Ich verstand, dass draußen nur Wasser sei, und dort die Hänggärten kommen mir überwucherter vor. Zeitlos schien sogar der Mond ertrunken in den Tümpeln. Dampf am Boot schaufelte auf, und vom Schummer verdumperte das Schiff ganz. Im April, immer, ummantelte mich Maigram. Vor offenem Fenster rollt ein Kogel auf, der wohl Brot war. Und ich sah Häuser ohne Dächer, die mich erschreckten. Wenn die Schellen läuten, sind es meine Wörter, die sie unverwandt kündeten; die Stimmen, welche draußen im Freien glasen, kommen von innen und verbinden sich mit mir und zogen mich in ein Gespräch davon. → 268

375 Der Blitz hatte die Gestalt einer großen Feuerkugel und war von einem Dampfstreifen begleitet; sie schlug in den Schotter und höhlte eine faustgroße Grube aus; sie bewegte sich dort heftig, drehte sich um sich selbst, hob die rogle Erde auf, dann sprang sie auf, um zwei-drei Meter weit entfernt wieder niederzufallen, wo sie eine neue, jetzt handdicke Bodenkuhle erzeugte, wobei sie sich immer heftig beutelte und Feuer fing; fast wie Papier vergleichen können, das langsam unter kleinen Funken und Flämmchen brannte. Im selben Augenblick schwoite fast einen Faden unter ihr eine zweite kleinere Kugel, die mit der oberen durch ein feines perlschnurartiges Band unzusammenhing: Die Glutkugel sprang bald schon aus dieser Mulde auf die Mauer der Umzäunung, deren Kuppe sie entlang kullerte; sie fiel auf die Straße auf das vom Regen befeuchtete Pflaster, und verschwand inmitten des Seefelds. Die längliche richtige Kurve ohne Zickzack, die sie beschrieb, ihr ebenso regelmäßiger, plötzlich aber ohne Ruck und Knickung der Kurve, ununterbrochener Weg, dann seine Begegnung mit den Drähten, auf die sie sich wie ein kieblitzender Vogel zu setzen schien: als sie in die Höhe sprang und krachend mit splitt'serndem Licht aufplatzt, im kabbeligen Wasser, ohne Kolk-Löcher oder lodernde verkohlte. → 57

376 Mit der Schnelligkeit einer Maus lief ein Feuerball auf die offene Tür zu, springt dort unter neuem Krach auf das Geländer der Treppe, die in das Erdloch führt, und verschwand, wie er aufgekommen war, ohne Spuren zu versengen. Ich fühle mich als Chamäleon, als Kaleidoskop, als Proteus, als unruhendes Fluidum, stets, ständig in schwankender Veränderung, wie Zucker schmelzendes Erdufer. Ich kann mich nie damit abgeben, bin immerzu abwesend, auch ungegenwärtig. Ich bin nicht quasi nur der Verursacher des Wirkens jeder Sekunde, die man Leben nennt, die in mir vorgeht, die wie Unruhe einer Nur-Uhr, ohne Stunden, keine Zeiger. Ich sezierte den von grellem Blitzen emaillierten Schmelz mit kraftzerkrallten Pulverfurchen und Gipsgriffeln, und mahl mir alles zu Asche. Von Zeit zu Zeit schien sich der Himmel über verletzendere Blitze zu teilen, offen durch solche von gleichfeuriger Farbe, und es ging dem ein rauher und irrwisch flackernder Ton trotz seiner Wucht voran: um nicht zu zünden. Es dauerte, dass die Luft schwer war, nach Schwefel roch, und dass eine so insichdicht schwarze Wolke eingehüllt aufkam, dass man im Blei ihrer Dunkelheit weiße, mit breiten Feuerstreifen innenhin durchschossene Wölkchen mit lebendigem Brausen im Kreis sich kreiseln sah. → 215

377 Die Wurzeln nehmen bei der Aushöhlung der Faulräume deren Platz ein. Zweige und Laub verwesen, es entstehen Röhren, die zusammengerollten Blätter und Früchte ließen Hohlräume verschiedener Verwirbelungen zu. Alle Wurzeln tun inkrustiert: wie häutige Schlammablagerungen, deren Einwandlungen in Sand, in wurmelige Blitzröhren, das Emporschichten der Sand- und Schlammbänke, Abrasion, die Auskolkungen auf Strudelsandflächen und die Umlagerungen der Flutwasser. Verkieselter Lehmschlamm, indem er mit flachen Buckeln auftaucht, Gasblasen, und Tone davon, gehen ineinander über: gelbzellig, häufig, runzelig. In langen Zungen ineinander hängen die Segel wie eine der Wasserfläche abgelöste Tapete herab, Fetzen und Blätterungen, und der feuchte, luftige Gips wird sichtbar: Die zwischen Riefen liegenderen Reliefflächen – genarbt; mit nebeneinander rund oblongen Einbuchten versetzt, wundgefeldert, oberhand. Griffelflächen ziehen über die Maschen Stege und Erhebungen, die wie viele kleine Finger über Grund und Grat gekrümmt verschattet sind, wie Blattadern schwebend, wie zerblasenes, verquollenes Gewöll, zerfasert; es bröckelt und fällt ab in Placken, deren Scherben auf dem Boden liegen wie bemooste Boote, die versintert sind. → 131

378 Und das Röhreninnere ist mit emailartigem, geschlemmt durchscheinendem, häufig von Blasen durchsetztem Glas von hellgetauchter Farbe überzogen. Die Außenseite: nadelig rauh, höckerig, oft mit spitzen Ausstülpungen oder feinen Seitenästchen und Dornen raspelig; sie verpappt aus teilweise geschmolzenen, miteinander verklumpten Kleb-Sandkörnern, die sich in längsrippigen Lamellen anordnen wollen. Der so dünnschaumige, bimssteinartige Abguss wird mit dem Verdampfen der Bodenfeuchtigkeit beim Schmelzen zusehends – wovon der Boden isoliert und ein Abspringen in andere Richtungen vergabelt: Überall, wo sich solche »Fulgurite« finden, steckten sie in Kiesböden fest vergipst: schotterrund im Querschnitt oder von Keilbewegungen her eingedrückt, so dass nach außen Kanten oder Falze ausflügeln; andere sind vom Luftdruck runzelig gedrückt, bis die lichte Öffnung zum geschlagen schmalen Spalt verwalzt wird – manchmal zuwurzelartig verzweigt, oft blasig aufgetrieben: Wie ineinander verbackene »Blitzsinter«-Ausstülpungen; die Querverbindungen verschwinden im vergabelten Bau. Der strikt spiralige Umlauf an Stamm und Wurzeln, auch in der Erde noch, zeigt aufbohrendere, nicht tief stechende Bewegungen der Röhren selber vor Entladungen im Kies. → 225

379 Meist war es ein Flügelrad, mit himmelblauer Farbe, die Flügel rot, das Rad etwa in der Farbe wie ein gestutzter blauer Blitz. Erst kam ein Kopf mit einem Elefantenhauer, die rußigen Punkte sind Tupfen und Fäuste. In den Augen gluten die Punkte schwarz. Oben flog etwas, das war totes Holz, eine lange Böe luftiger, blut- und gelbsüchtiger Flugungestalten mit stummer Resignation oder unter Leichtsinn: Schere und Öhr flatternd und nadelnd ausgleitend auf grobem Zwilch. Ich habe an zahllosen Rädchen Seegras versponnen zu riesligen Zöpfen, in Bindsel gefitzt und gewichtet, als Stricker einer verliebt gesponnenen, gemohrten Schnur, unentwegt überzwirnt und mitunter nur vorüber. In Mauerwinkeln kehre ich den Schutt, lud die Bröckel auf die Schubkarre, schleifte Karren für Karren fort und vorbei an Loggern, Äxten und Sägen, dem Dengeln bis in die Dämmerung trotz Dezember und Frost. Ich empfand eine Abwärtsbewegung und rolle in einem Karren in einem Schlosshof vor, aber durch ein anderes Tor wieder davon, als konnte in meinem Zustand nicht empfangen werden. In der nachtlangen Dunkelheit finde ich verpuppt atmende Kumpane neben mir liegen und merke, dass ich einem mit den Zehen die Zähne eingestoßen habe am zerschellerten Schädel. → 290

380 Ein Stoß – das Reiben und Knirschen auf dem Sand, das Boot erzittert so, und – ich bin jenseits der Bank im wieder tiefen Wasser. – Nie sah ich vom Strom mehr als eine Wasserfläche von fünf Kilometern Länge und zwei Kilometern Breite, ringsum mit dichtem Urwald umgeben. Ich sah die Wasser fließen, und ich wunderte mich, wohin? Stets blieb das Sehfeld nach allen Richtungen hin abgewehrt: Wie ein Einheitskreis verfolgt mich dieses areale, weite, vollständig geschlossenere Areal aus Urwald entlang der ganzen Reise, nichts sonst. Wir fahren elf Tage lang mit Dampfergeschwindigkeit, und ich sitze am zwölften Tag immer noch inmitten desselben waldumrundeten Schlammsees, wie zum ersten Tag: selbst als mein eigenloser Schatten: Der Waldkranz rückt mir immer auf der ganzen Fahrt rundweg im Rücken nach: Mit dem Fluss wippe ich nach rechts und links, aber ob ich nun schneller vorfuhr oder verlangsamte, ob ich auf dem Verdeck fest stehe oder mich auf dem Brückendach auf die Zehen stelle, immer bleibt mir, gleich und gleich, dasselbe Bild: die insichdicht undurchdringliche, engumgrenzte Urwaldmauer, und nur Wasser in der Mitte. Vom Wechsel der Szenerie ist nichts zu sehen, und oft ist die Dampferfahrt nicht allein langweilig, aber unheimlich. → 25

381 Trübe, ganz langsam dahinglucksende Fluten, die ihren Lauf nach Ausfüllung zahlloser mäandernder Gerinne immer wieder die Flussarme hindurchwinden und verlegen, unterbrochen von mehr oder minder breiten Inseln, und dadurch weitere, ebenere schlammerfüllte Tal-Tafelländer schaffen: zwei hintereinander gelegene Spülsäume von Tangen am Rand der Düne. Drei hintereinander gelegene Spülsäume von Tangen am Strand: Das Gelände muss immer ganz flach gewesen sein, dass nun allenthalben Schlammwirbel aufstiegen, nach schwerem Regen, zusehends. Tiefgefügten Flussterrassen, durchsetzt von Kalkknauern und lösskindelartigen Knollen, aus verbackener Konkretion. Solche Aufschlüsse erscheinen nur dort im Flussbett, wo Regenrinnen ganz frisch sind, als ob mit scharfkantigen Kämmen aneinanderstoßende Talrunsen; meist vollzieht sich die Abrasion des weichen, lockeren Tons, aus dem die Hauptmasse der Schichten besteht, so unmerklich rasch, dass die Erosionsformen durch niedrig flachgerundete Hügelberge gebildet werden, die meist über und über mit eckigen Splittern einer blaugrauen Gipsschicht bedeckt sind, die einen Panzer über dem weichen Tonboden bildet und das Finden nach und nach an solchen Stellen erschwert oder nahezu ausschließt. → 384

382 Aber die Gewalt Sonne liegt in einem Fass (das weiß ich von vielen Nächten): Ich meine im Mai, und wenn der Roggen eine Mauer ist, im Juni. Wenn ich hingerichtet würde, wenn ich das Lager verlasse, wenn ich die anderen Murmelspielen sah, ich dachte, dass mit jedem Schlag (das Glasen der Glocke) ein Mensch zugrunde kommt. Ein heiliger Samuel schießt mit der Zwille auf die Leute: und wie das Wünschen Gegenstände in Bewegung setzt. Mir werden die Nadeln in den Leib getrieben, das Atemholen in die Lunge tief hineingepflockt. Und nur aufgrund der Treidler zieht und geht mein Schiff davon zu Scheitern, ganz raumer Wind im Tau. Es ist mir möglich, durch die winzigen Wünschchen durch das Bewegliche in Wirklichkeit zu setzen. Von überall her höre ich laute Pfiffsel, auch sehr häufige Tritte wie von Viehern. An der Diele tropft in die Latten gluckernd siependes Wasser herunter, das ich in den Mund nimm, ausspuck, immer wieder: dies war ein Orkus, oder?, da ich mit dem Kopf die Wände meiner Hütte aufstoß und den Durchbruch des Regens durch die Wolken erzielte damit: Die Idee war winziger als ein Floh, ein Häufchen Wahrheit zwar, aber Funken und Fädsel zwischen den Gedankengängen. Ich will wie ein Bohrkäfer durch das Loch bin ich hinausgeschlüpft. → 366

383 Ein Ei schwoll auf und zerplatzte. Innen kam ein Ungetüm von schrecklichem Aussehen zum Vorschein, mit kurzgesträubten Haaren, wenigen Zähnen, offenem Gaumen. Seine Augen waren wie ein Hamen-großes Eisloch im Teich in einem Winter, die Stirn fiel nach vorn zu, die Augenbrauen stülpten sich um, und mein Gesicht glich einem Erdklumpen: Der Strom scheint wirklich zu Ende zu sein. Hochauf spritzende Wogen wie Wälzknollen wechseln mit gewaltigen Strudeln, die jedes Boot, das wässerte, auf Grund zieht, auch einstaucht. Vielleicht, dass ich selbst in eine Leiche überging, und ich wehrte mich in ihr gegen das wogende Wogegen, das mich festzuhalten weiß, aber wo? Ich kämpfe wiederum jetzt, bis ich endlich nachgib. Trotz Anstrengung fühle ich die Fesseln knacksen und die Knochen, und ich gestehe, dass ich sterben werde, da ich eiserne Fallen nicht zerbeißen kann. Mit Zuwuchs meiner Mächtigkeit, der dichten Aneinanderdrängung, sickere ich in Zerrüttungstreifen, Verruschelungen, eigenlose Klüfte, wenn Sickerwässer mich durchweichen; Gas fließt so in den Stollen, die in sich leerenden Spalten verpuffen, klaffen über, und die von drinnen zerrissenen Rieselmassen stürzen, Schieferung und Schichtung, ohne Halt, zerschlissen zu Hohlaum. → 145

384 Vor mir liegt ein Tier tot in der Stellung der Andriftung orientiert. Die Schnauze zeigt nach der Mitte der Strömungsrinne, die Schwanzspitze zum Ufer; so eingestellt, dass es den geringsten Widerstand für die Fließbewegung bot, es stellte sich rechtwinklig zur Richtung der Wellenkämme ein, und kommt so in flacheres Wasser, ein Geflecht aus Wasserfäden spitzt sich langsam zu, verwirbelt, bildet birnförmige Hohlformen. Fäulnisgase haben die Haut zum Platzen gebracht; die Glieder liegen lose, die Brustflosse verschlafft überlappig, nach hinten geschanzt: Die Schwanzflosse treibt uferwärts in Seichten mehr als der Kopf. Jetzt setzt eine ersichtlich einseitige Kippung durch spürbare Einwirkung der Bewegungen und Strudel. Kopf und Schwanz sind gleichsinnig nach einer Seite hingebogen, so dass die andere Seite gewulstet erscheint. Gleichzeitig ist der Kadaver wie mit einem Hebel eben durch die Wirkung des bewegten Wassers wenigstens um seine Längsachse gedreht, auch dass die verwühlte Umrandung der Blässe die Bauchpartie aufflankt, tief im Schlamm versunken, fest und schwerer lösbar zusammen aufgeschoben: In loser Andrift haben sich die angetriebenen Schwemmgegenstände so gelagert, verstreift und gesperrt, dass vom Grund losgerissene Wurzelstöcke zahllos an der Oberfläche treiben. → 4

385 Die ästigen Stamm- und Zweigreste liegen im Innern der Lagune senkrecht zum Ufer. Und der Stubbenhorizont zeigt, dass in den tieferen Teilen der Seen die Eindeckung der Stubben mit Faulschlamm begonnen hat: Girlanden in Hornform angedrifteter Tange: schwimmender Stengeltang, mit ähnlich lang bänderartigen Blättern, dessen oberste Knospe wie ein roter Apfel gestaltet ist, woraus knotig lose, schartige Blätter hervorsprossen, runde, stumpfbuckelige Schillbinsenfächer von der Länge einiger Hände und Ärmel, nicht so dick. Der Stiel ist eine spröde Röhre, wie kielhohle Knoblauchstängel, welche die Wellen von der Wurzel ablösen und oft weit vom Ufer fortsetzen und verstranden. Die ganze Wasserfläche zeigt rissige Girlanden dichtgefügter Treibholzsäume, Buchten und Einsprengsel, verursacht durch winklige Anlage: Verzweigungen, oft kurzbeißig unverästelte Wurzelfasern, nach unten mit dachziegelförmigen Schuppen, faltigen, mit ausgebleichten Faserresten dichtbesetzt, plattgedrückt, zerkaut, mit zweidrei Knoten und Blasen, woraus Keime treiben. Dazwischen Luftwurzelgeflechte mit über Kreuz ins Licht gestreuter Spreu aus windisch verästelten, röhrigen, dickknotig kriechenden Mundstängelchen und ständig wechselnden, nachlassenderen Strömungsrippeln. → 107

386 Zu müde, um zu vieles aufzubringen, zu ungestört, um einschlafen zu können, durch viele kleine ungewohnte Halbeindrücke malträtiert, halb aufmerksam, ummantelt von Bewandtnissen zwischen Schlafen und Wachen. Ich lernte es so einzurichten, dass die oftmalige Lücke, die durch das Erwachen gesetzt wird, wegfällt, und ich nicht dadurch erwachte, dass der Traum verschwindet zwischen Ahnungen und Annahmen, sondern darin: Das Tier lag auf dem Bauch, und die Wampenlippe ist schlaff hinabgesunken, so dass die ganze Reihe der Barten, die aus dem Kieferfleisch herabhingen, hervorgeschrotet wird, bei zuer Mundhöhle. Nach außen sind die Barten hart, fest, scharfkantig, poliert, blutdick; nach innen sind alle zipfelig zerfasert und enden unten in einen Pinsel von straffen, harten Fasern. Auch abgebrochne Baumstämme länden hier angeschwemmt, niedergeknickt: Gneisbuckel, mit Wollsackblöcken überdeckt, wölbten sich auf wie die Kappe der regellos gewulsteten, aufstaubenden Pilzkapuze, krautarm umarmendere Klammerwurzeln samt Auszweigungen, überneigend mit den Kronen, diese netzgratartig umstricken: zerschlungene Farne, Kletterwedel und oft unverzweigt gewirrte Sprossen. Bedornte, im Wasser spreizklimmende, krautige Stachelchen-Sträucher. → 246

Ich habe nach Überwindung einiger Hindernisse das Ufer des Mississippi erreicht. Dort habe ich ein Boot vorgefunden, es vom Ufer gelöst und, da es keine Ruder hatte, mich stromabwärts treiben lassen. Und ich schildere dann anschaulich die Nebellandschaft: Über den Wassern, die gurgelnd dahinschlichen, brodelte und wogte es. Keine zwei Meter weit konnte ich sehen, ich habe unvergessliche Eindrücke mit heimgebracht. Die Fahrt ging lange stromabwärts. Plötzlich geriet mein Boot in einen Strudel und drehte sich fortwährend im Kreis. Da kein Ruder nicht da war, sprang ich schließlich ins Wasser und gelangte nach einiger Anstrengung glücklich ans Land. Hier bin ich nun stundenlang gewandert, ohne ans Ziel zu kommen. Weithin dehnte sich nichts als Sumpf und Weidengebüsch. Auch mehrere Arme von Altwasser musste ich durchschwimmen, waten durch die Bayous ohne Ufer. Dabei habe ich meine Schuhe verloren: »Ich werde dir einen Stein geben und auf diesem Stein steht ein neues Wort für Wort, das niemand weiß, der es nicht kennt, beim Namen.« Ich beklage, dass das ganze Unternehmen schlecht vorbereitet gewesen sei: Entweder ich habe die Fahrt am Missisippi nur geträumt, oder ich träume jetzt. Das nächste Mal müsse ich doch bessere Vorkehrungen treffen.

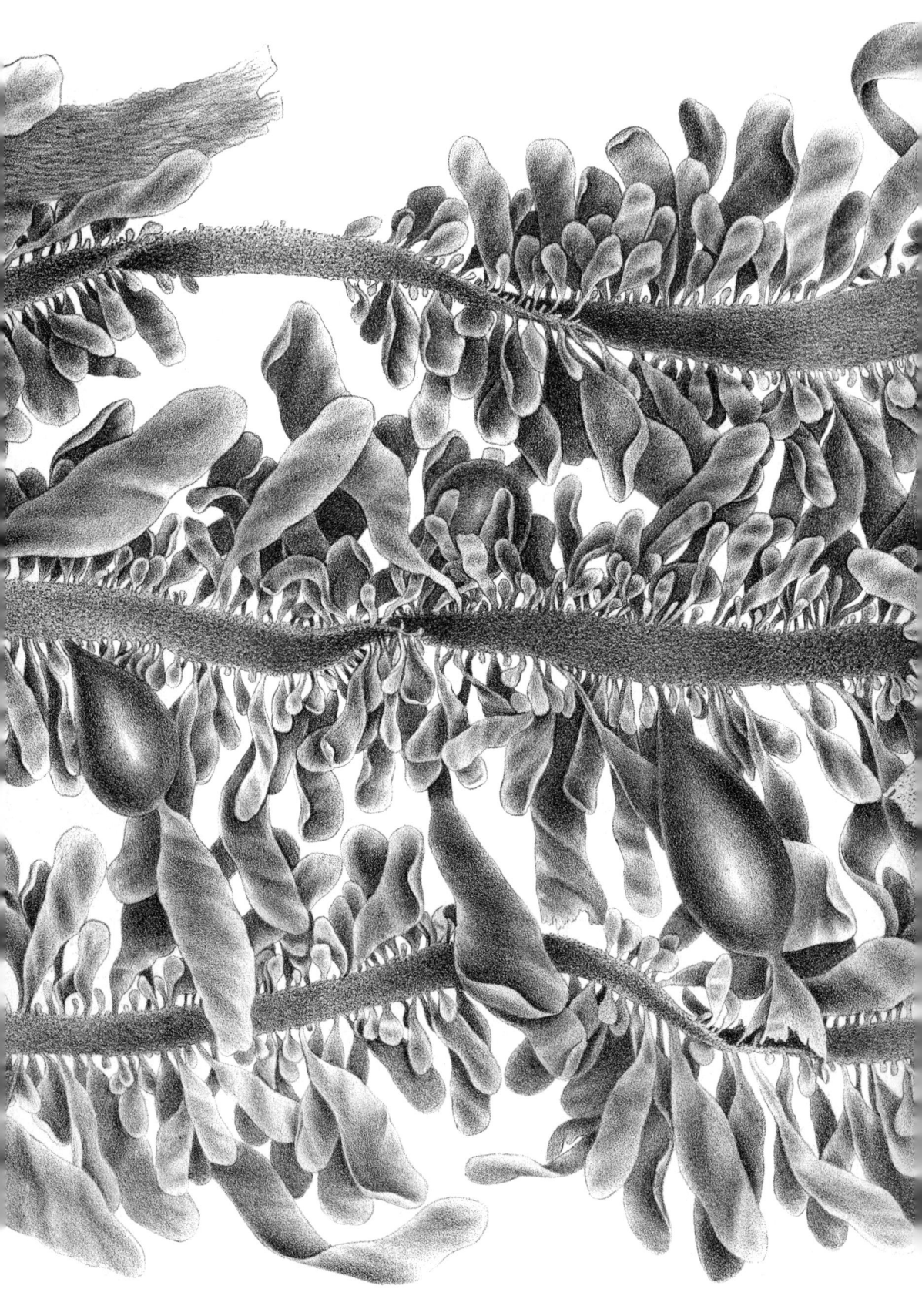